U0907672

启微

张先清 / 著

中国东南诏安湾的港口、船货与海洋遗产

红帆

社会科学文献出版社
SOCIAL SCIENCES ACADEMIC PRESS (CHINA)

目　录

图表目录

序　章　从海洋出发

当16世纪伊比利亚半岛的葡萄牙人驾驶着大帆船，顺着季风从印度洋进到中国，一定会对福建南部的海域景观留下深刻的印象。1516年，已经进入广州洋面的葡萄牙舰队司令官费尔南·佩雷斯·德·安德拉德（Fernão Peres de Andrade）决定继续向中国东南沿海发起探险性航行，他派遣一位名叫若尔热·马斯卡雷尼亚斯（Jorge Mascarenãs）的船长，率领船队离开广州，此行的目的是寻找一个名叫“Chincheo”的地方。

1511年葡萄牙人占领马六甲后，很快在附近海面上遇到了一群来这里贸易的中国商人。这些人驾驶着中式帆船，满载陶瓷、丝绸、茶叶、麝香、樟脑、大黄等当时东南亚港口市场上热销的货物，他们和当地人做起生意，精明强干，出手阔绰，因此大受欢迎。当葡萄牙人问起这群中国人的来历时，这些操闽南口音的商人口中经常提到的一个地名就是“Chincheo”。从那时起，寻找“Chincheo”，就成为葡萄牙人的一项任务，尤其是对于费尔南·佩雷斯·德·安德拉德这样的航海家而言，发现“Chincheo”，就意味着发现了东方富饶的黄金海岸。

显而易见，安德拉德是第一批享受到全球航线开辟所带来的巨大红利的西方航海家。1516 年，他带领一支由七艘帆船组成的船队，满载着此前从巴西装运的胡椒，由马六甲启程前往中国贩卖。依靠此前在马六甲中国海商那里获得的东西洋航路知识，这群葡萄牙人一路前行，来到了广州。随行的还有一位葡萄牙马六甲殖民首领阿尔布科尔克（Afonso de Albuquerque）派遣到大明的使节托梅·皮莱资（Tomépires）。作为首个进入中国的西方国家使者、航海家和作家，皮莱资为我们留下了一部描绘 16 世纪南中国海、太平洋和印度洋这一广阔海洋地带繁盛的海上贸易活动与多族群互动图景的著作——《东方概要》。当这批葡萄牙人在广州居留了一年多时间，换取了一大批货物之后，安德拉德就继续派遣若尔热·马斯卡雷尼亚斯率领一部分船队前去寻找当时亚洲海洋贸易的中心地——神秘的“Chincheo”。

当船队穿过闽粤交界地带的南澳岛洋面时，展现在马斯卡雷尼亚斯等人面前的，是一片由错综交错的岛屿、港汊和沿海小镇组成的宽阔海域。他很快就被这里美丽的海岸景观与繁华富庶的滨海聚落所吸引：蔚蓝的海面上散布着数十个大大小小的岛屿，大部分岛上长满灌木，远远望去就像绿色的珍珠一样点缀着洋面；一些岛上分布着小渔村，连着半岛的港湾尽处则是人烟稠密的城镇。由于正值清晨，这些葡萄牙人还能看到渔村中一缕缕炊烟升起。几处从岸边凸出来的澳角，被改造成了码头。连接码头与城镇的，是由长长的石板条铺就的道路，这些石路通过石阶延伸到海边。港湾远处停靠着不少大型帆船，一些当地人正驾驶着舢板船来回穿梭，将货物搬运到码头上。

这样的场景让初次进入闽粤边界海域的葡萄牙人惊叹不已。尽管风景迷人，商人与探险家的嗅觉却将马斯卡雷尼亚斯的注意力放到当地人与马六甲之间进行的海洋贸易上：

> 那里人比广州人还要富裕，此地在我们抵达满剌加之前，已每年派遣4艘中国式帆船满载金、银锭及真丝去满剌加经商，然后带回印度的货物。[①]

葡萄牙人的观察很仔细。位于南澳岛与东山岛这一片海域之间的诏安湾，恰好地处东海与南海交界处，是葡萄牙人看到的上述漳州海域的核心部分之一，也是历史上推动东西洋海洋贸易的一个关键区域。

多年以后，包括中国闽南这个不知名的海湾——诏安湾在内的闽南海商参与共建的这条人类历史上连通中国与世界的海上大通道，被称为海上丝绸之路。在帆船时代，它曾经是世界上最繁忙的船货贸易航线之一，也是古代中国与外部世界联系的海上大通道。从地理方位上看，诏安湾正好位于传统海上丝绸之路的一个重要节点，因此，当地人从事的海上贸易活动，也是历史上海上丝绸之路网络的一个重要组成部分。由于这条

① 金国平编译《西方澳门史料选萃（15～16世纪）》，广州：广东人民出版社，2005，第185页。

海上丝绸之路是通过海洋连通中国与世界的一条文化与经济大通道，对东西方历史产生了重要的影响，其价值越来越引起世人的重视，人们尝试从多个角度重新审视海上丝绸之路的遗产。

尽管围绕海上丝绸之路近年已经产生了不少论著，但大多是从宏观视角打量这条海上通道，尤其是类似德国汉学家普塔克（Roderich Ptak）的《海上丝绸之路》[①]这样跨越欧亚地域，涵盖数千年的著作，从大历史角度为我们描绘了海上丝绸之路的巨幅场景。然而，我们必须指出，海上丝绸之路并不是一个抽象的概念，而是由无数类似诏安湾这样的滨海聚落、港口、岛屿及其腹地所串联起来的活跃的链条型海洋网络。在这个海洋网络上的每个地方，其背后都是形形色色的点状海域社会，芸芸众生在这里围绕海洋经营他们的生活，同时也塑造了丰富多样的海洋社会文化，由此展现出人与海洋互动的复杂性与能动性。显而易见，我们在书写海上丝绸之路的历史与遗产时，不应忽略这条海上通道沿线林林总总的历史行动者及其丰富的地方叙事。如果我们以一种地方视角深入诏安湾内部，就可以看到一幅当地人经由海洋构造的生动海洋生活图景。

本书的一个用意即在于强调诏安湾人通过帆船连通海洋的历史，既见证了漳州海域在海上丝绸之路中的悠久与繁华，也展现了东亚与早期世界贸易体系在具体的地方历史情境中的演进过程。它们无疑是全球史不可忽视的组成部分，不仅生动呈

① ［德］罗德里希·普塔克：《海上丝绸之路》，史敏岳译，北京：中国友谊出版公司，2019。

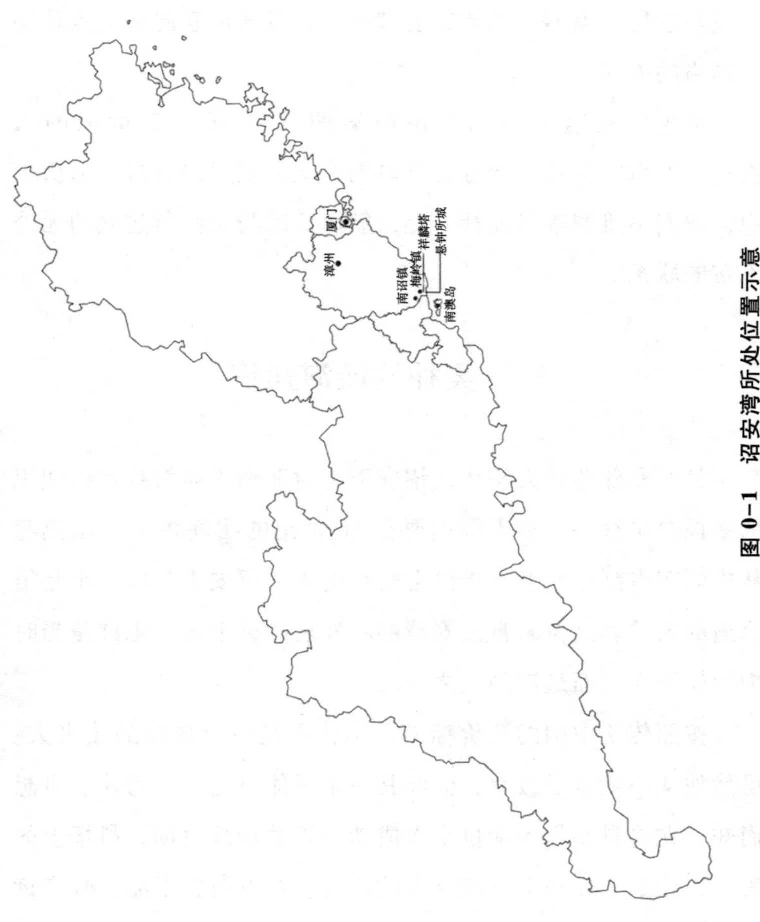

图 0-1　诏安湾所处位置示意

现了中国人参与构造早期世界体系的历史过程，也在一定程度上凸显了中国东南滨海社会在早期全球化中的主体性。可以说，海上丝绸之路不仅是中国东南滨海地区推动的跨区域贸易与文化网络，也是一个基于海洋的滨海共同体构建的过程，其形成与发展，离不开类似诏安湾这样将各地串联起来的点状海域网络的支撑。

从生活在这一中国东南海湾的三位 16、17 世纪的人物——航海家吴朴、地方官员秦炯、文人戴冠的日常生活历史中，我们不难洞察当地社会经由航海活动与海洋所建立的无处不在的联系。

一　吴朴的航海知识

其实和葡萄牙人相比，诏安湾人对亚洲季风航线网络知识的掌握要早很多。如果我们要在 16 世纪的明朝找出一位熟悉从中国东南到东南亚一带海上航线的人，诏安人吴朴一定是很合适的人选。这位来自诏安湾的不知名的读书人，也许是当时中国航海知识面最广的人之一。

按照传统中国的评价标准，吴朴不是一个成功的读书人。虽然他从小就接受教育，但终其一生可能只是一个秀才。可想而知，在将科举作为衡量个人成功与否的传统时期，科场上的失意，注定了吴朴不可能有大的作为。在万般皆下品，唯有读书高的年代，如果只能做个老童生，那就意味着前途一片灰暗。许许多多普通的读书人最终会向命运低头，有本事、运气好一点的就在城乡间找到一处私塾教书，养家糊口；没本事的甚至只能在小镇上摆个摊子，帮人抄写文字，平静地度过余生。但事实证明，生于闽南滨海地带的吴朴，并不是一个甘于平凡的人。

传统社会，通过读书入仕，成为官僚阶层的一分子，这是普通人能够名载史册的一条重要途径。一般而言，类似吴朴这样的下层士子，是很难在地方历史上留下更多的记录的。即使是县一级的地方志，对于没有获得一定等级功名的读书人，通常也不会给他们留什么位置。但吴朴是一个例外，康熙《诏安县志》中有一篇他的个人传记：

> 吴朴，字子华，初名霅。貌不扬而博洽群书，于天文方域、黄石阴符之秘，无不条折缕解。不修边幅，人以狂士目之。时有督学欲为死义陈教授立碑，莫详金陵之入为何日。霅上其事，以此补邑诸生，更名朴。嘉靖中，林希元从征安南，辟参军事，机宜多出其谋。安南平，朴功竟弗录，归以他事下狱。著书自见。《龙飞纪略》乃成之狱中者。又有《皇明大事记》、《医齿问难》、《度海风程》、《九边图要》、《东南海外诸夷》及复大宁、河套诸计画，今多散逸。①

① 康熙《诏安县志》卷 11《人物志》，北京：文化发展出版社，2019，第 290 页。

这篇传记收录在《人物志》的“文学”类中。按照地方志的编排体例，“文学”类收录的一般是对当地文化产生重要影响的人物，入选的标准也很严格，通常是在本地具有特别声望的知识分子，有时甚至特指那些闻名于世的国家级精英人士。康熙朝《诏安县志》人物志的“文学”类，就只收录了两人，而且都是明代人。除了吴朴，还有一位是诏安当地的传奇人物沈起津。沈氏入传，不足为怪。这位被当地人称为“沈四舍”的沈家四公子，出生官宦世家，其父沈铁是明代万历二年的进士，官至礼部主事。沈家与诏安另一个大族、出过父子两代进士（胡文、胡士鳌）的上湖胡家联姻。这种强强联合的方式，也是传统时代地方大族通行的一种做法，通过联姻，两个大族可以壮大本家族在当地的影响力，也生动地阐释了马歇尔·莫斯所指出的“互惠式”联姻与区域社会结构的复杂关系。沈起津少年得志，17 岁中举，24 岁举进士，先后在安徽无为、河北广平、湖北襄阳一带任职，后任安徽池州府推官。除了科考顺利之外，沈起津还是诏安历史上有名的书画家。他的书画艺术社会评价很高，时人甚至称其“字画入神品”，作品被社会名流追捧，视若珍宝。尽管沈起津科场成功，仕途却颇为坎坷，尤其是明崇祯七年（1634），其父沈铁因家族案件受牵连被免职，不久，沈起津也辞官回乡，这倒给了他一个寄情山水的机会。他潜心经史，著书立说，闲暇时主持家乡各种公共营建事务，一时间颇为享受乡居之乐。到了明清易代之际，这位沈四舍却又做出一个惊人的举动，作为忠于明朝的臣子，他积极投身当地天地会反清复明运动，辅助成立万姓集团，参与组建香花僧组织，为这一明末清初时期影响颇大的秘密会社充当谋士，制定会规，成为闽粤一带天地会组织中的活跃人物。令人称奇的是，沈起津身为天地会如此重要的人物，入清以后，却得以隐入山林，安然无恙地度过余生，死后还被清代地方官修的地方志所褒扬。沈起津才华横溢，本县方志的编纂者戴冠将其收录在“文学”类别中，自然可以理解。但吴朴能和这位传奇进士沈起津并列，这既显示了当地人对吴朴文才的高度认可，同时也不由得让人产生疑问：这样一位靠怪才被督学赏识而选入县学的当地普通读书人，有什么资格和大名鼎鼎的沈四舍并列文学榜呢？

很显然，“其貌不扬”的吴朴之所以能在国家与地方历史上留下个人的记录，主要因为他走了一条不寻常的道路。传统读书人为了赶考应试，一般专注于“四书五经”这些圣贤书，但吴朴似乎对“四书五经”之外的知识更有兴趣，兼之又拥有过目不忘的本领，所以他的知识面十分广博，就像明代泉州人何乔远在其所编纂《闽书》中指出的，吴朴对于“天文地理，古今事变，四夷山川，道路远近险易”颇为熟悉，甚至到了“无不在其胸中”的程度。[①] 何乔远是明代大学问家，见多识广，他能这样评价吴朴，说明吴朴确有过人之处。换句话说，吴朴是一个奇才。像他这样的人，即使科举路不顺，也总能在社会上找到施展才干的地方，所以不会被历史埋没。

① 何乔远：《闽书》卷130《韦布志·漳州府·诏安县》，明崇祯刻本，福建省地方志编纂委员会编《闽台历代方志集成·福建省辑》，北京：社会科学文献出版社，2020，第1036页。

从上述方志和何乔远对吴氏事迹的记载我们不难推断，吴朴这个人绝非平庸之辈，他平时很留心国家边政事务，为此专门撰写了《九边图要》一书，并提出收复大宁、河套等边地的建议。很显然，这既体现了吴朴作为知识精英的抱负，同时也是其经营人生的一个策略：他希望通过对明代朝野都关心的边疆防卫大事发表看法，展示自己的才干，从而赢得朝廷的注意与重视。换言之，他在博弈，试图以一种非正常的渠道打通仕途道路，以实现传统时代中国知识分子经世致用的使命。恰好此时期，面对日趋紧张的存亡压力，大明朝廷也迫切需要懂得经略边疆的实务人才。

事实证明，吴朴的做法多少起了作用。也许正因为其拥有超出一般知识分子的实干才能，他受到了闽南籍官僚林希元的欣赏。在明代历史上，林希元是一个颇具争议性的人物。他出生于闽南同安滨海家族，满腹经纶，精研理学，极富个性，据说他曾经和晋江人陈琛、惠安人张岳赴京师赶考，一同寓居庆寿寺，出入偕同，谈起学问来，汪洋恣肆，旁若无人，因此有“泉州三狂”之称。嘉靖十年（1531），担任南京大理寺丞一职的林希元，因为在辽东兵变一事上触怒了当时的权臣夏言，被贬到广西钦州担任知州。莫登庸篡位事件发生后，安南内乱，严重威胁到明朝西南边疆的安危。明朝内部对安南“莫登庸事件”的处理意见存在分歧，大体可分为“征讨”与“招抚”两派。林希元属于“征讨”派，力主出兵平定。嘉靖十九年（1540），林希元升任广东按察司佥事，代行按察司职权，分巡海北，兼管珠池兵备。他再次上疏，力排众议，极力主张讨伐莫登庸。明朝廷看到势态日趋严重，最终决定派遣兵部尚书毛伯温率兵征讨。林希元也受命回闽南老家一带招募兵丁。也许就是在这段时间，熟悉边疆事务的诏安奇才吴朴走进了他的视野，被他纳入麾下，成为身边得力的谋士。1540～1541年，吴朴跟随林希元参与征讨安南的战争，其间吴朴出谋献策，立下不少功劳。但不知什么缘故，吴朴不仅没有得到奖赏，而且回来后还因为其他事情被捕下狱，这是他人生中最黑暗的一段时光，却也给了他安静的创作时间。他的很多部书稿完成于狱中，其中就有记载明太祖事迹的《龙飞纪略》这部明初史书。

但吴朴一生中最大的贡献，是他对东南滨海地区人群的海洋知识的考察与总结。尽管他在中国古代航海史上的声名不如航海家郑和那么显赫，他的成就却不容低估。明代中国的绝大多数读书人，眼光只盯着中国社会内部，对于海洋世界漠不关心。吴朴却是一个例外。他十分留心航海与各类海洋知识，撰写了一部航海史上的名著——《渡海方程》。

《渡海方程》是一本什么样的书呢？很遗憾，由于《渡海方程》原书已经散佚，今天人们已经无法看到此书全貌。后世读者只能根据当时人的记载来了解这部在海洋史上具有独特地位的书的内容。明代人董谷是当时有名的笔记作家，他在所撰写的《碧里杂存》一书中记载了自己看过的《渡海方程》一书的情况：

余于癸丑岁见有《渡海方程》，嘉靖十六年福建漳州府诏安县人吴朴者所著也。其书上卷述海中诸国道里之数，南自太仓刘家河开洋，至某山若干里，皆以山为标准。海中山甚多，皆有名，并图其形。山下可泊舟，或不可泊，皆详备。每至一国，则云此国与中国某地方相对，可于此置都护府以制之。直至云南之外，忽鲁谟斯国而止，凡四万余里。且云至某国，回视北斗，离地止有几指。又至某国，视牵牛星，离地则二指半矣。北亦从刘家河开洋，亦以山纪之。所对之国，亦设都护府以制之。直至朵颜三卫鸭绿江尽处而止，亦约四万余里云。下卷言二事，其一言蛮夷之情，与之交则喜悦，拒之严反怨怒。请于灵山、成山二处，各开市舶司以通有无，中国之利也。其二言自山东抵北直隶，濒海数千里，皆沮洳膏腴之地，今皆弃于无用。合于其间，特置一户部衙门，专管屯田之务，募民耕之。臣颇谙区田之法，又传得外国金稷米种。见在每种一亩，可比十亩。如是数年，得谷不可胜计，则江南漕运可免。其言如此，虽未知可用与否，亦有志之士也。①

从董谷上面的读书笔记来看，吴朴在嘉靖十六年（1537）就已经完成了这本航海指南书。这本书分上、下两卷：上卷是南北航海路线指南，记载了南由刘家港往西洋②直至忽鲁谟斯（即霍尔木兹海峡，Hormuz），北由刘家港直至朵颜三卫鸭绿

① 董谷：《碧里杂存》，北京：中华书局，1985，第93~96页。
② 明代用“西洋”指代东南亚、西亚、东非或印度洋周围国家。——编者注

江尽处的两条航海路线；下卷则是纪事，主要为描述“岛夷”民族志与关于滨海地区屯田开发利用的建议。

在现代导航技术出现以前，航海是一个高度依赖船师传统经验的特殊行业。曾随郑和第七次下西洋的巩珍，在其《西洋番国志》的“序言”中描述了中国15世纪帆船航海的情形：“惟观日月升坠，以辨西东，星斗高低，度量远近。皆斫木为盘，书刻干支之字，浮针于水，指向行舟。经年累旬，昼夜不止。海中之山屿形状非一，但见于前，或在左右，视为准则，转向而往。要在更数起止，记算无差，必达其所。始则预行福建、广、浙，选取驾船民梢中有经贯下海者称为火长，用作船师。乃以针经、图式付与领执，专一料理，事大责重，岂容怠忽。”① 巩珍所描述的，正是传统时代帆船航行所需技术准备及船师肩负巨大安全责任的具体情况。

一般而言，航海时，有经验的船师——“火长”主要依靠三件物品进行引航：航海罗盘、针经、图式（航海图）。“针经”就是“海道针经”的简称。历史上，自三国以后，东亚海域的海洋航行活动逐渐增多，海路就像陆路一样，形成了固定的航行路线，于是人们开始将其称作“海道”。航海罗盘发明之后，将“海道”的指南针针位和里程等记录在册，用来导航，便利航海，这种册子被称为“针经”，后来人们统一用“海道针经”来指称这些航海指南，也就是今天所说的航海指南工具书。吴朴所著《渡海方程》，其实就是一本航海指

① 巩珍著，向达校注《西洋番国志》，北京：中华书局，2000，第6页。

南，也就是通常所说的针经。

秦汉以后，中国东南区域的滨海人群，驾帆船、沿东海曲折的海岸线向茫茫大海行驶，开辟了海上丝绸之路的条条航线。历史上，经过多年的航海实践，由东南区域出发的海上丝绸之路中的东西两洋海道及沿海各地航线，均形成了专门的海道针经。尽管各地有关针经的称呼各不相同，但指的都是航海指南工具书。北宋末年徐兢的《宣和奉使高丽图经》可视为海道针经的最初著作。据徐兢在书中的记载，他们在航海中也参考过前人留下的航海指南类工具书，徐兢参阅的是一种称为“海程”的书，因此，在徐兢之前的海道针经或大多称作“海程”。元朝定都北京，当时元大都粮食供应来自江南，需从长江口海运到天津，因此，所谓“海漕”这一海上运输线，就成为维系国家命脉的关键。于是，海道能否畅通尤为重要，这一时期海道针经也开始较广泛出现，但都是在行船人群中秘密流传，正如时人所说的“舟子各洋皆有秘本”。① 这主要是因为在传统时代，海道具有重大的航海商业价值，每条海道对船商舟师来说，都是航海中求生与生财之道，所以，针经一般仅在家族内部传承，轻易不会外传。清代康熙年间，琉球人程顺则从福建得到一套针经和航海图，便将赠予者尊称为“闽之婆心人”，称赞其功德无量。

吴朴撰《渡海方程》，是一种汇总同时代航海针经知识的独创活动。要完成这项工作，实在不容易。除了个人的智慧，

① 黄叔璥：《台海使槎录》卷 1，清光绪刻本，第 15 页。

还需有机会接触这些只在航海群体中流传几个世纪的“秘本”。很显然，吴朴身为诏安湾人的身份，给他创造了这样的有利条件。这一点，和明代另一位海洋专家、龙海人张燮的经历颇为相似。张燮编写了一部《东西洋考》，这本书和吴朴的《渡海方程》一起，构成了明代福建最有影响力的两部海洋著作。《东西洋考》一书的主要内容，据张燮自己说得自“估客舟人”，也就是那些行船走水的船老大。同样，在诏安湾这个闽粤交界的海洋中心地带，并不缺少熟谙东西洋航路的船老大。可以说，这里会集了当时中国东南一带最出色的一批航海人。一般读书人大多瞧不起这些在波涛里讨生活的船老大，将他们看作引车卖浆之类，甚至底层亡命徒，不屑与之交往。吴朴却不一样，他热衷搜集“四夷山川”等各类海洋见闻，加上他不拘小节的个性，自然很对这些豪爽的船老大的胃口。可以想象，他提着酒瓶，终日混迹在这群船老大中，酒醉酣畅之余，要拿到他们秘不外传的航海秘本，自然不是什么难事。由此也给了他一个别人无法企及的机会，使得他能汇总当时流传在漳泉一带船老大群体中的各种航海针路秘本，并将其整理出版。

在某种意义上，这种编订航海指南的举措，是一个具有超前意识的知识生产行动。吴朴以世界级的眼光，看到了海洋对于明朝社会经济发展的重要性。他决心将这些从民间搜集到的航海指南与海洋地理知识汇编起来，将原本流传于民间的海洋知识体系化，从而唤起当政者对于经营海洋的注意。同时期，西方正掀起大航海活动，类似漳泉航海者中流传的航海知识，日益受到西方航海家的重视，并源源不断地被汇聚起来，借助在印刷资本主义推动下日渐发达的书籍出版技术，成为欧洲社会上走俏的畅销书，也构筑了西方航海地理科学的组成部分。与西方人相比，吴朴以个人力量汇总中国东南一带航海知识的行为，尤其显得难能可贵，他的一系列航海撰述，就像安东尼·格拉夫敦（Anthony Grafton）所说的指尖染墨的人文主义者一样，[①] 对东西方的航海活动产生了不可低估的影响。

吴朴整理好这本书后，因为缺乏刊印费用，一直没有出版，直到他向林希元提出平定安南的建议，他所写的这本书才为当道者知晓。16 世纪的中国内部，对于利用海洋存在不同的态度，以闽南地区为核心的东南滨海社会人群，是积极推动海洋贸易的重要力量。航海需要大量的知识储备，绘制、刊刻航海图、航海指南等图籍，不再只限于知识界一种单纯的海洋知识生产活动，而且是东南滨海人群普遍关注的航海生计内容。吴朴的《渡海方程》恰好适应了此时期林希元这类闽南海商群体对航海知识的迫切需求。为了便利当时航海贸易的发展，在闽南一带财力雄厚的海商资助下，嘉靖十六年（1537），吴朴最终得以将《渡海方程》刊刻出版。

这本书刻印后，很快在当时社会上广泛流行。明嘉靖三十五年（1556），就在《渡海方程》一书出版 20 年后，另一个传奇人物、有“大明国客”之称的郑舜功受明朝官员委派，准备从广州出发前往日本，临行前，他在社会上广为征集各种

① ［美］安东尼·格拉夫敦：《染墨的指尖：近代早期欧洲的书籍制作》，陈阳译，北京：社会科学文献出版社，2022。

海道针经，“人有以所录之书应者，谓之曰《针谱》。……后得二书，一曰《渡海方程》，一曰《海道经书》，此两者同出而异名也”。可见，当时吴朴的《渡海方程》已经成为民间公认的权威航海指南。

吴朴所撰《渡海方程》，在明代后期产生了很大影响，多种著述引用。如郑若在嘉靖四十一年（1562）编撰《筹海图编》时，在其参阅书籍中列有两种“海道针经”，其中就有《渡海方程》。郑氏另著有《郑开阳杂著》一书，其中“太仓使往日本针路”条下注明是参考了《渡海方程》及《海道针经》。至于明代重要的海防著作如王在晋的《海防纂要》，邓钟的《筹海重编》《两浙海防类考续编》和大名鼎鼎的顾炎武所著《天下郡国利病书》等，都转录了吴朴《渡海方程》关于“太仓使往日本针路”和“福建使往日本针路”等航海知识。可以说，《渡海方程》与另一部明代著名学者周述学所编撰的《海道针经》已经成为当时最为重要的两本中国航海指南。

在田汝康看来，5 世纪以后，中国帆船就已能航行到东南亚，并经过印度洋抵达红海。到了 15 世纪，中国帆船更是不断出现在印度洋面，成为推动东南亚贸易网络发展的重要力量。而中国帆船之所以能够自如地远航到东南亚水域，离不开当时航海技术的发展。其中，航海指南书的出现是一个标志性的成就。[①]

---

① 田汝康：《17～19 世纪中叶中国帆船在东南亚洲》，上海：上海人民出版社，1957，第 3 页。

田汝康在比较了中西航海技术发展过程后，认为吴朴的这本《渡海方程》是中国第一本刻印的水路簿，与欧洲最早的水路簿出现时间大体相当。[①] 这是一个很高的评价，由此也说明了吴朴其人其书的不寻常之处。15 世纪，葡萄牙人和西班牙人率先开启了欧洲对外航海殖民扩张活动，荷兰、法国、英国紧随其后，随着海洋扩张，航海技术成为推动人类大航海成功与早期世界体系构建的一个关键要素，海路探索及航道知识由此成为当时欧洲社会最受关注的知识领域之一，各种航路知识陆续传回欧洲，逐渐出现了航路图及各类航线书籍，这种海洋航路知识的推广活动，对于欧洲科学的发展及对外扩张起到了重要作用。反观同时期的中国，探索海洋的行动，在经历了明初郑和航海的短暂高潮之后，逐渐进入一个衰退时期。除了对亚洲朝贡国的册封及几次征讨海盗，国家层面上的大型航海活动已经日渐减少，官方也缺乏对航海技术的重视与关注。与此形成鲜明对比的是，民间的航海活动仍然以走私的方式在东南沿海一带持续进行。吴朴整理出版的航道知识，揭示了 16 世纪中国东南沿海地区高超的航海技术水准，由此也表明在大航海时代，与欧洲人进入亚洲海域同时期，东南沿海一带海洋人群也已经积累了丰富的航海知识，而凭借吴朴这样的海洋奇才，中国人所编撰的航海指南书，甚至一度处于领先地位。

那么，作为明代中期的一位普通读书人，吴朴为何懂得这

---

① 田汝康：《中国帆船贸易和对外关系史论集》，杭州：浙江人民出版社，1987，第 127 页。

么多的海洋知识呢？答案是很显然的。吴朴充分利用了诏安湾发达的航海传统与技术积累。可以想象，如果没有耳濡目染的海洋经验，吴朴是不可能掌握这么丰富的航海知识的，他能写出《渡海方程》，与他的家乡诏安湾当地的海洋环境有关。因为这里是传统中国十分活跃的海洋中心，很早就形成了以海为生的社会经济共同体。对这一点，康熙年间担任当地知县的官员秦炯深有体会。

二 知县秦炯的海洋案子

在传统时代的地理观中，海洋就是边疆。由于远离中心，国家行政权力在海洋及滨海地区管辖上往往较为薄弱。但随着时间的推移，明清以降国家对海洋的管控，呈现出越来越严密的态势。实际上，为了应付人口的增殖，海洋成为当地社会一种重要的生计来源，这也是推动民间海上贸易发展的一个动力。对于居住在诏安湾这一滨海地带的人群来说，海洋不仅提供了一个通往外部世界的贸易通道，而且是保障他们日常生计的一个重要空间。一方面，那些财力雄厚，能造大船，从事海洋贸易的人，借助航海将诏安湾纳入世界经济中的一部分；另一方面，海洋也向齿口日增的本地升斗小民提供了赖以糊口生计的食物。例如，由于人口增多、资源有限，沿海滩涂有时也会成为地方人群激烈竞争的空间。尤其是明清以后，随着官府加强了对海洋的控制，海域也成为国家治理的一项内容。清朝康熙年间发生在诏安当地的一桩滩涂争夺案件，就深刻反映了国家力量对于海洋的介入态势。

对于一个滨海小县来说，滩涂的重要性，不亚于内陆江河流域形成的冲积平原。滩涂是沿海人群谋求生计的资源，这里出产多样化的海洋食物，能为寸土寸金的滨海地区的家族提供必要的生存与发展的空间，所以也很容易成为当地人发生冲突的地方。这一点，从康熙年间当地的一桩滩涂争夺案就可以看出来。康熙二十八年（1689）十月，诏安县一位名叫陈四的人，向漳州督粮道衙门控告本地豪族郑登智将滩涂占为私有，禁止渔民捕捞虾、蛤。粮道衙门调查后发现该案并非如陈四说的那样，而是另有隐情，于是将案件发回诏安县，责令时任县令秦炯调查处理。

秦炯是浙江慈溪人，他的家乡和诏安一样，也分布着大量的海涂，因此对于滨海社会围绕滩涂而引发的种种冲突并不陌生。在接到上司转来的陈四案件后，秦炯毫不惊讶，而且他也知道这是困扰当地的“陈年积弊”。[①] 诏安沿海地方，缺少易于耕种的土地。渔民但凡造得起船的，就会凑钱造船。船小的就出海捕鱼为业；财力充足、能造大海船的，就出洋贸易。而一些无力造船捕鱼的百姓，只能依靠滩涂捡拾鱼蛤为食、讨小海为生。但诏安一些大族利用家族势力，逐渐封占滩涂，从而将沿海自然展开的连片滩涂，切割成分属不同家族的私产，禁止百姓进入采取鱼蛤。如此一来，在当地引发了旷日持久的滩涂争端。诏安四都一带的滩涂，早在明代天启七年（1627）就

① （康熙）《诏安县志》卷3《方舆志》，第74页。

发生了一次纠纷。因不满素有“沈半城”之称的大族沈家占据滩涂，本地其他族姓纷纷上告，导致官府出面禁止任何人侵占滩涂，并将官府禁令刻在石碑上，立于海边显眼的地方。然而，事情并没有平息，这类滩涂之争一直延续下来。到了康熙二十七年（1688），郑家和李家又发生争执，告到县、府，双方你来我往，状纸纷飞，此案未结，又发生了陈四控告郑家侵占滩涂的案件。对于诏安县历任县令而言，这早已是司空见惯的事。

但这一次陈四将状纸递到了上级衙门，也给秦炯提供了一个下决心彻底解决滩涂争执的机会。他在一番调查后，发现郑登智之所以敢私占滩涂，是因为他在康熙二十七年借与李姓争讼的时机，从前任知县薛大章手上，拿到了官府的一纸公文，就以此为凭，肆无忌惮地占据滩涂。得知这个真相后，秦炯不仅重重杖责郑登智，而且命令郑姓将所占的海涂交出来，听任附近居民“随便采取”。在秦炯看来，“海为官海”，是属于国家的资源，大族不能随意占为己有。与此同时，地方官府也发现陈四原来并非苦主，他住在龙海县城，本来和所争执的海涂并不相干，其真实身份乃是靠为人打官司牟利的讼师。明清时期，类似陈四这样的讼师在诏安当地十分普遍，清初陈盛韶就注意到当地讼师活跃的情况。他们以刀笔为生涯，游走在官民之间。[①] 对于官府而言，陈四这类人是令人头疼的角色。这次刚好借助上司的命令，秦炯也将陈四加以杖责处置。这起滩涂争讼案件就此了结。

① 陈盛韶：《问俗录》，北京：书目文献出版社，1983，第 89 页。

然而，一波刚平，一波又起。一年以后，当地又出现了一起名叫“周士元”的人状告海涂被大族霸占的案件。吊诡的是，地方官府最后查明，这个“周士元”并非真有其人，而是一个匿名者。这一方面揭示出海涂争讼在当地是一个十分复杂敏感的话题；另一方面也表明，此前旷日持久的海涂争讼，仍然没有得到有效的解决。于是，秦炯决定将此案上报给诏安县的上级漳州府，后者不得不再次出面，责令“海涂听民采取，不许豪强霸占”，而且在四月初三这一天，郑重地发布了一道告示：

为违禁私占，罔利害民事。本年三月二十六日，据诏安县申详，看得沿海泥泊，诏安之一大利弊也。傍海为邑，土瘠民贫，而残黎犹得以资生者，惟赖海涂采捕，不费工本，不需船只，潮退携筐拾取蟹、虾、蛔、蛤，易米卖钱，此一方自然之利也。而诏邑痼弊，大约有三，偶有科甲，俨然夜郎之大，即截占海涂，以为子孙世业，贫民裹足不前，欲往采捕，必纳私税，此弊之在于依势者一。又有巨族，自恃丁壮之多，亦截海涂以为一姓私业，小姓望洋兴叹，偶往采捕，辄被擒殴，此弊之出于恃力者二。二弊并行，结讼不休，此告殴命，彼告侵占；彼告负欠，此告勒诈，而倚势恃力之家，讼必求胜，即将多收海涂之利，以为打点衙门之费，问官入其彀中，不念小姓贫民之苦，竟将官海官涂，断归依势恃力之人，而且或批执照，或给告示，随其所求，无不从欲。此弊之由于行财者三。

而行财所借为口实，问官所据以枉断者，皆以户有课米为词，不思海滨之民，户户有米，米之多寡，篮丁而课，非照涂而课也。就如十里之海涂，有一丁者，即听一丁采捕，有十丁者，即听十丁采捕。丁少米少，而采捕亦少，丁多米多，而采捕亦多。不均之中，正有适均者在。何竟不明此理，而截断一方之海涂，以归丁多之族，而令沿途丁少之民，别寻远处采捕，定案给示，真酿讼无穷而贻害不浅者。兹蒙宪批周士元等连名一呈，虽系匿名，而去冬奉批急奏天讨一词，已经逐一审详在案，仰惟宪台特秉海国之权衡，深瞩海疆之利弊，查阅前详，特赐禁示。俾久痼之人情，一朝惊醒，素味之天理，立地唤明，海利咸公，讼端永息，一洗从前之秽迹，以开日后之财源。庶小户得生，贫民有赖矣。①

这份告示表明官府认识到当地围绕滩涂发生的无休止的竞争，已经成为影响社会稳定的一个难题。由于诏安是一个靠海的小县，资源有限，缺少长江三角洲或珠江三角洲等地肥沃的冲积平原，山区的开发也颇为艰难，因此，大部分滨海地区的人群会将目光转向当地资源寻求解决生计，滩涂能够提供丰富的海鲜食物，所以当地人都将滩涂当作一个好地方。住在海边的底层老百姓，平时更是靠在滩涂讨海谋生，他们在退潮的时候，背着小篓捡拾小虾小蟹，换一些米钱，养活一家子。地方

① （康熙）《诏安县志》卷3《方舆志》，第77~78页。

上的大族却仗着家族势力，屡屡将海涂截占为家族私产，禁止周边小姓渔民前往捡拾海货，双方之间冲突时有发生，由此出现争讼不已的情况。被打的一方向官府控告大族打出人命，大族则向官府反控说是对方侵占家族滩涂产业在先；一方要求对方赔偿，另一方则说这是敲诈勒索。财势大的一方为了争面子一定要打赢官司，就把以往占滩涂赚来的钱拿来打点衙门上下，官府得了好处，就将原本属于国家的海涂判给了大族，甚至发给执照、告示。如此一来，恶性循环，也导致海涂纠纷长期不断，欲彻底解决这个问题，须将海涂重新收归国家，允许渔民们随意采捕，从而平息事端。

得到上司的支持后，秦炯立即在县内将上述告示公告出去，明确要求此后周边百姓可以任意在滩涂讨小海，不许当地豪族强占抽税，违者治罪。此举除了抑制当地豪族强宗侵占海涂，从而影响社会稳定之外，也强调了海洋的“官海”性质。地方豪族强占滩涂、私自征税的行为，不仅引发了一连串的纷争，而且损害了官府的利益。

官府介入滩涂的管理，体现了明清时期国家试图整顿海域社会的举动。秦炯也知道豪族强占滩涂是地方上的陈年积弊，虽然官府严禁大族侵占，但这些“绅裔强族”，习惯了强占海洋资源以牟取私利，虽然暂时在官府的严禁之下将滩涂交出去，但一旦秦炯离任，就会“立时翻案”。为了杜绝后患，秦炯决定向上级官府申请，将各级官府批示制成禁示碑，立在诏安沿海醒目处，让当地强族，“共知遵守”。秦炯此举得到了福建各级官府的首肯，时任闽浙总督兴永朝下令“一体勒石永禁”，将这一做法推广到全省沿海州县，也要求秦炯将禁示碑的碑模送到督抚衙门备查。由诏安知县秦炯发起的这一场禁止大族强占滩涂的举动，就这样演变成清代初年在福建全省范围内治理滩涂的一项普遍性改革措施。

秦炯对于海洋给予诏安社会的深远影响深有体会，刚处理完陈四和郑家的滩涂争夺案，他又要面对一个更为复杂的情况，这就是展界后如何恢复滨海地区的社会经济生产。康熙二十九年（1690）七月，此时距清朝收复台湾已过了 7 年。在清廷与台湾郑氏集团对峙的年代里，为了孤立台湾郑氏集团，当时东南沿海一带曾经推行迁界政策，寸板不许下海，包括诏安湾一带的广大滨海地区都被毁弃，成为绵延万里的无人区，这是历史上中国东南滨海地带遭到最为严重破坏的一个时期，也是海上丝绸之路的一个低谷时期。

为了恢复滨海地区社会秩序，其实从康熙八年（1669）起，朝廷就逐渐取消了迁界令，陆续允许广东部分滨海地区回迁，但也许是因为与台湾靠得太近了，福建地区的展界则晚得多，一直到康熙二十二年（1683）清军收复台湾后，在海氛廓清的形势下，康熙认为“船只出海，有裨民生”，才下令全面取消海禁：“今海内一统，寰宇宁谧，满汉人民相同一体，令出洋贸易，以彰富庶之治，得旨开海贸易。”[①] 康熙二十五年（1686）前后，复界扩展到所有迁海地区，近海地区的迁

---

① 王先谦：《东华录》卷 93，“康熙三十五”，清光绪十年长沙王氏刻本，第 9 页。

民大部分迁回原住地，滨海地区的生存环境得到了很大改善。

比起福建其他地区，诏安地方的展界似乎要早一些。康熙十九年（1680）就开始“展界复业”。其原因或许是与其他闽南地区相比，诏安地处闽粤边界，距离台湾郑氏集团频繁活动的厦门、金门一带较远，受后期台湾郑氏集团的影响弱一些。展界之后，摆在地方官府面前的一项急务就是如何解决当地财政困难。

诏安是一个出产海盐的地方，宋代以来地方官府承担的一项工作就是征收盐税。随着顺治十八年（1661）迁界抛荒，盐税得到豁免。但康熙十九年展界之后，盐税很快恢复征收，为了应付复台大军征战的需要，时任总督姚启圣还下令每丘额外增收银一钱，以充兵饷。如此一来，诏安一县盐税就增加了饷银近 278 两。对于刚刚经历战乱的滨海小县来说，这是一笔不小的负担。

而且，随着接下来的几年中，当地陆续复垦盐田，面积增加，饷银也随之增加，从而成为地方财政上的一大负担。到了康熙二十九年（1690），知县秦炯实在无法完成这一任务，就向省里打报告，指出顺治十八年（1661）迁界之前，太平时期，盐业生产能够得到保障，当时盐税定额是 214 两左右。迁界以后，盐业生产大受影响，不仅盐丁流失，而且盐田也遭到毁坏。展界之后，当地刚刚恢复生产，不想每年盐税都翻番增加，数量竟然达到了 627 两，地方不堪重负，因此他要求上司同意遵照朝廷原来发布的命令，康熙十三年（1674）以后新增的各项税银都加以豁免，并按照原来额定的数目征收盐税。他特别提到如果这样做的话，将大大造福诏安这样的“海邑”。

秦炯的这一呼声，说明他是一位敢于为民请命的好官。在这篇呈文中，秦炯特别使用了“海邑”一词，试图引起上司对诏安这一闽南滨海地区特殊生计环境的注意与同情心。确实，“海邑”形象地揭示了诏安这类与海洋有密切联系的滨海地景特点。在认识海洋对于诏安的影响方面，另一位当地人戴冠的感受也许更为深刻。他在编纂康熙朝《诏安县志》文本时，就特意将海洋放置在一个醒目的位置，而且浓墨重彩地描绘了诏安的海洋景观。

三　戴冠的地景表述

康熙二十九年（1690）冬，诏安当地一位名叫戴冠的读书人，收到时任知县秦炯的邀请，要他出面主持编纂本地县志。传统时代，编纂地方志是地方上的一项重大文化工程，因为编志不仅是地方官府行政工作的一个组成部分，而且是检验地方官政绩的一项内容。当然，这项工作对于地方官而言也不无益处，通过主持编纂地方志，不仅可以为朝廷汇总地方行政大事，保存历史记忆，而且可以通过修志，笼络当地大族士绅，为自己博个好名声。因此，地方志的编纂，从某种意义上可说是帝制时代“治理术”的一部分。对于秦炯和戴冠来说，这次修志却是一个大难题，这是因为诏安自从明代嘉靖九年（1530）正式建县以来，尽管中间经历了三次修志活动，但之前的三个版本的县志都没有正式刊印。时光荏苒，现在距离上一次修志，一晃已经过去55年了，很多诏安本地的重要历史信息，几乎没有留下记载，秦炯甚至用了六个“阙未书”来表达他对于当地档案缺失的遗憾：

> 城池县治毁而复建，阙未书。海寇、山寇，发于何年，平于何日，阙未书。水旱凶荒，天灾物变，阙未书。迁界流离，展界安集，阙未书。赋税若者依旧，若者增新，阙未书。海防撤者何处，严者何处，阙未书。文武职守，裁者几员，易者几员，阙未书。①

这一连串的“阙未书”，不仅道出了秦炯心中的无奈，也说明诏安半个世纪间发生的很多地方上的重大事件，没有被记录下来。这是任何一个有责任感的地方官都不能接受的情况，因此，按照常理，地方志的编纂再也不能等下去了，秦炯决心无论如何都要在自己的任内推动这项修志工作。他根据自己的经验，选定了当地素有博学之名的文化人戴冠作为主纂。戴冠是17世纪诏安名士，顺治年间被选为贡生，他虽然博通文史，却似乎没有做官的命，他的个人事迹也缺乏详细的记载，我们只知道他晚年才到福建山区小县大田做了个低级的学官，而且很快就退休回诏安老家了。

事实证明秦炯的眼光很不错。戴冠知道这是一项劳心劳力

---

① （康熙）《诏安县志》卷首，第2页。

的工作，在责任感和自信心的驱使下，依然接受了这个艰难的任务。经过两年的辛苦工作，他终于在康熙三十年（1691）完成了县志的编纂，并在官府的资助下将其刊印出版了。这就是诏安县历史上著名的康熙朝县志。

作为土生土长的本地人，戴冠显然对家乡与海洋的关系有十分深刻的体认，因此，他利用这次编纂方志的机会，刻意突出了诏安的海洋性特点，不仅在县志中大量增加了关于海洋的内容，也收录了吴朴这位本地杰出的航海家的传记，而且特别点明了海洋在本地社会生活中的特殊角色。例如，他在县志开篇形容诏安的特点时就说“县治三面负山，一面吞吐巨海”，形象地道出了诏安背山面海的地势特点。戴冠使用“吞吐巨海”这个词，并非夸张之语，因为与别的临海县份不同，诏安所处之地是东海和南海的交界地带。戴冠还引经据典，强化自己的海洋观点：

> 《山海经》独称闽在海中，为岐海、漳海，为天之东南隅。而诏安尤漳海之尽处也。①

戴冠所言不虚，从诏安梅岭港放舟出洋，往北走是巨浪滔天的东海，往南则是波涛汹涌的南海。对当地人来说，一望无际的海洋连接着外部世界通道。

为了突出当地海洋的壮阔形象，戴冠也不忘在地景表述上

---

① （康熙）《诏安县志》卷首，第59页。

做文章。明代诏安县志的编纂者曾经推选出本地最具代表性的八处风景，但戴冠显然认为这八处风景并不能展示本县景观全貌，因此，在编订新的县志时，他只保留了其中的三处，另外增补了九处，合成了十二景。他将位于拱卫海洋的悬钟所城边的望洋台巨石也列入十二景，并为之起了一个响亮的名字——钟门巨浪。

戴冠的海洋视角并不令人惊奇，这是当地人对海洋情感的自然流露。对诏安滨海人群而言，海洋不仅创造了与内陆不一样的景观，而且提供了另一种生活方式。戴冠观察到，接纳了东海和南海交界处的大海潮，形成三股潮水，通过海岸港湾及河汊，深入县城腹地。一股是从东山岛上的铜山所大京门进入五都、百浦，上抵走马溪。一股则从悬钟所的北港门涌入，经过渐山，在梅岭、上湖交汇。还有一股是从悬钟所的南港进入，经过卸石湾，汇入东西溪，绕过县城，直抵甲洲。当地渔民熟练掌握了潮汐规律，退潮的时候乘潮捕鱼，涨潮的时候踏浪归来。

对于在水上讨生活的诏安湾人来说，除了驾船操舟之外，还有一项本领是必须掌握的，这就是看风信。正如戴冠在县志中所言："一年之内，每起飓风。诏民操舟，无不出入海上。其可不晓飓台之期，以知所趋避欤？"戴冠认真细致地搜集整理了当地渔民根据常年观察台风经验而总结出的飓风、台风出没规律，将这部分内容作为地方灾害知识的一部分，编入了地方志，以便当地人参考，便利海上作业。戴冠整理的上述"风信"知识，也揭示了古代诏安湾当地人对于季风

（monsoon）的认知，他这样描绘当地帆船航行受季风的影响：

> 凡清明以后，气自南而北，则以南风为常。霜降以后，气自北而南，则以北风为常。……南风壮而顺，北风烈而严。南风多间，北风罕断。南风驾船非台飓之时，常患风不胜帆。故商船自南赴北者以舟小为速。北风驾船虽非台飓之时，亦患帆不胜风，故商船自北回南者以舟大为稳。①

戴冠特别提到船只出海，以农历四月、七月、十月为宜，因为四月飓风少，七月、十月多晴朗天气。最忌讳六月、九月出海，因为这两个月份前者多台风，后者多暴雨。这一段话也揭示出诏安湾与季风亚洲（Monsoon Asia）之间的联系。这种周期性的海上风信，不仅影响了诏安湾当地人的农业与渔业系统，而且为当地海洋人群提供了可靠的航行动力，促成了闽粤交界地带的海商，乘着海船，跨越大海，与季风航线内各个地区保持密切的海上商贸关系，进而推动了人群的流动与社会联结。

帆船御风而行，但也担忧遭遇灾害性的台风天。戴冠还提到当地人有一种特别的植物——“台草”，有经验的老百姓可以根据这种植物的生长情况来判断台风情况，如果当年这种草没有长节，那么全年都没有台风，反之，长一节代表

① （康熙）《诏安县志》卷2《天文志》，第30页。

出台风一次，两节代表出台风两次，以此类推，无不应验。[①]其实被戴冠记录到地方志中的这种台草，就是东南沿海渔民口中的台风草。靠观察植物来判断当年的台风情况，是滨海地带十分流行的一种地方知识。例如，与诏安湾隔海相望的台湾岛一带的渔民，也很早就有利用台风草来预测当年风信的习俗。尽管植物与台风发生之间并无严谨的科学验证，但对于诏安湾这样的滨海地区来说，海洋是一个百纳箱，生活在海边的每个人，片刻都离不开它。人们对台风草的认识，其背后反映的是当地人依靠海洋生活，形成了丰富的各类地方性知识。

值得注意的是，在方志文本中，戴冠为我们留下了关于梅岭港、悬钟所城、望洋台这些构成如今诏安湾标志性海洋景观的纪事。在戴冠之后，晚清以来的县志编纂者延续了他的做法，也将当地人后来修建的祥麟塔这一与海洋活动有关的建筑，编纂进不同时期修撰的《诏安方志》中。如今，上述与当地海洋发展密切相关的诸多景观，作为一种文化遗址保留下来，成为当地重塑“海丝”遗产的重要内容而受到重视与保护，而围绕上述海洋景观的历史记忆也正被逐一还原与建构。

小结　“海邑”诏安

可以说，秦炯口中所形容的“海邑”诏安，其所发生的上

---

① （康熙）《诏安县志》卷2《天文志》，第31页。

述海洋社会事实，其实都不是偶然的。历史上，诏安既涌现了吴朴这样目光远大、重视经略海洋的人物，也涌现了为官一任，兢兢业业，希望为“海邑”减少海盐税收的知县秦炯和像戴冠这样试图在地方志中强化海洋色彩、提醒人们注意海洋在当地社会角色的地方文人。此外，也有我们从官府提供的判案及滨海碑刻文字中才能知晓曾经插手滩涂案的讼师陈四一类人物。这些人物的出场，无一不和海洋有关，由此也表明，海洋对于当地社会生活的影响是无处不在的。可以说，诏安是一个被海洋充分浸染了的地方，就如秦炯所说的，是一个典型的“海邑”社会。

“海邑”这一名称的背后，是诏安湾的一部蓬勃海洋史。一般而言，诏安湾的范围有狭义和广义之分，前者专指诏安县海岸线面积 148.92 平方千米的水域。后者则指位于如今东海、南海交汇的台湾海峡南端诏安县东南部的一片开阔的滨海港湾地区，既包括诏安县四都镇、金星乡、梅岭镇、桥东镇等海边聚落，也包括如今归属东山县和广东省南澳县海岸外的一部分水域。这一湾区的人群很早就有密切的互动关系，形成共享这一片海域的共同体，因此也是本书的研究范围。

诏安湾所在的地区，历史上是“诸夷贡道所必经”，[①] 也就是说，这里是传统海上丝绸之路的必经之地。依靠沿线人群经年日久积累的发达的帆船航海技术，从中国东南沿海到东南亚菲律宾、印度尼西亚、越南、泰国乃至印度洋周边地区，很

① （顺治）《潮州府志》卷 12“古今文章部”，清顺治刻本。

早就形成了一条海上贸易大通道。而诏安湾正好就处在这一海上丝绸之路的关键节点上。这里也是15世纪中国最早感受到大航海带给东西洋贸易微妙变化的地方。可以说，诏安湾人是中国东南滨海地区第一批接触到大航海时期进入亚洲的欧洲商船，并捕捉到机会，参与共建这一早期世界体系的弄潮儿之一。

显而易见，今天的人们研究海上丝绸之路的历史时，不能脱离开类似诏安湾这样具体的地方海洋社会及人群的历史。长期以来，生活在海洋地带的多元族群，通过岛屿与海外贸易、海洋资源开发，建构了一个有别于内陆地区的海域社会，并通过河流、港湾水系，将海洋与内陆腹地沟通起来，由此也将滨海地带的社会与中央王朝乃至世界各地联系在一起。秦炯口中的“海邑”——诏安，就展示了这类海域社会在人类历史上的特殊作用。人类社会从来不是封闭的，而是一个开放的系统，海洋则是连接不同地区人群与社会的交通方式，同时也是推动人类普遍联系的动力。

与北方的干旱带不同，生活在西太平洋蜿蜒曲折的亚洲东南海洋地带的人群，很早就与海洋建立起了一种特殊的情感关系。诏安湾就是其中一个代表性的地点。它让我们看到历史上中国东南滨海地区的人群是如何借助帆船与海洋来建构地方社会文化，如何通过船货系统连通外部世界，主动或被动地卷入早期世界体系，将当地社会历史带入全球史，进而也让我们思考作为全球史组成部分的海上丝绸之路，如何塑造航路沿线当地人的社会生活。从诏安湾的例子我们可以看出，在推动海上丝绸之路形成的过程中，许许多多生活在滨海地区的普通赶海人，他们并非完全湮没在传统朝贡制度与朝贡贸易圈中，而是用更为地方化的方式，书写当地社会与海洋的关系史，成为不可忽视的历史行动者。

本书讲述的就是身处全球化背景下诏安湾的海洋人群奔赴海洋的故事。在本书中，我将借助明清以来戴冠与陈荫祖等诏安当地方志编纂者所描摹的梅岭港、悬钟所城、望洋台、祥麟塔这四个诏安湾如今被当地人认为最有辨识度的“海丝”景点，透过景观谱系学的知识考古，探讨上述四个海洋景观反映的诏安湾人的航海活动历史及其遗产化过程，并揭示其背后所隐藏的全球史与社会文化意义。诏安湾的案例表明，海上丝绸之路遗产其实是滨海地带人群通过航海而构造密切互动海域社会的历史过程，海丝遗产的发明，是人们对于海洋与人类活动情感依恋的再创造。包括诏安湾梅岭港在内的海上丝绸之路遗产的形成，其背后展现的是海洋与人类滨海地区社会结构的互动。而作为当代遗产点的海洋景观，就是这一过程中被制造出来的产物。我们讨论海上丝绸之路遗产，应该注意区分不同区域内部长时段动态发展与海洋社会结构特征，进而思考当代分布在不同地区、被定义为海上丝绸之路遗产点的这些海洋景观，呈现了怎样的历史记忆；人们如何通过“海丝”景观的生产来重新建构、解释与海洋的关系。

总之，诏安湾的海洋遗产，展现了一个中国东南海湾如何通过蓬勃的帆船航海活动，与世界产生广泛联系。在人类历史上，海上丝绸之路并不是一个被创造出来的文化符号，而是串联起亚欧地区无数港湾与腹地的庞大海洋网络，其真实场景，显然比我们所能想象的景象，更加复杂而生动有趣。诏安湾的案例也提醒我们，只有看到跨越海域的更大历史进程，才能认识人类海洋社会的本质，并进而深刻理解一个核心问题，那就是，通过海洋与全球沟通，曾经是历史上中国社会发展的一个重要动力。

第一章　梅岭港：黄金海岸

和中国内陆其他地区不同，身处诏安湾的闽南人，总是和更广阔的海洋世界联系在一起。16 世纪一位官员李泰和在为距离诏安不远的龙海人张燮所撰写的《东西洋考》一书作序时，一开首就是这样一句话："澄，水国也。农贾杂半，走洋如适市，朝夕之皆海供，酬酢之皆夷产。"① 在他看来，类似海澄（龙海旧称）这样的地方，社会生活高度依赖海洋，日常所需都来自海外，就连人们平常应付人情的礼物也几乎全部是"夷产"，所以他用了一个很形象的词——"水国"，来描述故乡与海洋的关系。将海澄比作"水国"，就像秦炯用"海邑"形容邻近的诏安湾区域一样，都极为贴切地勾勒出了闽南这一地区与海外世界紧密联系的特点。诏安湾地处东海与南海交界处的关键位置，使得这片海域成为帆船时代闽南黄金海岸的航路枢纽，而隐进历史尘埃的梅岭港，则是这一航路中具有举足轻重地位的一个港口。

---

① 张燮著，谢方点校《东西洋考》，北京：中华书局，2000，第 15 页。

一　被遗忘的海港

要谈论诏安湾的海洋史，甚至中国东南沿海与早期全球网络的关系，无疑绕不开这个叫作梅岭港的地方。然而，我们遗憾地发现，在中国海洋历史的记载中关于梅岭港的信息并不多见，它似乎被遗忘了。但是，当我在当地进行田野调查时，只要知道我的研究主题是关于闽南地区的海丝文化遗产，几乎所有当地的朋友都会首先说到梅岭港。

从他们的口吻中，我们可以想象，梅岭港曾经的辉煌并不遥远。说实话，在此之前我对梅岭港也是知之甚少。然而，随着我在当地的田野调查逐步深入、对地方资料的掌握日渐增多，我越发坚信，当地人口中不断讲述的梅岭港故事不无道理。海上丝绸之路的历史，确实不能不提到地处诏安湾的梅岭港。换言之，确实应该重新认识梅岭港在中国海洋史上的地位。

当地人口中念念不忘的梅岭港，其实得名于本地一座滨海山岭。地方志的资料记载：“梅岭山，在四都，离县三十里，距悬钟所十里，濒海，有公馆，今废。”① 梅岭山脚下，就是以梅岭半岛为中心的诏安湾，这一狭长半岛形港湾，由于具有良好的避风与港湾条件，很早就被当地海洋族群开发成驾舟出海的港口。港以山名，因此也被当地人称为梅岭港。

现在谈论历史上闽南地区海上丝绸之路的开发情况，人们

① （康熙）《诏安县志》卷3《方舆志》，第50页。

图 1-1　梅岭港旧址

普遍想到的是位于漳州龙海的月港。这个因为海外贸易而繁盛起来的闽南港口，在 16、17 世纪是对东西方海上贸易产生了重要影响的一个中心地。朱纨这位明代中期治理海疆的悲剧人物，曾经这样描绘月港在 16 世纪时期的繁盛情况：

> 漳州府龙溪县月港地方，距府城四十里。负山枕海，民居数万家。方物之珍，家贮户峙。而东连日本，西接暹球，南通佛郎、彭亨诸国。其民无不曳绣蹑珠者。盖闽南一大都会也。①

① 朱纨：《嘉靖二十七年六月增设县治以安地方疏》，《甓余杂集》卷 3，中国第一历史档案馆等编《明清时期澳门问题档案文献汇编》第 5 卷，北京：人民出版社，1999，第 269 页。

月港堪称海洋的恩赐，它的勃兴，见证了16世纪全球海洋贸易与跨区域市场带给当地社会的巨大变化。一个此前地处府城郊外、毫不知名的港汊，因为海上走私贸易，一跃成为中国东南沿海活跃的海洋商贸中心。由于传统上漳州海商以“东西洋”为主要贸易网络，因此，当16世纪葡萄牙人进入马六甲海域时，接触到的中国商人大部分是来自漳州的海商。在16世纪葡萄牙人的记载中，经常提到来“满剌加”（马六甲）通商的中国船，均从漳州开航。这里的漳州，即指以月港为主要外贸港口的滨海地区。它与浙江定海，是明代最有影响力的两个外贸大港。因此，明代流传的一个说法是“浙人通番皆自宁波定海出洋；闽人通番皆自漳州月港出洋”。①

尽管月港在16、17世纪繁盛一时，然而在诏安本地人看来，现在谈论海上丝绸之路的历史，只提月港，不提梅岭港，是说不过去的。“梅岭港要出名更早”，老沈这位当地的文史专家，一直强调梅岭港才是明代月港兴起之前最重要的对外贸易港口之一，借以突出梅岭港在早期海上丝绸之路的重要性。这种说法其实也代表了诏安湾人的一种共识，现在也几乎成为本地海丝遗产的代表性声音。

当地人用来证明梅岭港在海上丝绸之路历史上的重要性而经常提到的证据，是明代文人张燮说过的一段话。张燮在

① 黄光升撰《昭代典则》卷28“世宗”，明万历二十八年周曰校万卷楼刻本，第24页。

《东西洋考》这部明代中期权威的海洋文化志中写道，漳州一带出海的商船“先是发舶在南诏之梅岭，后以盗贼梗阻，改道海澄”。[①] 从张燮的上述记载可知，明代中叶海禁开放后，闽南海商恢复了海外贸易。最初海船出洋贸易的地点并不是月港，而是位于诏安的梅岭港。只是后来因为海盗袭扰，才改移到海澄月港。

这种说法，后来被不少地方志书所援引，如清代道光年间编纂的《厦门志》写道：“隆庆元年，福建巡抚都御史涂泽民请开海禁，贩东西二洋，特严禁贩倭奴者。先发舶在南诏之梅岭，后以盗贼梗阻，改道海澄。”[②]《同安县志》也写道：“隆庆元年，福建巡抚都御史涂泽民请开海禁，贩东西二洋。发舶在南诏之梅岭，后以盗贼梗阻，改道海澄。”[③] 康熙年间所编撰的《漳州府志》的记载则更详细：“逾梅岭为悬钟，在四都，离县三十里，距悬钟所十里，频海之地。漳之洋船，先实发于此。原设公馆，主簿镇焉，后设县镇除。”[④] 这段话很值得注意，内中明确提到从这里出海的是漳州“洋舶”，此处“洋舶”显然指的是本地出洋大船。也就是说，明代开海后，漳州地区出海贸易的大海船，最早是从梅岭港出发的。由此也说明，梅岭港作为月港兴起之前闽南地区最重要的船舶出海通航地，曾经是地方公认的一个历史事实。换言之，在明代中叶

① 张燮著，谢方点校《东西洋考》，第132页。

② （道光）《厦门志》卷7《关赋略》，清道光十九年刊本。

③ （民国）《同安县志》卷21《外交》，民国18年铅印本。

④ （光绪）《漳州府志》卷4《山州》，清光绪三年刻本。

月港兴起之前，梅岭港作为当时中国最早开放的唯一合法的海外贸易港口，早已声名在外。而后来之所以移到月港，其主要原因是海盗的袭扰。或许是因为月港港湾条件优越，而且因为这一时期西班牙人占据马尼拉，并以其为中心，发展中国贸易，而月港位置显然更靠近马尼拉，再加上毗邻厦门湾，防卫力量好，能与地处东海和南海交界处的诏安湾活跃的海盗保持距离，所以贸易港口才转到月港。种种迹象表明，梅岭港有一段不寻常的海洋往事。

二　豪侠与海洋

其实，隆庆开海首先选择梅岭港，不无道理。我们发现，早在宋代，梅岭港就已经是一个海船出没的通商港口。地方历史中保存不少有关梅岭港与海上丝绸之路联系的记忆。何乔远所著《闽书》曾经提到一位宋代地方忠臣陈植的故事。陈植是一位几乎被当代人遗忘的历史人物，但他的事迹也许可以为我们提供重新认识梅岭港在唐宋以来海上丝绸之路地位的一个重要线索。

根据何乔远的记载，南宋末年，崖山之变后，在赵宋王朝即将覆亡之际，漳州一带涌现出不少忠于南宋的地方官员，其中一位名叫陈植：

> 植字寝立，以字行，幼学于世父安卿。十八以祖泽补太学生，调龙溪令，转漳州司理。淳祐四年登进士，提督

> 岭南海路兵马。帝昺浮海，植提领海舟，见事危，断维出港，自以六舟泊梅岭，收亡命，驰檄诸蛮，图立宋后。闻世杰覆舟，元人索捕急，遂变姓名匿于大芹、白华、九侯间，临终命葬海滨，南望崖山。弟格为宋海舟监簿，帝昺既亡，从容就死，忠义形于六咏，植敛袍笏招灵，葬于渐山书院，今漳浦人并祀之。①

宋元之际闽南忠臣陈植的故事，在漳州、潮州一带流传很广，地方志不断记述他的忠义传说。例如，戴冠在康熙年间编撰的《诏安县志》中，就记载了陈植的事迹，内容与《闽书》大致相同，但提供了更多的细节：

> ……幼从陈淳学，以荫补太学，司理漳州，登淳祐进士，以妻安定郡王女，封驸马都尉，赐食邑，提督岭南海路兵马。帝昺浮海，植领海舟，见事急，断维出港，自以六舟泊梅岭，收亡命，驰檄诸蛮，图立宋后。闻世杰舟覆，元人索捕，变姓名，隐大芹、白叶、九侯间，临终命葬，南望崖山，不北面于胡元。陈格，植之弟，为宋海舟监簿，帝昺之亡，格从容就死，忠义形于六咏，兄植敛其袍笏招灵，葬渐山书院，今漳浦人并祀之。②

---

① 何乔远：《闽书》卷121《英旧志》，明崇祯刻本，第11页。

② （康熙）《诏安县志》卷11《人物志》，第282~283页。

同样，与漳州相邻的潮州，也流传着关于陈植的这段忠义故事。据顺治《潮州府志》记载：

> 宋武经郎陈植，龙溪人，从叔祖玉涧郡马勤王至崖山。宋亡，与张世杰断维而出，以六舰泊于梅岭港，欲求赵氏后立之，因杨太后崩，元人逼宋师甚迫，乃逃匿九侯岩，卒葬其地。临终遗命望崖山而葬，不面北云。①

根据上述资料，我们不难发现，陈植一家其实是宋末漳州、潮州一带很有影响的大族。其家族命运与宋元易代故事紧密联系在一起。有意思的是，尽管陈植、陈格兄弟是南奔的宋帝身边的忠臣，这一家族的忠义故事之所以广为人知却离不开族中一位女性。

潮剧中有一出名戏《辞郎洲》，说的是宋末一位奇女子陈璧娘的故事。辞郎洲是诏安湾附近南澳岛西边一个孤立的小岛，与梅岭港隔海相望。这个海中的小洲，本来十分普通，但因为和宋元易代历史联上关系，成为一个特殊的文化符号。乾隆年间编撰的《南澳志》中有这样一段文字：

> 辞郎洲，在隆澳五屿之北。宋景炎元年，帝舟迁于潮州，驻跸红螺山。明年正月，迁于惠州之甲子门。都统张

① （顺治）《潮州府志》卷10《轶事部》，清顺治刻本，第7页。

达率义勇扈从，其妻陈璧娘送之至此。①

这位陈璧娘，就是陈植的长姐。陈璧娘祖父为陈景肃，绍兴二十一年（1151）进士，历任仙游县令、湖南提举、南恩知州等职，诏入朝为知制诰，转任台州、湖州知州等职，曾讲学于仙人峰石屏书院和渐山石榴洞。父陈肇，又名宗一，绍熙年间官至参知政事兼太尉同平章事，封兴国公。弟陈植，南宋末提督岭南海路兵马。从弟陈格，任海舟监簿。陈璧娘嫁给了南诏场（今诏安县）人张达，夫妇二人组织义勇，护卫南宋末帝，成为名动一时的抗元英雄。陈璧娘的事迹后来也被编入《南澳志》的《人物志·列女传》中：

陈璧娘，都统张达妻也。张达扈从帝舟至红螺山，其妻璧娘送至海洲，后人因名其地为辞郎洲。璧娘尝作《平元曲》……及达殉难崖山。璧娘求得其尸葬之，不食而死。②

上述陈璧娘和辞郎洲故事，说的是南宋景炎三年（1278）五月，端宗赵昰死于硇州（今广东雷州湾外），陆秀夫、张世杰等立赵昺为帝，改元祥兴，移跸崖山。张达此前因护卫宋帝有功，被封潮州都统。他赴崖山勤王，陈璧娘渡海送其至南澳

① （乾隆）《南澳志》卷12《杂记》，清乾隆四十八年刻本，第1页。
② （乾隆）《南澳志》卷9《人物志·列女传》，清乾隆四十八年刻本，第5页。

海洲而归，后人因璧娘别夫于此，遂称此地“辞郎洲”。陈璧娘胞弟陈植，时任提督，统率岭南沿海一带兵马。堂弟陈格也担任海舟监簿。值此国难当头，两弟皆遵长姐之命，与姐夫张达合兵一处，奔赴雷州崖山，护卫宋朝幼主赵昺。陈璧娘身居家中，心系抗元前线，作《平元曲》寄夫及二弟，其文如下：

虎头将军眼如电，领兵夜渡龙舟堰。
良人腰悬大羽箭，广南略地崖西战。
十年消息无鸿便，一纸凭谁寄春怨？
日长花柳暗庭院，斜倚妆楼倦针线。
心怀良人几时见，忽睹二郎来我面。
植兮再吸倾六罐，格也一弹落双燕。
何不将我张郎西，协义维舟同虎帐！
无术平元报明主，恨身不是奇男子。
倘妾当年未嫁夫，请效明妃和西虏。
虏人不知肯我许，我能管弦犹长舞。
二弟慨然舍我去，日睹江头泪如雨。
几回闻难几濒死，未审良人能再睹！①

上述《平元曲》有多个版本流传，因此文字也略有不同。大体表达的是宋末张达、陈璧娘夫妇在国难之际，忠贞不屈、勇于赴死之意，字里行间也充满对亲人的思念与鼓励。其堂弟

① （光绪）《漳州府志》卷37《列女》，清光绪三年刻本，第47页。

陈格后来也作《崖山六咏》，以表壮志。陈氏姐弟这些诗词后来都被载录于地方志书中，成为宋元闽粤地方文学的组成部分。

根据《辞郎洲》潮剧剧本，南宋祥兴二年（1279）二月，陈璧娘心系前线，闻崖山危急，毅然将爱子托寄于诏安四都隙口村张达姐郭张氏家中，带着一队乡勇，前往崖山助战。但此时宋朝全军覆灭于崖山，张达与陈格阵亡，陈植兵败后，不知所终。陆秀夫负少帝投海自尽。宋将张世杰覆舟自尽，至此，宋朝覆亡。陈璧娘赶至崖山，面对家仇国恨，且身陷绝境，最后自刎于崖山海滨，随夫同殉国难。

关于辞郎洲，明清时期还有另一个说法，认为指的是南宋丞相陆秀夫墓所在地——南澳凤屿。因此凤屿陆秀夫墓也被称为“侍郎墓”，凤屿被唤作“侍郎洲”。此后“侍郎洲”与“辞郎洲”被后人混为一谈，以讹传讹至今。但清代人周硕勋写过一篇《辞郎洲辩》，指出前说的错误，认为辞郎洲应指的是陈璧娘故事，“夫忠妇烈，永诀此地，以事名洲，洲以人传矣。乃陈正言妄改曰侍郎洲，以陆丞相曾为礼部侍郎，因以归之陆”。①

辞郎洲的故事，在闽粤交界地区流传很广。张达、陈璧娘夫妇在南宋国家危难之际，舍生取义，双双殉国，这样的忠义故事很打动人，所以也成为原本地方戏曲文化十分发达的闽南与潮州地区现成的故事脚本，很快被编写为潮剧剧目，广为演

① （乾隆）《南澳志》卷 11《艺文》，清乾隆四十八年刻本，第 16 页。

绎传唱。当地文人也写过不少诗词歌咏这段往事，其中，潮州士人邱世钥的一句诗——“辞郎洲上一滴水，尽是璧娘眼中泪”[①] 最为生动，展现出闽粤滨海一带人群因为被卷入王朝更迭所经历的复杂命运。

显然，人们之所以传颂这个故事，是为了表达对张达、陈璧娘这对忠于宋朝的夫妇忠贞节义的同情。然而，这个故事背后，其实也隐含着陈氏家族这一与诏安湾有密切联系的海洋家族在宋元易代之际的遭遇及宋元之际梅岭港的开发历史。

我们知道，历史上南澳岛长期以来归属福建诏安管辖，而陈璧娘及其夫张达都是南诏场渐山下的隙口村人。南诏场就是诏安建县前的区域，宋元时期属漳浦县，也是一个海上交通孔道。南宋景炎元年（1276）十一月，刚在福州即帝位不久的宋端宗赵昰，由于元兵进逼，就在张世杰等大臣护卫之下，乘船从海路来到泉州，但当时任福、广招抚使，总海舶兼泉州市舶司提举的蒲寿庚迫于形势，为了保护家族利益以及继续控制泉州海外贸易，决定联合泉州地方势力集团，献城降元，蒲寿庚等人不仅“闭门不纳宋天子”，而且将泉州城内的宋朝宗室斩杀殆尽。在此情形下，张世杰只得强征蒲寿庚海商家族海船400多艘，护送端宗等部分流亡小朝廷成员，由泉州乘船逃往广东。因人数众多，广王赵昺等另一部分人则由杨太后带领，走陆路去岭南。

① （康熙）《饶平县志》卷23《艺文·诗》，清康熙二十六年抄本，第12页。

当张世杰带领数百艘海船搭载的南宋小朝廷南下，经过梅岭港时，梅岭港开阔的港域和良好的避风条件，给疲于奔命的宋朝君臣提供了一个短暂停泊休整的机会。但元朝水师在熟谙海道的蒲寿庚等泉州海商集团的指引下，紧随而至。当地人张达得知端宗、张世杰船队停泊在梅岭港，正遭到元朝水师追击，情势十分危急，就组织了一批滨海义勇和船只，前往梅岭港救驾。

张达等人护卫端宗船队离开梅岭港后，就凿毁一部分船只，封堵港口，试图阻挡元朝水师的追击。此后，张达又率当地乡兵，砍伐大树，阻塞山间小路，使得杨太后、广王赵昺等另一支南宋逃亡队伍得以从诏安逃生。宋帝逃往潮州驻跸红螺山时，张达又与陈植兄弟等率义勇前往犒军护驾。景炎二年（1277），张达护卫宋帝昰南下惠州，受封为潮州都统；祥兴元年（1278），张达又护卫帝昺至崖山；祥兴二年（1279）三月，宋军在崖山之战中覆灭。为了报复此前张达、陈植等护宋抗元的行为，元兵将张达位于诏安隙口村的亲族满门灭杀。在当地的家族传说中，经此浩劫，只剩下张达和陈璧娘幼子张千乔一人得以幸存，被嫁到附近上溪郭氏的一位张姓女子即郭张氏所救，带回上溪郭氏抚养，并在其长大成人后，帮助张千乔在东峤村开基，重建家族。为了感念郭张氏对于家族的恩德，东峤村张氏宗族就将郭张氏奉为“祖姑”，在祠堂中立神位奉祀。现在诏安四都东峤村“张氏大宗”祖祠“思孝堂”的石柱上还题刻着一副楹联：“孝可作忠，痛先人斩木救驾，特表奇勋千古；思堪锡类，念我祖依姑承祧，犹存祀万年”。在

“思孝堂”所供奉的祖姑神位旁也镌刻着一副对联：“扶侄归宗传百世，奉姑附祖祀千秋。”这两副对联记载的就是上述张达“斩木救驾”和郭张氏“扶侄归宗”的祖先故事。①

辞郎洲的传说，虽然现在成为潮州地方广为流传的一个历史叙事，演绎的却是诏安湾宋元时期地方家族的时代命运。我们将上述地方文献和口述记载汇总起来，就可以连缀起1279年元朝灭宋关键一战——崖山之战背后一段鲜为人知的梅岭港与诏安海洋家族卷入宋元易代的地方历史记忆。

陈植作为忠于南宋的官员，在宋帝南奔的途中，和堂弟陈格一起加入了拥立宋帝的队伍。上述地方文献中有一个值得注意的细节，即陈植的官职是“提督岭南海路兵马”或“提领海舟”，其堂弟陈格则担任“海舟监簿”。也就是说，陈氏兄弟实际上是这一时期南宋小朝廷水师的主要领导人。而这支水师，其实也是南宋最后能依赖的海上军事力量。由此也可以判断，陈植家族和海洋关系十分密切，他们应该是漳州一带世代从事海洋贸易的大族，而且从其姐夫张达能够在很短时间里就组织起一支地方水师到梅岭港护卫宋帝可以判断，张、陈等家族的船队，或许此前就以梅岭港为出洋贸易港口。由于长期生活在闽南滨海地区，熟谙海道，所以当宋帝南奔船队停泊在梅岭港时，陈植、张达就带着家族船队加入勤王的行列，而且因为陈氏兄弟与海洋关系密切，很快就被委任为南宋王朝提督岭

① 诏安县政协文化文史和学习委员会、中共诏安县委党史和地方志研究室编《诏安民间文学·民间故事》，2019年排印本，第139页。

南海路兵马和海舟监簿等官职。很显然，陈氏兄弟所担任的是统领南宋水师的关键官职。这也说明，当宋帝从浙江一路南下经过闽南时，陈植家族为了勤王，不仅倾尽家族所有，向处于绝境的南宋小朝廷提供物资，而且利用家族在滨海地带的影响力，以家族海船为基础，招募了当时滨海一带的船工渔民，参与组建了南宋最后一支水师，并在抵抗元朝军队中发挥了重要作用。

崖山之战，南宋小朝廷被紧追而来的元军所灭。按照《辞郎洲》故事的说法，陈植不知所终。其实，地方志书明确指出，在混乱的海战过程中，他和张世杰砍断系船的大索，率领部分水师船只突围而出。在张世杰死后，他带着六艘战舰顺着海路，重新返回梅岭港，其目的是寻找赵氏的后人，重整旗鼓。《闽书》内中一句“驰檄诸蛮”十分值得注意。这里的诸蛮，显然指的是居住在漳州、潮州山区一带的畲人。县志中提到，这群人居于深山之中，“俗呼畲客”。[①] 诏安是东南畲人的聚居地之一，这些山中的族群，“随山种插，去瘠就腴，编荻架茅为居”。唐宋之际，他们世居在漳州、潮州一带山中，形成一支令人生畏的族群势力。他们过着刀耕火种的游耕生活。由于居住山中，“善射猎，以毒药涂弩矢，中兽立毙”，[②] 练就了一身的本领。宋代是闽粤一带畲人族群共同体形成的一个关键时期，尽管地方上各个族群之间因为争夺生存资源冲突不

① （康熙）《诏安县志》卷 7《武备志》，第 176 页。

② （康熙）《诏安县志》卷 11《人物志》，第 176 页。

断，但随着元兵的逼近，宋末元初闽南一带的畲汉族群很快结成了统一的抗元联盟。当时闽西北地方的族酋黄华、畲家峒酋长蓝太君、漳南首领陈吊、守闽抗元的兴化军知军陈文龙之女许夫人（嫁诏安许氏）等歃血为盟，组成抗元扶宋大军，活跃在诏安一带。这些汉、畲族群组成的地方武装，顽强抵抗元兵的进入，也因此也遭到了元兵的镇压。①

作为漳州本地人，陈植显然熟知畲人善战，遂试图借助畲人的力量东山再起。然而，随着此时期南宋复国的一位关键人物，也就是"亡一君，立一君"的杨太后投海自尽，元军加紧搜捕南宋余部，陈植见大势已去，就遁入诏安当地九侯山一带隐居。陈植对南宋十分忠贞，他临终前仍然不忘吩咐子孙"望崖山而葬，不面北"，由此也反映出崖山之战之后，尽管因陆秀夫抱宋帝昺跳海，赵宋王朝已亡，但闽南一带仍然有一批类似陈植这样忠于宋朝的海洋家族，带着残存的水师，借助诏安湾的水道，进入梅岭港，募集畲人，试图挽救宋朝覆灭命运。与此同时，陈植家族的这段忠义故事也向我们揭示出梅岭港在唐宋时期海上丝绸之路的繁盛状况。

在记载陈植家族故事的一些地方文献和口碑传说中，都特别提到张世杰所率领的从泉州蒲寿庚家族征用而来的南宋小朝廷船队曾经停泊在梅岭港，而陈植所率领崖山之变后残存的南宋六艘水师舰船，停泊的地方也是梅岭港。我们知道，南宋时期闽南海舟是能出洋贸易的大船。1974 年，考古人员在泉州

① 《圭海许氏族谱》，许氏族谱文献资料珍藏室，1981 年复印本。

后渚港对一艘古海船进行了挖掘。经过两个多月的发掘，出土了一艘残长 24.2 米、残宽 9.15 米的沉船，该船有 13 个水密隔舱，载重 200 多吨。除船体上部结构损坏无存，船首残存部分结构，船身中部底板、舷侧板和水密隔舱壁、桅座、船龙骨等部件都保存较好。考古学家结合船型结构特点、船舱出土遗物及沉积环境等，推断这是一艘南宋末年的泉州海船。2007 年 12 月，南宋沉船“南海一号”整体打捞出水，经测量，船体长 30.40 米、宽 9.80 米，高约 4 米（不含桅杆）。这是迄今为止发现的年代最早、船体最大、保存最完整的泉州海船。而根据文献记载，宋代一些海船要比现在出土的大得多，如《梦粱录》记载：“海商之舰，大小不等。大者五千料，可载五六百人；中等二千料至一千料，亦可载二三百人。”[①] 这里提到的“料”，是宋朝时代人们用于船舰载重的计量单位，一料等于一宋石，相当于今天 120 斤。《梦粱录》提到宋代大型海船，可载 5000 料，也就是相当于载重 300 吨。这样的大海船，显然要比“南海一号”大不少。蒲寿庚家族长期控制泉州港的海外贸易，人称其“擅番舶利三十年”。[②] 他家名下的海船数量十分惊人，而且大船很多，宋代时这些大海船往往船形广大，正如时人所云：“舟如巨室，帆若垂天之云，舵长数丈。一舟数百人，中积一年粮，豢豕酿酒其中，置死生于度外。”[③] 所以可以想象，当张世杰从泉州蒲寿庚海商家族中征

① 吴自牧：《梦粱录》卷 12，清嘉庆十年刻本，第 14~15 页。

② （光绪）《海阳县志》卷 24《前事略》，清光绪二十六年刊本，第 2 页。

③ 周去非：《岭外代答》卷 6，清乾隆三十七年刻本，第 7~8 页。

用了四百艘大海船，南下广东，途中停泊在梅岭港时，场面是何等的壮观！由此也说明梅岭港在宋元之际已经是能停泊数百艘大海船的巨港。

陈植带领南宋仅存六艘海船进入梅岭港事件，也值得仔细考究。很显然，因为家族的原因，陈植对于闽南一带的海道应该十分熟悉，梅岭港是宋元之际陈植这些传统的闽南海商家族出洋贸易的一个海港，其家族船队之前就以梅岭港为通道从事对外贸易，因此他本人十分了解梅岭港这一带的港口情况，而且，他也知道梅岭港是连接诏安湾滨海与内陆腹地的交通要道，进可攻，退可守。所以，在崖山战败后，他自然会率领残存的几艘宋军海舟由海道进入梅岭港，招募畲汉义勇，图谋东山再起。由此不难推断，宋元时期梅岭港不仅是一个能停泊各种大海舶的海港，而且是沟通南北、连接内陆腹地的海上交通要道。

由陈植的故事可知，梅岭港在宋元之际就是一个活跃的海上交通港口。元代，另一位地方豪强罗良开发海道的故事，也可以验证梅岭港在宋元海洋贸易上的重要性。

按照地方历史文献的记载，罗良祖籍长汀，是元末漳州的最高行政长官，同时也是一位占据闽南的土酋豪强。罗良是元代推动漳州地区开发的一位重要官员，尤其对以梅岭港为中心的海运建设，起到了关键的作用。明代嘉靖年间所编纂的《龙溪县志》记载了罗良的生平事迹：

良字彦温，其先汀州长汀人。少负俊才，善谋略。至

> 正间，贼蜂起，乃倾赀募众以倡义。初从大将平南靖畲寇李志甫，功居最，授长汀尉，随因擒龙溪反囚，奉命镇漳。既而南靖畲寇若吴仲海、陈甬车、李国祥等，江西巨寇若詹天骥、李大、曾飞、林国庸等，潮贼王猛虎、陈国真、金荣等，后先窃发，或屠掠乡村，或攻陷城邑，侵扰无虚岁。良应时讨平之，累建义功。又转漕辽东以给军，受知主上，由行省参政，进爵至晋国公。其为政也，以敦本善俗，兴利厘弊为先。公余则亲书史，尤精于墨法，可谓济武以文矣。后陈有定据福建，郡县望风投款，良独贻书责之。有定怒，遂大发兵攻陷漳城，良自以守土大臣，义不可屈，率敢勇士巷战死，有定义而瘗之。①

和罗良同时代崛起于福建的还有另一位土酋豪强，这就是引文中提到的元末明初割据福建的陈有定。当陈有定陆续平定福建各地，威胁到时任漳州路总管罗良在闽南的利益时，罗良致书责问陈有定："不知足下欲为郭子仪乎，抑为曹孟德乎？"这是暗讽陈有定忠奸不分，在元末群雄并起，朝廷危难之时，没有像唐代郭子仪那样率兵平叛，中兴唐朝，而是要学汉末曹操，做乱世奸雄，篡汉自立。这句话显然激怒了陈有定，他发兵攻杀罗良，于是尽有福建八郡之地。

从上文可知，罗良在元末大乱中，通过组建地方武装而发展壮大，成为一方豪强。他为元朝所重视，除了平定闽西南一

① （嘉靖）《龙溪县志》卷8《人物》，明嘉靖刻本，第50页。

带的寇乱，其中一个重要的贡献是“转漕辽东以给军”，也就是说向辽东输送军粮。此处所指罗良向辽东输送军粮一事，应该指的是元代至正二十年（1360）红巾军北伐辽东。为了镇压红巾军，当时的元朝军队与进入辽东的红巾军大战。对于元朝而言，粮草是关键。最初南方粮食、贡品主要通过运河输送，不过，运河运输易受天气变化的影响，常因天旱水浅、河道淤塞等原因难以通航。为了克服运河运力的不足，保证京师的物资供应，元朝逐渐开辟海上通道，由此促进了沿海漕运的开发，形成了发达的沿海贸易网络。元末，张士诚占据苏南、浙西，方国珍割据浙东，元大都（今北京）等地本来就高度依赖南方产粮区的粮食供应，此时福建贡粮就尤为重要。鉴于与元大都的陆路交通阻塞，只能依靠海运，福建行省每年都将贡物由海船经山东登州、莱州转运大都。借助海洋贸易，一些商人成为巨富，一些人则晋升权贵阶层，罗良就是后一种。他抓住元末战乱的有利时机，开发漳州沿海航线，通过海运向北方输送粮食，从而以一介边陲地带的地方豪侠，获得了元代统治者的赏识，稳固了其在漳州的统治权威。

在一篇记载罗良输粮的文献中，我们可以重新回顾这段与诏安湾开发密切相关的历史。

如上所述，因为元末方国珍、张士诚起事，阻断了运河漕运，江南五省的粮米都运不到京师。至正十八、十九年（1358~1359），农民军起义导致漕运断绝，元大都发生世所罕见的大饥荒，饿死的人就达数十万。这一状况直到张士诚降元后才有所好转。尽管元朝招降方、张，重新恢复漕运，但所得粮食也仍有限，因此，大都及辽东一带官兵十分缺粮。在这个紧急关头，远在福建漳州的罗良得知这个消息后，扩建了梅岭港，组织了大批船只，装满粮食，派遣部下从梅岭港出发，涉海千里，交给辽东官军，还纳贡方物，此举得到元朝君臣的赞赏。随后，元顺帝为了褒奖罗良此举，封其为光禄大夫，并晋爵晋国公，加封三代，罗良由此成为闽南首屈一指的势力豪强。在得到元朝廷的加封后，为了巩固其在闽南的统治，罗良招兵买马，大兴屯田，壮大集团势力：

> 良既封公，仍守漳州，以漳浦县三郡、南诏场，至元大德间肇置屯田，不设府，置分泉、漳二郡镇将戍兵，参错屯守，比岁终则更代，民以为病。良乃疏请于朝，设屯田万户府，置千百夫长，给印漳四十一，空名宣敕四十四，俾良择人任用。良于是选吏士，立部伍，定赏级，分田赐牛，寓兵于农，入耕山，战要冲，置戍营，垒联络，屯粮则取给于溪东土桥大陂，军无多取，人无远输，食足兵强，兵威大振。①

很显然，罗良看到了利用海运带来的巨大利益。他靠着海运，不仅跨越南北，以微不足道的边臣身份，获得了中央朝廷的青睐，为自己换来仕途上的巨大荣耀，而且得以将原本位于边陲地带的闽南诏安带入元朝中枢的视野。这次“辽东输

① 佚名：《秘阁元龟政要》卷3，明抄本，第4~5页。

粮”，让他见识到了发展海洋运输存在的巨大机遇，由此也开启了他打造闽南海上航运中心的宏大计划。

罗良这些计划中最关键的一项内容，就是在唐宋时期的梅岭港基础之上，建设一个能联动南北航运大动脉的大玄钟港。而随着梅岭港扩建为玄钟港，从玄钟港出发的北上航线，也在这一时期得到了拓展。

显然，罗良对诏安的海洋开发，起到了重要的作用。也就是在这一时期，玄钟港成为诏安湾的出洋大港。对于罗良的贡献，吴朴给予了充分的肯定，他后来在《龙飞纪略》一书中，特意举了罗良的例子来说明梅岭港这一时期的海外交通发展情况，而且提到了以梅岭为中心的玄钟港海运的重要性：

> 以言海道，则出自玄钟港口，舟行经南澳、彭山、大星山、大东、姜乌、猪七州洋、独珠、铜鼓、外罗、交杯……若自玄钟港口北行，则经州走马溪、铜山、古雷、后葛、浯屿、太武、经乌丘、牛岭、东沙、三礁、官塘、五虎门……，又东出海门、刘家港、黑水、沙门屿、抵成山。前后所历泉州、兴化、福州、福宁、温州、台州、宁波、太沧、海州、青州、莱州、登州……到京师之天津。从实计之，灵、成二山，当南北之冲。诏安中立，实华夷之要。且其水夫船手，猛勇善战，其折泛风涛如履平地。①

① 佚名：《秘阁元龟政要》卷3，明抄本，第6~7页。

也就是说，经过罗良的开发，原有的梅岭港逐渐发展为大玄钟港，这一新的通海港口，串联起了诏安湾与广阔的海洋世界的联系。这条海运通道，北抵渤海湾，南达东南亚。在吴朴看来，海运对维系罗良地方政权起到重要战略作用，不仅可以为其割据漳州提供充足的财力，而且有助于福建、广东一带百姓在战乱中寻找到一方安定的净土：

> 良既守漳州，又兼宣慰广东，恩足以结众志，威足以行其虑。外国番舶，素慕政化，其广西平章也儿吉尼，亦得民和，且境内无盗。其若檄吉尼，以广西之粟运致肇、广，又益广东之粟，运致漳州，仍招南海天竺、西城番舶，贸易有无，凑成富庶之邦，运济京师之急，航海而北，温台谷珍，苏州士诚，俱为吾络，再推其余以给青、莱，外全山东新复之邦，内制温淮出没之寇，纵未能为元祈天永命，亦可为闽广生灵帡蒙，顾不为希世之奇功邪。①

从上可知，在元代，梅岭港已经是闽南漳州地方最重要的一个海运港口。而且，经过罗良的开发，诏安湾原有的梅岭港得以发展成为大玄钟港，成为沟通中国南北的重要海上通道，以及通往东南亚地区的巨港。据史料记载，元代时期就曾经在梅岭港停泊水军，将其作为元军南下从海路征服东南亚计划的

① 吴朴：《龙飞纪略》，“癸卯”，明嘉靖二十三年刻本，第56页。

一个补给港。

宋元时期是闽南海商崛起的关键时期，也是中国海洋贸易兴盛的时代，这一时期，以泉州为中心的闽南海港蓬勃发展，蒲寿庚等地方势力集团，通过海洋贸易积累了巨额的财富。泉州也成为这一时期中国最知名的海洋贸易中心。然而，梅岭港的故事，则揭示了另一个值得注意的动向，那就是，当时泉州周边的一些闽南海域，也充分利用了滨海中国海洋贸易崛起的有利条件，加入共建 15 世纪之前亚洲区域性海洋网络的过程。梅岭港以及其后大玄钟港的兴起，代表了漳州地区加入宋元时期这一跨区域海洋贸易网络的典型例子。而陈植、罗良的故事则说明，一些漳州一带的地方豪强，也和泉州蒲寿庚等海洋家族一样，在以诏安湾为中心的海外贸易活动中扮演了重要角色。由此展现了宋元时期崛起于漳州一带的土酋豪强，充分认识到当地海洋优势条件及其联动地方与外部世界的纽带作用，因此致力于开发梅岭港海洋通道，推进当地的海运与海洋贸易，进而带动了社会经济发展，获得政治资本。

三　番舶：北上的欧洲人

尽管唐宋以降梅岭港已经是一个不可忽视的海洋贸易港口，但梅岭港在海上丝绸之路贸易中真正发挥重要作用，则是在明代。尤其是西方掀起大航海，推动早期世界贸易网络形成之后，此时期也刚好处于明代海上贸易活跃期。诏安湾人很快就发挥了从事海洋贸易的传统优势，积极融入这一早期世界体系构建过程。

“Chincheo”与诏安湾

明代中期，诏安梅岭已经逐步发展成为东南区域与安海、月港齐名的海洋活动频繁的港口。明代中叶赵文华负责平定东南倭寇，他曾经在一篇奏文中写道：

> 福地素通番船，其贼多谙水道，操舟善斗，皆漳泉福宁人。漳之诏安有梅岭，龙溪海沧月港，泉之晋江有安海，福宁有桐山，各海澳僻远，贼之窝向、船主、喇哈、火头、舵公，皆出焉。①

从赵文华的上述记载可知，明代中叶福建地区私人海外贸易兴盛的几个地方，主要集中在漳州、泉州等闽南地区和闽东宁德一带。其中，诏安梅岭是与漳州月港、泉州安海、宁德桐山并列的明代四个海洋走私贸易中心，而且，这些地方的人群，操舟善斗，熟悉海上通道。当时东南中国从事海上生计的船主、火头、舵公等群体，大多来自这些地方。同样，明代的一篇文献中也提到了诏安梅岭港的海外贸易兴盛情况：

> 漳泉地方，如龙溪之五澳，诏安之梅岭，晋江之安

① （康熙）《福建通志》卷 74，清乾隆文渊阁四库全书本，第 25 页。

海，诚为奸盗渊薮。但其人素少田业，以海为生，重以不才官吏，科索倍增，禁网疏阔，无怪其不相率而为盗也。[①]

从上述文本记载可知，诏安的梅岭港，在明代中期以前，是当时众所周知的福建滨海地区几个重要海外贸易中心之一，也是与泉州安海、漳州月港这两个当时的贸易大港齐名的重要海港。而且，从前述宋元时代梅岭港的开发历史可知，梅岭港在明代以前的通海条件要比月港更为成熟，很早就有与东南亚进行海上贸易的传统。这也可以理解为何张燮在书中记载当欧洲人进入东西洋区域后，梅岭港很快成为第一批与欧洲人直接贸易的海舶出发地。与张燮一样，当地方志中也记载了梅岭港与月港卷入早期世界贸易体系的先后关系：

梅岭山，在四都，离县三十里，距悬钟所十里，濒海，有公馆，今废。漳之洋舶，先实发于此。原有主簿镇于此，后设县镇除，以其地屡为倭寇所凭，后发船在海澄。[②]

这段文字很值得注意，内中包含关于梅岭港与月港在海上丝绸之路港口开发先后顺序的丰富信息。它清楚地表明，在月港兴起之前，15、16 世纪漳州一带主要对外贸易的海船出发

① 王忬：《条处海防事宜仰祈速赐施行疏》，陈子龙辑《明经世文编》卷 283 “王司马奏疏”，明崇祯平露堂刻本，北京：中华书局，1997，第 2996 页。

② （康熙）《诏安县志》卷 3《方舆志》，第 50 页。

地就在梅岭。

梅岭港之所以能够成为大航海以后与西方人对接的第一批重要的中国东南海外贸易港口，主要原因就是其所处的特殊地理区位以及本身所具备的优良的海港条件。梅岭港地处闽粤之间，位于东海与南海两大海域的交汇处，不仅具有天然的避风港湾条件，而且经过唐宋以来多年的开发，形成了与海外贸易通商的传统。如前所述，元代罗良曾经在当地大力建设海港，从而拓展了大玄钟港的海运条件，将之发展成一个重要中心，元末明初，进出梅岭港的商船络绎不绝，濒海的悬钟、卸石湾由此形成市肆，即“悬钟卸石湾市”。[①] 可以说，在大闽南地区，梅岭港人是最早参与海外贸易的一批海商，他们当中的一些人，早在宋元时期就开始活跃在以东西洋为核心的亚洲海洋贸易网络中。应该指出的是，这些习于操舟的当地人，其航海活动并不只是一种简单的个体行动，而且展现了诏安湾地区很早就已经具有和外部世界沟通的历史。这一点在15、16世纪更为明显。诏安湾与梅岭港，是15、16世纪最早和大航海时代联系在一起的中国滨海区域之一。

15世纪，欧洲人掀起了大航海这一海洋扩张行动。在寻找通往中国的路线过程中，葡萄牙人、西班牙人、荷兰人、英国人逐渐循着印度洋与美洲航线进入亚洲海域，并推动早期世界体系初步形成。诏安湾恰好位于历史上中国东南沿海海商主

① 张在普、林浩编著《福建古市镇——闽台古乡间商品市场》，福州：福建省地图出版社，2008，第101~102页。

导的东西洋航线的关键节点，新航线与旧航路对接上之后，这里也就顺理成章地成为与西方人相遇的交汇点。

最早进入诏安湾的是那些掌控了印度洋航线的葡萄牙人。1511 年，在葡萄牙人进入印度洋并在当地开展殖民扩张之后，马六甲这一香料中心很快就被其攻占，并以此为据点，向印度洋及东南亚海域扩张。葡萄牙人占据马六甲，也意味着当地传统上由中国人、阿拉伯人和马来人所掌控的亚洲内部贸易网络逐渐融入早期全球贸易网络，一个以马六甲及东印度洋为核心的跨区域贸易体系逐步形成。由此也为传统上早就与马六甲及印度洋建立了稳固贸易关系的漳州海商，提供了一个难得的与新的全球商业联盟对接的机会。

在普塔克看来，在葡萄牙人控制马六甲之前，以印尼爪哇北部港口、马六甲、泰国湾及苏门答腊岛北部一带为核心区域的岛屿地带的沿海聚落，构成了东南亚地区最为重要的商业区。[①]传统上活跃在这个贸易圈中的是中国海商、印度商人和阿拉伯商人，而葡萄牙人和西班牙人到来后，打破了原先这一地区的平衡。尽管随着新力量的加入，对于传统的亚洲内部贸易格局产生了影响，也促使一部分信奉伊斯兰教的闽南泉州商人离开，但此前在这里做生意的漳州海商则顺应形势的变化，成为第一批直接与西方人打交道的中国贸易商，由此也给葡萄牙人进入诏安湾所在的闽南地区创造了有利的条件。

---

① ［德］罗德里希·普塔克：《海上丝绸之路》，史敏岳译，第 292～293 页。

随着葡萄牙人控制了马六甲贸易网络，拉近了与传统上以东西洋为海上贸易圈的漳州地区的距离。葡萄牙人按照当时欧洲殖民者惯用办法，顺着航线沿岸修建定居点和贸易点，逐步向中国靠近，最后占据了澳门。此后，沿着包括诏安湾人在内的闽南海商开发的漳州—马六甲航线，他们也进入了充满宝货的“Chincheo”地方。

在16世纪以降的欧洲社会中，有一个东方地名经常出现在欧洲版的东亚地图、航海记录和商贸手册中，甚至被各国商人挂在嘴边，成为日常念叨的地方，这就是“Chincheo”。[①] 关于“Chincheo”的确切名称，现在仍然存在争议，综合起来看，主要有三种意见：第一种认为Chincheo就是漳州；第二种认为是地处漳泉之交的区域；第三种则认为是一个变动的较大范围的地理概念，指泉州或厦门海域，或者是漳州、泉州混用，甚至指整个福建省。

那么，“Chincheo”在大航海时代究竟是指哪个地方呢？我们认为第三种意见比较符合历史上西方人关于“Chincheo”的认识。也就是说，“Chincheo”是一个变动的地理概念，指的是16世纪兴起的以闽南滨海为中心的沿海贸易带。但无论从哪个角度，依照具体的地理方位，“Chincheo”应该包括了漳州在内的广大滨海地区，也就是说，诏安湾、九龙江流域都应包含在“Chincheo”的范围之内。这里也是当时闽南海外贸

① 程绍刚：《Chincheo的地理位置新考——Chincheo即漳州》，《海交史研究》1993年第2期，第68~77页。

易的核心区域。

如前所述，1518 年，葡萄牙人若尔热·马斯卡雷尼亚斯曾率领一支船队进到漳州海面，了解到在葡萄牙人到来之前，当地人已经与马六甲保持着稳定的贸易关系，每年都有船队载着金银、丝绸等货物前往马六甲做生意。他也邀请漳州海商继续去马六甲做生意。此后，闽南滨海区域就成为当时中国与西方开展长途海洋贸易的主要地区。由此地出发的闽南帆船遍及东南亚各地。漳州贸易业成为大航海时代西方人争夺的焦点，例如，1623 年 10 月荷兰东印度公司在进犯厦金海域时，就派遣一支由克里斯蒂安·弗朗斯（Christian Fransz）率领的武装舰队前往漳州九龙江出海口区域，目的就是控制漳州出海口，阻止当时的闽南帆船前往由西班牙占据的菲律宾群岛马尼拉及其他地区贸易，逼迫闽南人改到荷兰人侵占的台湾岛进行交易，从而达到打击西班牙、葡萄牙等海上对手，争夺东亚海洋商业利益的目的。①

可以说，漳州是最早进入大航海时代贸易体系的中国滨海地区。从 15、16 世纪开始，这一地区就与早期全球体系紧密联系。而作为“Chincheo”的中心地之一及必经之路，位于南澳岛与梅岭半岛、东山岛之间的诏安湾及梅岭港，是西方人与海洋漳州之行相遇的第一站。从中西方的文本中，我们不仅可以寻找这一段诏安湾地方卷入世界体系的历史记忆，而且可以

① ［荷］威·伊·邦库特：《东印度航海记》，姚楠译，北京：中华书局，1982，第 98 页。

看到 16、17 世纪以后，全球经由海洋建立的贸易网络，如何逐步改变了闽南一个滨海小县的社会结构。

番舶

如前所述，西方人一进入印度洋，首先接触到的中国商人就是来自漳州一带的闽南海商，而且他们也从这些闽南海商口中了解到了从印度洋前往漳州的海道信息。要通往以九龙江流域为中心的漳州滨海地带，诏安湾是必经之路。因此，西方人很快就开始对这一带的水道进行试探性航行。

其实，当地人也很早注意到了西方船只来到诏安湾的情况。对于这些驾舟而来的“番人”，诏安湾人习以为常，并没有表现出惊讶。这是因为，这里很早就有外国船只顺着从广东到诏安湾的航道进入闽南海域的历史。按照当地文化习惯，他们统一将这些外来船只称为“番舶”。在诏安的地方历史上，“番舶”是一个反复出现的特殊的海洋符号，而这一符号背后，则蕴含着本区域与外部接触的活跃海洋史。

番舶，顾名思义，在东南沿海一带地区的地方知识系统中，指的是来自海外的船只，这是一个带有很强的海外贸易色彩的文化符号，而这一字眼在包括诏安湾在内的东南滨海地区频繁出现，显然与唐宋以来中国海外贸易的兴盛有密切的联系。

在诏安湾附近地区，宋元以来的地方志书很早就出现了有关番舶的记载，但与太平洋岛屿部落土著认为海上来的西方船只会带来财富与声望不同，“番舶”一开始被地方文人视为带走财富的危险之物，宋代包恢在一篇文章中讲到从事滨海贸易的番舶如何像抽水机一样，将朝廷的财富吸走：

> 今则闻海外东南诸番国，无一国不贪好，而凡系抽解之司，无一处不漏泄。庆元之外，若福建泉州与广东广州之市舶两处，无以异于庆元而又或过之。盖诸番国各以其国货来博易，抽解并是漏泄一色现钱而归，尤不可以计其数矣。福建之钱聚而泄于泉之番舶，广东之钱聚而泄于广之番舶，两路之钱非如海水之无穷，其将尽入于尾闾，岂不至枯渴者。次则此土贩海之商，无非豪富之民，江淮闽浙处处有之，亦多有假作屯驻之所，营运军需为名者……盖因有海商……乃以钱附搭其船，转相结托，以买番货而归，少或十贯，多或百贯，常获数倍之货，愚民但知贪利，何惮而不为者。又有一等每伺番舶之来，如泉广等处，则所带者多银，乃竞赍现钱买银，凡一两止一贯文以上，得之可出息两贯文，此乃沿海浙东、福建、广东海之民，无一家一人不泄者。此一项乃漏泄之多者也。①

番舶的出现，其背后存在复杂的社会经济背景。唐宋时期，随着福建、广东等中国滨海地区社会进入历史上大开发时段，大量的移民拥入这片滨海区域。人口增殖带来的一个直接后果是当地人无法获得足够多的土地进行粮食生产，所以地方

① 包恢：《敝帚稿略》卷1《禁铜钱申省状（广东运使）》，1920年刻本，第16~17页。

社会经济很大程度上要依赖海外贸易。时人就观察到诏安梅岭一带“其人素少田业，以海为生”，说的就是这一片地方因为地处滨海地带岩石地貌，缺少田地，无法像平原、河流谷地一样进行规模化的农业生产，只能依靠大海谋生。幸运的是，居住在滨海与岛屿地带的人群，继承了向海洋讨生活的传统，他们很早就造船出海贸易，推动了海洋贸易体系的发展。而唐宋以来的历代朝廷，为了从海洋贸易中获利，也因势利导设置市舶制度，从而将闽南地区发展成中国的海外贸易中心，在某种程度上制造了虹吸效应，吸引了东南亚一带海商载货前来贸易。

历史上东南亚一带的岛屿地区，由于地处东亚海上航线的十字路口，又拥有欧亚大陆所需的香料、珍珠、珊瑚等海岛型商品，他们很早就融入亚洲贸易网络。这些东南亚海岛人群原先以小船进行区域性的贩卖贸易。但从公元13—14世纪以后，随着阿拉伯半岛的伊斯兰势力进入东南亚，东南亚海域成为沟通亚欧贸易的中间地带。东南亚海商也与前来贸易的中国东南海商频繁接触。在中国东南地区及阿拉伯海商的造船技术推动下，他们逐渐更新、发展了造船能力，能够建造出大型的海船。在此情况下，他们活跃在南海和印度洋航线，经营跨岛屿的船货贸易。甚至随着航路推进，参与共建联动太平洋和印度洋的长途海洋贸易网络。

随着越来越多的东南亚一带船只来到闽南滨海一带贸易，长途海洋贸易给当地带来了巨大的影响，不仅为闽南引入了外贸经济，补充了滨海地带耕地的不足，制造了一个建立在海外贸易基础上的“番舶经济体系”，也意味着一种新的文化和生活方式的开始。

因为长期依赖海洋贸易，就像明代张燮观察到的，当地人的日常生活已经离不开海外货物。其实，这种对“番舶经济体系”的高度依赖，宋代就已很常见。如南宋时期刘克庄就观察到泉州地区番舶贸易对当地社会经济至关重要，甚至是命脉所系，但因为当地税吏经常随意加税，导致外国贸易商船畏难不来。为了解决番舶难至的问题，泉州知州真德秀采取宽定税额，规范税吏征税行为，逐渐吸引了番舶重新前来闽南地区贸易：

> 郡以番舶为命，然商人畏重征，苦官吏，和买至者绝少，公镌税额，戒官吏毋得买一物。虽诸台委倅属市物必申，州始得奉行。是年，舶至者十有八，明年二十有四，又明年三十有六。[①]

如前所述，在宋元以前，东南滨海地方话语中的“番舶”，通常指的是东南亚一带来华贸易的“朝贡圈”国家。这是因为在15世纪以前，西方人尚未进入亚洲实施贸易扩张，来闽南一带贸易的“番舶”，主要就是东南亚一带的国家和地区，最远的来自阿拉伯半岛。如《诸蕃志》记载：

---

① 刘克庄：《西山真文忠公》，《后村集》卷168《行状》，四部丛刊景旧抄本；曾枣庄：《全宋文》第330册，上海：上海辞书出版社，2006，第395页。

> 大食在泉之西北，去泉州最远，番舶艰于直达，自泉发船四十余日至蓝里博易，住冬，次年再发，顺风六十余日方至其国。本国所产多运载与三佛齐贸易，贯转贩以至中国。[①]

这一时期“番舶”主要来自东南亚一带是易于理解的，对于滨海中国而言，其海洋贸易圈是一个随着时间的推移逐步外延的过程。大体可以归纳为三个层次，第一层次是与日本、朝鲜半岛等地所形成的东亚贸易圈，第二层次是与东南亚半岛及海岛国家形成的东南亚贸易圈。东亚及东南亚区域，很早就与中国东南沿海有密切联系，因此，这两个贸易圈是最早形成并相对稳定的海洋贸易圈。历史上，中国人通常将东南亚一带这类中央王朝之外的世界称为“番”。宋代赵汝适利用其提举泉州市舶司的便利条件，编纂《诸番志》，记述了当时通过泉州贸易网络而获取的东自日本、西至北非摩洛哥共计 40 余国的社会、经济、风土、人情等状况，他所记述的正是 13 世纪时期的东南亚及印度洋海洋贸易体系。将这些岛屿地区称为“诸番”，其中包含着中心与边缘的认知，同时也点明了第二个贸易圈的海岛贸易共同体的特征。所以在东南滨海地区语境中，“番舶”一词最初指的就是来自东南亚这些岛屿贸易世界的船只。

然而到了明代，随着欧洲人进入亚洲海域，华南沿海一带

---

① 赵汝适：《诸蕃志·卷上》，杨博文注，北京：中华书局，2000，第 89 页。

的“番舶”一词的指向发生了转变，逐渐从原来的东南亚半岛及岛屿国家，转而指向葡萄牙、西班牙、荷兰、英国这些欧洲海洋强国的船只，这也说明此时期中国东南滨海地区开始迎来了第三层次的海洋贸易圈。如明代的文献中记载了葡萄牙人以“番舶”入据澳门的情况：

> 粤中香山澳，九夷贸易，番舶所舣，渐乃筑城聚室，俨然立一番主，交构中官，流毒一方云。①

由于有了唐宋以来与东南亚番舶交易的传统，因此，当欧洲人进入东南亚海域这个原来即存在的“番舶”商贸交易圈时，闽南海商很快就与这些同样驾着海船而来的西方人做起了生意。此后，循着闽南人及传统的海上丝绸之路航线，欧洲各贸易集团作为新进入的势力，其所属的“番舶”，携带各种来自欧洲与东南亚殖民地一带的货物，也开始频繁出现在闽南一带。明代人张时彻在为宁波知府沈凤峰撰写的一篇纪念文中，回忆起明代中期闽南人参与海外贸易的盛况，就提到“当嘉靖壬寅、癸卯之间，漳闽之人与番舶夷商贸贩方物，往来络绎于海上”② 这一盛况。

---

① 陈建辑《皇明通纪集要》卷 38《乙未二十三年至丙午三十四年止》，明崇祯刻本，《四库禁毁书丛刊·史部 34》，北京：北京出版社，1998，第 432 页。

② 张时彻：《招宝山重建宁波府凤峰沈公祠碑》，陈子龙辑《明经世文编》卷 243《芝园全集》，明崇祯平露堂刻本，北京：中华书局，1997，第 2542 页。

对于东南滨海地区“番舶”贸易经济的兴起，明朝廷的态度是暧昧的，一方面，大量的番舶前来贸易，可以通过征税，为朝廷提供急需的钱物，弥补因为奢侈生活消费和大规模用兵而导致的大明国库亏空；另一方面，西方人从海上来华贸易，也会带来危险，就如嘉靖年间人所指出的：

> 今若贪顾目前，一旦开税，华夷无限，山海路通，此往彼来，略无禁阻。番人狡猾，凶悍难测，万一乘机生事，扰乱地方，与祖宗建置军卫，颁示律条，杜患防微之意甚不相同。①

尤其是闽南一带因为素有海外贸易传统，当地人与西方人来往密切，一些闽南人甚至与“番客”联姻，当局也担心这将导致不可控制的后果：

> 又见漳泉恶俗，童男幼女，抵当番货，或受其直而径与其人而赚得其货，或委身而甘为赘婿或连姻，而借以富家，番华交通，一至此甚。②

更为重要的是，一些官员认为通商之后，会增强外来者的武装力量，进而威胁到王朝安全：

① 冯章：《通番舶议》，陈子龙辑《明经世文编》卷280《冯养虚集》，明崇祯平露堂刻本，北京：中华书局，1997，第2966页。

② 陈子龙辑《明经世文编》卷280《冯养虚集》，第2966页。

> 其初番中本无盐硝火药，亦无铳炮器具，后因中国之人接济往来，私相教习，违犯严禁，将带出境以济番人之用，如佛郎机大铳、鸟铳、手铳为害最大，然犹惧有法网，交换未多，番人以为难得，若今明开通税之门，略同互市之法，火铳、火药公然交易，得番人无用之物，济番人有用之器，是持其柄而授之兵也。①

总之，对于明朝廷而言，尽管番舶所代表的海外贸易活动能够为国家带来财富，但也隐患重重。此时期，西方殖民者逐步靠近东南沿海，尤其是葡萄牙人入据澳门后，逐渐通过广东水道，进入福建滨海区域，日渐引起明朝廷的警惕，因此，一部分官员提出要制御番舶：

> 其通事多漳泉宁绍及东莞新会人为之，椎髻环耳，效番衣服声音。每年夏秋间，夷舶乘风而至。往止二三艘而止，近增至二十余艘，或倍增焉。往年俱泊浪白等澳，限隔海洋，水土甚恶，难于久驻，守澳官权令搭蓬栖息，迨舶出洋即撤去。近数年来，始入蚝镜澳，筑室以便交易，不逾年多至数百区，今殆千区以上，日与华人相接济，岁规厚利，所获不赀，故举国而来，负老携幼，更相接踵，今筑室又不知其几许而夷众殆万人矣。②

① 陈子龙辑《明经世文编》卷280《冯养虚集》，第2966页。

② 庞尚鹏：《题为陈末议以保海隅万世治安事》，陈子龙辑《明经世文编》卷357《庞中丞摘稿》，第3835页。

为了限制葡萄牙人在澳门的驻居，一些官员甚至建议用石块填塞澳门港，“杜番舶潜行，以固香山门户”。这也反映了在西方人进入东亚海域后，原有的以东南亚海上贸易为主的船货贸易系统发生了变化。西方人的加入，体现了欧洲在亚洲的扩张与资本主义的到来。早期世界市场的形成，逐步改变了中国东南沿海的海疆安全、社会经济发展及当地人的生活方式。在此背景下，明廷内部对于这一新型的“番舶经济体系”产生了不同意见。

在当时人的观察中，诏安湾所在的海域，是“诸夷贡道所必经”，也就是东南亚一带朝贡贸易的传统海道必经之路。同样的，自西方人进入这一“贡道”之后，诏安湾也相应地成为大航海以来新出现的船货贸易体系核心——闽广海域的中心位置，因此，当西方船只沿着华南这一传统海道驶向大明王朝的中心地带时，诏安湾及其所在地区就成为其在广东之外，进入中国繁华富庶的东南区域的第一站。沿着这条航路，诏安湾人不仅能遇见东南亚一带的海商，而且很快也看到了与之前他们先辈所熟悉的东南亚海商截然不同的欧洲人。可以说，自从他们第一眼看到这些碧眼虬髯的西方人，一个新的时代便开始了。

明代中期，由印度洋进入亚洲海域的葡萄牙人，逐渐对包括诏安湾在内这片闽南海域熟悉起来，例如，在早期西方有关闽粤一带沿海的航路书中，就提到从广东东涌岛往东北方向航行，可以抵达诏安与浯屿一带海域。在拓展澳门到东南沿海的贸易活动时，西方人很快就一路顺着闽南人所开辟的西洋航线，来到了诏安湾，并与当地活跃的闽南海商接上了关系。诏安湾中复杂的港汊，成为天然的避风港，同时也是西方人与当地海商进行交易的场所。通过这种离岸走私贸易，当地人积累了惊人的财富。可以说，进入这片海域，就意味着打开了财富之门。

走马溪：贸易与冲突

在 16、17 世纪，当漳州九龙江出海口一带渔村的渔民驾着舢板出海捕鱼时，一不留神就会碰到一些挂满了风帆的大船。这些船被东南沿海一带的人称为佛郎机船，因其“底尖面阔，两旁列楫数十，其行如飞”,① 有时也形象地将它们叫作“蜈蚣船”。人们很容易注意到这些挂满风帆的船只和之前来贸易的东南亚一带的海船有明显的不同。明代人看到的佛郎机船是这样子的：

> 初佛郎机番船用挟扳，长十丈，阔三尺，两旁架橹四十余枝，周围置铳三十四个。船底尖，两面平，不畏风浪。人立之处，用扳捍蔽，不畏矢石。每船二百人，撑驾橹多人众，虽无风可以疾走，各铳举发，弹落如雨，所向无敌，号蜈蚣船。②

① 茅元仪辑《武备志》卷 117，明天启刻本，第 13 页。

② 严从简著，余思黎点校《殊域周咨录》卷 9，北京：中华书局，1993，第 321 页。

他们也许会发现，有一些西方大帆船尤为特别，这些属于荷兰东印度公司的海船，船体更为巨大：

> 舟长三十丈，横广五六丈，板厚二尺余，鳞次相衔，树五桅。舶上以铁为网，外漆打马油，光莹可鉴。舟设三层，傍凿小窗，各置铜铳其中。①

海上新来的“番船”也带来了新的问题。随着进入诏安湾的西方人越来越多，除了正常贸易，双方之间冲突也时有发生。当时西方人进入亚洲海域，除了做生意，也进行海上武装劫掠。其实，这是大航海时代西方各国普遍的行为。和东南亚贸易圈原本存在的船货相比，这些欧洲人带入的货物一开始并没有像他们所期待的那样产生广泛的吸引力，所以也无法实现巨大利益。欧洲人转而直接加入并控制原本就存在这片海域的商业系统，从中牟利。由于缺乏竞争力，欧洲人甚至盯上了海上劫掠，此举可以获得高额的利益。由于中国帆船的防卫力量比较薄弱，因此也是西方人在东南亚海域上的主要抢劫对象。例如，1600 年，当时荷兰航海家范鲁特（Cliver Van Noort）就抢劫过一艘前往马尼拉贸易的中国帆船。1605 年，英国的米奇本爵士（Edward M. chilburn）所指挥的舰队，也抢劫了中国帆船，而且专挑载满丝绸的中国帆船下手。②

① 张燮著，谢方点校《东西洋考》，第 129 页。

② 田汝康：《17~19 世纪中叶中国帆船在东南亚洲》，第 11 页。

随着葡萄牙人、西班牙人、荷兰人进入中国沿海一带活动，这种武装劫掠也发展到中国沿海地区。例如，16、17 世纪的西方人就多次劫掠东南沿海一带的渔村。1622 年，荷兰东印度公司科内利斯·莱耶尔策（Cornelis Reyertsz）率领“格罗宁根”号和公司其他船队进入中国东南海域，是年 6 月 24 日，他们试图攻占澳门，但被葡萄牙人击退，于是在 7 月间驶达澎湖列岛，以此为据点，要求明朝廷同意通商。在遭到拒绝后，1622 年秋他们在厦门港及漳州沿海附近往来劫掠渔船及渔村，焚烧帆船，烧毁村寨，抢劫货物和食物。[①]

由于荷兰在东南亚的殖民据点巴达维亚正在建设过程中，需要大量的劳工，因此，这些荷兰东印度公司的武装舰船还有一个任务，就是掠卖苦力。他们在近海劫掠活动中，遇到沿海捕鱼及商船时，除了抢劫财物，连人也不放过，仅“格罗宁根”号船长班库特（Willem Ysbrantsz Bontekoe）记载的一次在厦门及闽南滨海地区的劫掠活动，就抓走了数以千计的中国人，这些人很多就来自漳州九龙江出海口等地的渔村，[②] 他们被卖到巴达维亚的奴隶市场，充当苦役，[③] 和孟加拉劳工一起修建了巴达维亚。[④] 荷兰东印度公司的这种海洋劫掠及在东南沿海进行贩卖奴隶贸易活动，其实是当时西方人的一种暴力经

① ［荷］威·伊·邦库特：《东印度航海记》，姚楠译，第 79~86 页。

② ［荷］威·伊·邦特库：《东印度航海记》，姚楠译，第 91 页。

③ ［荷］威·伊·邦特库：《东印度航海记》，姚楠译，第 96 页。

④ ［美］沃尔夫著，赵丙祥等译《欧洲与没有历史的人民》，上海：上海人民出版社，2006，第 7 页。

济方式，由此也引发了双方的冲突。17 世纪上半叶，明朝福建官府多次展开“攻剿红夷”行动，将荷兰东印度公司驱逐出澎湖海域。在厦门、金门一带，如今还保存有多处石刻，记录这一时期明朝官兵抵御西方殖民者入侵厦金海域的过程。如厦门鸿山寺内保存有一方刻于明天启二年（1622）的摩崖石刻，其文字内容为：“天启二年十月二十六等日，钦差镇守福建地方等处都督徐一鸣，督游击将军赵颇、坐营陈天策，率三营浙兵把总朱梁、王宗兆、李知纲等到此，攻剿红夷。”这一石刻反映的就是 1622 年 11 月福建总兵官徐一鸣率领舟师攻剿荷兰东印度公司进犯的历史。

这样的冲突，在海洋活动频繁的诏安湾也无法避免。如前所述，比荷兰东印度公司更早到达诏安湾的是葡萄牙人，这些葡萄牙人和明朝之间一次较大的冲突，就发生在诏安湾的走马溪。走马溪位于现在东山岛西南部的陈城镇岐下村，也是一个重要的海船停泊点。明代人这样形容走马溪的地理状况及其与海洋的关系：

> 走马溪，在五都海滨。内有东澳，为海口藏风之处，凡寇船往来，俱泊于此。嘉靖间给事中杜汝祯、参政曹亨、副使方任等相视，镌“天视海防”四字于石，未及经理，亦一方之要会也。①

① （万历）《漳州府志》卷 29《诏安县·舆地志》，明万历元年刻本，第 17 页。

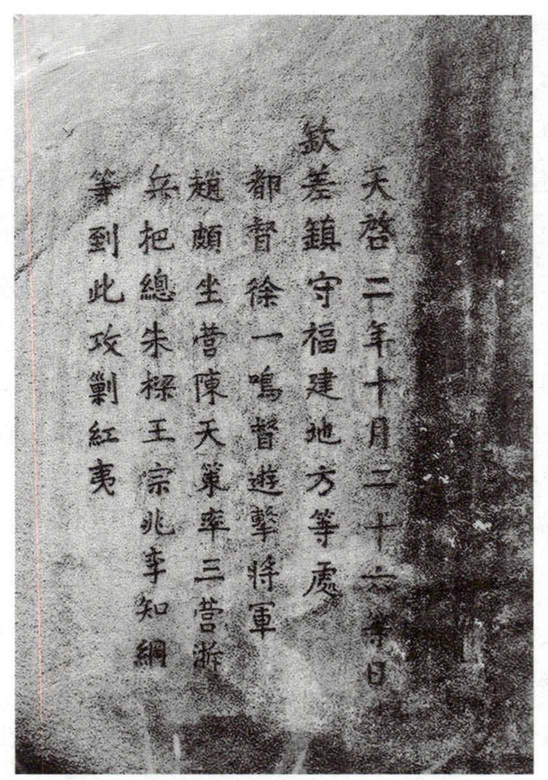

图 1-2 徐一鸣等攻剿“红夷”题名石刻

按照现在的行政区划，走马溪位于东山岛，属于东山县管辖，但在明清时期，走马溪所属的地方，被划为五都，属于诏安管辖。岐下村有一条溪流直通诏安湾入海，其溪口宽阔，两边群山簇拥，有古炉山屹立于溪之北，大帽山为东隅屏障，凤门山、孤面山巍然挺立于溪南畔，这里的南部是福建与广东南澳岛接壤海域，东近台湾海峡南部喇叭口，形成了天然的避风港，地理形势有利于走私海船躲藏。元代开放海禁时期，地处闽粤边陲海隅的走马溪已成为海外商船始发之处，亦是走私贸易的又一交接之所。走马溪“距悬钟、梅岭各二十里”，[①] 早在漳州月港兴起之前，走马溪一带作为诏安湾梅岭商贸港域的一个组成部分，就已成为闽南粤东的外贸交易地点和东西洋海商的中转站之一。尤其是每年农历三四月，西方人的大帆船就可以乘着东南风经过广东洋面来到福建洋面，停泊在诏安湾走马溪一带，相关文献就记载了这个情况：“三四月东南风汛，番船多自粤趋闽而入于海，南澳云盖寺、走马溪乃番船始发之处，惯徒交接之所也。”[②] 由于走私船只经常停泊在走马溪的东澳避风港，再加上大批海盗流窜会集到这里，抢劫南来北往贸易商船，很早就被明朝水师列入“福洋要害”，因此也是明朝水师的一个重点防范对象：

> 附海有铜山、元钟等哨守之兵，若先分兵守此，则有以遏其冲而不得泊矣。其势必抛于外浯屿。外浯屿乃五澳地方，番人之窠窟，附海有浯屿、安海，径边等哨守之兵，若先会兵守此，仍拨小哨守把紧要港门，则必不敢以泊此矣。其势必趋于料罗、乌沙，料罗、乌沙乃番船等候接济之所也。[③]

说走马溪是“番船始发之处，惯徒交接之所”，这是因为

① 杜臻：《粤闽巡视纪略》闽卷上，康熙三十八年刻本，第 16 页。

② （乾隆）《泉州府志》卷 25《海防》，清光绪八年补刻本，第 26 页。

③ （乾隆）《泉州府志》卷 25《海防》，清光绪八年补刻本，第 26 页。

走马溪和外浯屿、料罗、乌沙这些分布在台湾海峡西岸的滨海岛屿，是西方船只最早寄泊的据点。尤其是走马溪，经常被西方船只挑选为寄泊点，于是也引来了许多当地人在这里和西方船只交易。对于西方船只而言，这样的锚地或寄泊点是很重要的，同时也成为明朝海防的一个漏洞。16 世纪时期的东南海疆名将俞大猷对诏安走马溪番船寄泊的情况十分清楚，他指出：

> 今漳州诏安县五都走马溪，两山如门，四时风不为患，去县及各水寨颇远，接济者夕旦往来，无所忌避，诚天与猾贼一逋薮也。诸番自彭亨而上者，可数十日程，水米俱竭，必泊此储备，而后敢去日本。自宁波而下者亦可数十日程，其须泊而取备亦如之。故此澳乃海寇必经之处，非如他澳则患风水防追捕不得久住。卑职见其澳狭广不能二里许，合乞依仿吴元之法，于诏安县诸山中所产松木择其小而长者，伐而置植于其中，令潮上则没其表，汐时只离水尺许，约所费不过万余株，足以御贼舟之抛泊。又令铜山、元钟二水寨时出舟师巡逻，以防逆徒窃取，如此可支十余年之利者也。①

实际上，早期西方人进入东南海域后，为了与当地进行走私贸易，很依赖走马溪这样的寄泊点，而这些寄泊点的形成，

① 俞大猷：《正气堂集》卷 2《条议汀漳山海事宜》，清道光刻本，第 6 页。

也离不开沿海一带居民的接引。当时葡萄牙人就观察到尽管明朝加强了海防巡逻，但是海岸线曲曲折折，沿海岛屿星罗棋布，因此总有当地人将货物偷偷送到葡萄牙人手中。[①] 甚至引导西方人进入附近海湾泊船，进行交易。一些明朝官员也观察到这一情况："加以内地奸民勾引接济，南澳、走马溪、旧浯屿、南日等要害，俱为番舶所据。"[②]

西方人刚进入诏安湾区域时，由于此时期明朝廷规定民人私自和西方人交易属于违禁行为，因此双方之间并不能正常贸易。为了获取利益，西方人就频繁采取此前惯用的海盗式劫掠行为。例如，地方文献就记载了1549年夏天葡萄牙人在诏安湾附近海域劫掠的情况："嘉靖己酉夏，夷船数只，直抵安边馆劫掠地方。"[③]

葡萄牙人的海上劫掠行为，引发了与当地社会的紧张关系。费尔南·门德斯·平托（Fernâo Mendes Pinto）在所著《远游记》一书中，披露了不少早期葡萄牙人在亚洲的活动，其中也专门谈到了葡萄牙人在诏安湾武装贸易、劫掠以及此次走马溪冲突的前因后果。根据平托的讲述，葡萄牙人进入漳州海域后，选择了走马溪这一带作为港口贸易寄泊点，收受贿赂的当地官员对此也睁一只眼闭一只眼，所以葡萄牙人在这里安心地做了两年生意。后来马六甲葡萄牙殖民首领派遣了一位名

① 金国平编译《西方澳门史料选萃（15~16世纪）》，第198~199页。

② 王在晋：《海防纂要》卷1《福建事宜·题设寨游》，明万历刻本，第7页。

③ （万历）《漳州府志》，卷30，第49页。

叫阿伊雷斯·博特略·德·索扎（Aires Botelho De Souza）的人前来担任漳州港葡萄牙舰队司令。此前，一位亚美尼亚基督徒富商跟随葡萄牙船队来到漳州港做生意，不幸染病身亡，他留下一笔巨额财产，被上述阿伊雷斯·博特略·德·索扎侵吞。其间，和亚美尼亚基督徒富商有生意往来的两位漳州海商带来了大量的丝绸、瓷器和麝香，又被阿伊雷斯·博特略·德·索扎以他们欠了亚美尼亚富商钱为由没收了货物和货款。丢了钱财的漳州海商多次交涉无果，就以一纸诉状，向当地衙门告发葡萄牙人巧取豪夺的行为。按照平托的记载，该官员职衔是巡按御史，显然指的是朱纨。后者本来就是明朝海洋政策的强硬派，他就此下令不允许任何人和葡萄牙人做生意，否则格杀勿论。很快，葡萄牙人不仅没有货源，连给养都断了。葡萄牙人就采取海盗做法，打劫附近的渔村，此举越发引起了明朝官民的愤怒，随后，朱纨下令派遣水师官兵攻打走马溪内的葡萄牙船队，双方之间的冲突就此爆发。

平托所记载的这一次冲突，很显然是明代历史上有名的中葡走马溪之战。对比中西方资料，可以看出双方对于此次冲突的记载有不同的表述。葡萄牙史料中，走马溪之战只是他们进入亚洲海域的一次普通冲突。但在明朝历史上，这次海战最初被当作剿灭红夷的典范战役，朱纨和卢镗一战成名，根据朱纨事后的报告：

> 嘉靖二十八年正月二十六等日，旧浯屿夹板尖艚叭喇嚎等项贼船同佛狼机国夷王船陆续追逐出境，内有夷船于

> 二月十一日复回至诏安县洪淡巡检司地方灵官澳下湾抛泊。卢镗、柯乔会同分布军门原委中军、福州左卫指挥使陈言领福清、海沧兵，浯屿水寨把总、指挥佥事李希贤领浯屿兵，铜山西门澳水寨把总、指挥同知侯熙领铜山兵，守备、玄钟澳指挥同知张文昊领玄钟兵，各督千户陈爵、常江、吴镇，百户周应晨、邓城、吴大器、张绶、刘钦、赵祚并捕盗石廷器、唐弘臣等，家丁卢宗舜、陈福宁等分哨。卢镗悬示千金重赏，离间夷心。①

这次冲突发生在明嘉靖二十八年（1549）初。如前所述，葡萄牙人因为无法在当地贸易，就侵入走马溪的岐下、宫前、山南等村庄，不仅烧杀渔村，还劫掠海上的商船和渔船。当时的明朝福建水师探知这批葡萄牙人在走马溪寄泊之后，决定武装驱赶。时任浙江巡抚兼福建军务的朱纨立即命令都司卢镗、福建巡视海道副使柯乔等，从福清、海沧、漳州浯屿水寨、铜山西门澳水寨、诏安玄钟等地调集兵马进剿。

除了悬钟所城，梅岭半岛上还分布着不少村落，其中田厝、傅村都是较大的聚落，从这些村名就知道，前者为田姓聚居地，后者则是傅氏家族聚族而居的村子。因为人口众多，明代时已经被称为当地“巨姓”，也就是人丁众多的大族。② 按照朱纨的说法，这些大族也被柯乔与诏安典史陆铁发动起来，

① 朱纨：《甓余杂集》卷5，《四库全书存目丛书·集部》，第78册，第131页。

② 金国平编译《西方澳门史料选萃（15~16世纪）》，第209页。

“出兵埋伏贼夷所泊山顶”。加入协助地方官府围剿西方人的战斗。这次冲突的结果，按照明朝官方资料的记载，葡萄牙人受到了重创，被俘多人，平托则提供了这次诏安湾走马溪冲突一些不为人知的细节：

> 于是我们离开这里前往一个距漳州 7 里格，距本岛 80 里格的料罗港去。9 天中，风平浪静，我们一直沿南澳海岸航行。一天早晨，在一条西北—东南方向在诏安下 5 里格的一条咸水河中，我们受到一个海盗率领的 7 条大帆船的袭击。战斗从清晨 6 时一直持续到上午 10 时，我们之间互相用标枪、火器攻击。最后 3 艘船烧沉，其中两艘海盗船，一艘我们的船。我们 5 个葡萄牙人就在那条沉船上。此时我们大部分人都受了伤，看来是完全没有取胜的希望了。下午时，风力增大，上帝保佑我们逃出了海盗的魔掌。①

很显然，葡萄牙人口中所提到的“咸水河”，指的就是走马溪。这是大航海时代进入福建海域的西方人在诏安湾与当地人发生冲突的一次珍贵记录。这群葡萄牙人提到的料罗港，是位于今天中国台湾地区金门岛的一个港湾，这里曾经被当时进入东南海域的西方殖民者作为停靠的处所。这批葡萄牙人在前往料罗湾的航行路途中，寄泊在诏安走马溪，从而与明朝水师发生冲突。

---

① 金国平编译《西方澳门史料选萃（15~16 世纪）》，第 53 页。

走马溪之战，朱纨以大胜向朝廷报功，但很快浙江、福建沿海一带反对禁海的海商势力向朝廷告发，事情出现了戏剧性的反转。何乔远记载了走马溪一战的前后经过及背后的复杂政治：

> 此时有佛郎机夷者来商漳州之月港，漳民畏纨厉禁，不敢与通，捕逐之，夷人愤起格斗，漳人擒焉，纨语镗及海道副使柯乔，无论夷首从，若我民悉杀之，歼其九十六人。谬言夷行劫至漳界，官军追击于走马溪，上擒得者。纨业以厉禁，为浙中二三贵官家所不乐。先是言官业请改巡抚为巡视，以轻纨权，以消浙人触望之意。至是御史九德劾纨专擅滥杀，诏罢纨，下镗、乔吏。遣都给事中汝桢即讯，讯报，则满剌加夷来市，非佛郎机行劫者。专擅滥杀诚如御史言。诏镗、乔论死系狱，逮纨至京师讯之。纨惊，仰药自尽。从此当事者以纨为戒。[①]

何乔远是明代万历、崇祯间人，其生活年代距离走马溪之战并不远，而且他来自泉州晋江，从小对海洋与海外贸易就很熟悉。为了撰写《名山藏》《闽书》等书，他广泛搜集各类同时代的文献资料，也采集各类民间访谈，因此，其关于走马溪一战的记录是可信的。从葡萄牙人的资料来看，这次抵达漳州诏安湾洋面的武装商船，其目的是通商贸易，但因为朱纨采取严禁海外贸易的策略，所以这批葡萄牙人在通商无果的情况

---

① 何乔远：《名山藏》卷105《王享记》，明崇祯刻本，第24~25页。

下，抢劫当地渔村，挑起事端，遭到明军进攻。而被俘杀的96人中，其实很多是亦商亦盗的海商，如许栋、李光头等人，他们都被朱纨下令处死。朱纨夸大战果，很快被闽浙一带官绅告发，导致参与走马溪之战的将领卢镗、柯乔被下令处死，朱纨也遭逮捕，在监狱中服毒自尽。其实，当朱纨在东南滨海一带大刀阔斧地禁海时，就已清楚自己必定会触动闽浙一带大族的利益，所以他死前就说出这样的一句话："纵天子不欲死我，闽浙人必杀我。"①

正如何乔远所分析的，走马溪之战揭示的是开海贸易对地方社会的重要性与明朝廷海防压力之间的矛盾。明朝自太祖朝开始实施海禁政策。按照《大明律》规定，从洪武年间起，无论军民人等，寸板不得下海，这一海禁政策无疑对长期依靠海洋贸易的浙江、福建等东南沿海地方社会经济产生了严重影响。正如隆庆初年支持开海的许孚远所说："东南滨海之地，以贩海为生，由来已久，而闽为甚。闽之福、兴、泉、漳，襟山带海，田不足耕，非市舶无以助衣食。"② 因此，自海禁政策实施以来，福建沿海一带的民间走私贸易屡禁不止。尤其是闽南漳州、泉州一带，其地方社会经济，主要依靠海洋贸易，如果禁止海外贸易，则必然触动地方大族的利益。因此，时人也指出，对待海禁，"福、兴二府主绝，漳、泉二府主通，各

① 陈鹤：《明纪》卷33，清同治十年刻本，第17页。
② 陈子龙：《明经世文编》卷1，明崇祯刻本，第3~4页。

不相下”。[①] 朱纨其实是国家禁海与地方利益之间张力的牺牲品，这一点，时人看得很清楚：

> 是时闽浙中大有力者，以贼艘为外府，岁私贡有额，夜输无算，率视等夷，略无文网之惧。不逞者徒羡，靡然从风。而沿海贫民贸易之利所得于贼，每得利市三倍，即火器刀鋋诸禁器必先制完好，阑出以资之。而纨务批其根，卒以不免。[②]

海禁触动了东南沿海一带海商的利益。由于海洋能带来巨额财富，类似林希元这样的闽南官宦，自然不愿意失去这个商机。当时就有人指控林希元“专造违式大船”，他组织家族商船，与西方人通商，从而赚取了巨额财富。“假以渡船为名，专运贼赃并违禁货物”，“怙势恃强，专通番国，以豺虎之豪奴，驾重桅之巨航，一号‘林府’，官军亦置而不问”。[③]

明朝和葡萄牙人在走马溪所发生的这场中西冲突，也从另一侧面证明了诏安湾、梅岭港一带是当时中国最早与西方人和亚洲各国往来活跃的通贩中心之一。这也可以理解为何隆庆元年开海后，明朝廷首先选择梅岭港作为发船地，那么，为何又很快从梅岭迁移到月港呢？如前所述，明朝将正式开放的出海

① 沈德符：《万历野获编》卷12“海上市舶司”，北京：中华书局，1959，第317页。

② 方孔炤：《全边略记》卷9，明崇祯刻本，第19页。

③ 朱纨：《甓余杂集》卷2，明刻本，第19~20页。

港从梅岭迁移到月港，其原因是多方面的。此时期，西班牙人已经入据菲律宾马尼拉，并将其发展成新的全球贸易中心，从美洲源源不断地输入白银，大力吸引闽南海商前去贸易。显而易见，原与漳州海商互动较多的葡萄牙网络，其吸引力已经大不如前。再加上月港不仅港湾条件优越，而且从航路上也更靠近马尼拉。由此不难理解为何月港最终会取代梅岭港，成为中国东南对外贸易大港。此外，闽粤交界海域的寇乱也是一个关键因素，张燮提到的一个原因就是“盗贼梗阻”，也就是海盗的因素。而康熙《诏安县志》中也提到是因为倭寇的袭扰，其背后根源是梅岭当地崛起的强大海盗联盟及其所形成的滨海反叛共同体，对明朝的海外贸易与海疆安危构成了威胁。

安边馆

依据地方史料，明代前期，官府在梅岭港设了一个特殊的主簿职位——捕盗主簿，顾名思义，捕盗主簿也就是管理海上治安，同时也保护海船通商贸易的官员。这一官职的出现，与明代当地一个专门的海洋管理机构——安边馆的设置有关。根据地方志的记载，明代梅岭地方为了防御海盗，设置了一个名叫安边馆的机构：

> 梅岭寨，即梅岭汛，在四都，明设安边馆，机兵二十四名，置捕盗主簿，驻其内。①

---

① （康熙）《漳州府志》卷18，清康熙五十四年刻本，第20页。

安边馆这一特殊机构的出现，是明代嘉靖年间为了管理闽南一带民间海外贸易集中的海域而专门设置的地方海洋管理机构。明代，因为闽南一带海船云集，大量的财富聚集在这里，自然容易招来各类海盗团伙的觊觎。为了维护海洋秩序、抵御海盗袭扰，官府在不同地方设置了安边馆。如明代林魁的《安边馆记》，专门记载了漳州滨海地带安边馆的设置经过：

> 安边馆者，漳州府别驾陈公必升之所建也。嘉靖八年，海寇警东南。上命都御史沐阳胡公琏巡视浙江兼制福建，畀以便宜，明年行部至漳……公虑其久而弛也，谋于巡海副使古鄞谢公汝仪，郡守吴江陆公金，图厥永安。佥以龙溪月港、海沧沙坂、嵩屿、长屿，漳浦玄钟、徐渡诸澳，联亘数百里，东际大海，南密诸番，仓卒有变，请计台府动经旬月，逮至扑灭，流毒已深，宜酌其要害分设府署，董以专官，量假事权，使先事防察以遏乱萌，诚于制驭之体便。乃即海沧建署，于列郡佐刺之中择才大夫递膺厥任，俾以弭盗贼、禁通夷、理狱讼、编舟楫、举乡约、兴礼俗，大要以安民为尚，庶事行革，听其便宜，责綦重矣。①

由上述资料可知，嘉靖九年（1530），为了加强对月港、海沧、悬钟港等海港的控制力量，在巡抚都御史胡琏的主持

①（崇祯）《海澄县志》卷17，明崇祯六年刻本，第11~12页。

下，官府在上述地方修建安边馆。漳州地方官员陈必升受命在海沧督造这一机构，他看到闽南一带“淫祠颇炽”，就拆毁民间宫庙，用所得木料，加上没收的长屿厘银，“即分署为安边之馆”，该馆用了半年多时间建成，“前为莅事之堂，颜曰镇靖，志修职也。后为燕寝，逻食之暇寓以覃思。堂之前左右为厢，正南为门，门之上为谯楼。四达之址缭以周垣，繇是具瞻有所，可以肃上下，悬政有象，可以一民志。而名山巨浸，控带雄远，屹然一方保障”。[①]

漳州官府设立安边馆，其最初用意显然是维护滨海地区的社会稳定，所以这类机构都是建在上述闽南走私贸易比较频繁的地区。此外，此类安边馆有时也用“靖海馆”“海防馆”之类名称，例如赫赫有名的月港就曾设置一处靖海馆。根据当地县志的记载：

> 海澄县，在漳东南，距郡五十里，本龙溪八、九都地也。旧名月港。唐宋以来为海滨一大聚落，至明生齿益繁。正德间豪民私造巨舶，扬帆他国，以与夷市。久之，诱寇内讧，所司法绳不能止。嘉靖九年，巡抚都御史胡琏议移巡海道驻漳弹压之，而海沧置安边馆，岁择诸郡别驾一员爰镇其地，半载一易。二十七年巡海道柯乔议设县治于月港，都御史朱纨，巡按御史金城咸具疏闻，会地方稍宁，事暂停止。三十年，复于月港，建靖海馆，以郡倅往

① （崇祯）《海澄县志》卷17，明崇祯六年刻本，第12页。

来巡缉。至三十五年海寇谢老突犯波心，屠掠甚惨，都御史阮鹗诚谕居民筑土堡为防御计。其明年，都御史王询更议设县，未就，亡何倭奴传警，庐舍、田土煨烬荒芜，乡曲顽民乘机构逆（自号二十四将），结巢盘踞，殆同化外。四十二年，都御史谭纶下令招抚，为羁縻之术，仍请设海防同知，以专理海上事，更靖海馆为海防馆。[①]

诏安梅岭一带作为当时与海外通商贸易频繁的地区，当然也是明朝加强防卫的要害地点。于是嘉靖年间担任巡海副使的谢汝仪，也向朝廷奏报在当地设置安边馆：

谢汝仪，字国正，鄞人，登正德甲戌进士，……升按察佥事，备兵岭东……寻进巡海副使，奏设诏安县安边馆，立墩台，蓄蕃兵，为一方保障。[②]

按万历《漳州府志》记载，梅岭安边馆“在海滨”，地处险要之处。[③]

梅岭港设置安边馆，反映了明代中叶梅岭港这一带海外贸易的繁盛情况。但随着时间的推移，安边馆的作用也发生了一

① （崇祯）《海澄县志》卷1，明崇祯六年刻本，第1~2页。

② （嘉靖）《宁波府志》卷28，明嘉靖三十九年刊本，第74页。此处“蕃兵”何乔远《闽书》记载为“番兵”，见（崇祯）《闽书》卷48，明崇祯刻本，第21页。

③ （万历）《漳州府志》卷29，第17页。

些变化。也许因为有了安边馆的保护，当地海商与海外走私通商的行为反而越发兴盛。以梅岭半岛为例，随着安边馆的设置，当地逐渐围绕梅岭港形成了一个专注海外贸易的“番市”。我们注意到地方志在提到谢汝仪的事迹时，不仅提到他是倡设诏安安边馆的官员，而且特别提到他在安边馆“蓄蕃兵”。此处“蕃兵”的出现，值得注意。这些“蕃兵”指的是哪一类群体呢？我们知道，“蕃”在古汉语里也通“番”，一般用来指称汉族之外各族及异国，《周礼》云“九州之外，谓之蕃国”。宋元时期，泉州成为国际贸易大港，许多海湾地区的阿拉伯商人与波斯商人顺着海上丝绸之路航线前来贸易，甚至定居在泉州，他们也被当地人称为“蕃客”。当地还设置了“蕃人巷”。1965 年，福建泉州东岳山出土了一块白色花岗岩石碑，碑上刻有阿拉伯文字，以及一行汉字“蕃客墓”，由此说明此处所提到的诏安梅岭安边馆“蕃兵”，应该与当地兴盛的海外贸易有密切的关系。

事实也是如此。曾经担任安边馆官员的张天衢，是嘉靖壬午年（1522）举人，他在主管安边馆时，就提到当地“海舶出入”频繁，而且有“巨贾”偷偷用千金来贿赂他。① 明代熟悉海洋贸易的闽中士人郭造卿也谈到设置明代安边馆引发的问题：

---

① （嘉庆）《山阴县志》卷 14，民国 25 年绍兴县修志委员会校刊铅印本，第 18 页。

今安边馆又开番市，匪军门镇之如戎心叵测，何但镇漳，则反侧不安，是急而之海也。①

图 1-3　福建省博物馆藏宋元蕃客墓碑

① 顾炎武：《天下郡国利病书》卷 96，清光绪三年刻本，第 13 页。

林希元也谈道：……安边馆，予昔建议，本以弭奸宄也，安边既设，奸宄不能御而反与奸为市，巡海重臣既设，不能御患而反为患，予始叹畴昔建议之非。或曰公之建议未为不是，特所用非其人耳。①

从林希元的上述记载可知，设置安边馆，本来的用意是维护海域社会秩序，但开设番市，加剧了海外走私贸易的兴盛。显而易见，谢汝仪募集的番兵就是为了保护番市的地方武装，由此也验证了明代梅岭港曾经在东西洋海上贸易史上扮演了不可忽视的角色。

可以说，梅岭港所处的东海与南海交界地带，是早期的海洋贸易中心地。繁盛的海外贸易，便利的海洋航道条件，吸引了葡萄牙、荷兰等西方商船的到来。随着西方人、东南亚海商会聚在这里与闽南海商往来交易，当地出现了“番华交通”的多元族群景观。官府看到这一点后，就在当地设置安边馆，希望能加强海洋贸易管理，防范民间私通外商。然而，安边馆的设置，却变相为当地海外走私贸易市场的设立大开方便之门。梅岭港所具有的复杂海域社会情况，为闽粤海盗团伙的兴起，提供了一个便利的环境。诏安人吴平正是在这样的背景下，走出了梅岭港，成为纵横东海、南海的一代海上枭雄。

① 林希元：《林次崖文集》卷8，清乾隆十八年陈胪声诒燕堂刻本，第6页。

四　走私与劫掠：海盗的故事

嘉靖四十年（1561）冬至这一天，梅岭港附近的一户林姓人家按照当地习俗，舂米做丸子。第二天一大早，林家女人将丸子下锅，准备煮了给家人吃，但揭开锅的一刹那，她惊慌失措，大喊起来。家人赶过来一看，原本白花花的糯米丸子都变成了红色。这个故事被距离梅岭港不远的明代饶平人陈天资记载在他所编纂的一部有关饶平东南沿海地方史志的文献——《东里志》中。[①] 康熙年间，戴冠编辑当地方志，也从民间访问到了不少同样的案例。比如，他煞有介事地记载，嘉靖三十七年（1558）十二月二十四日，当地人看到“红水”随着潮水涌上岸边，近海一带不少人因为捡食蚝贝死去。按照中国地方志的“灾异”叙事传统，食物变“红”，主大凶，不仅意味着不祥之兆，而且代表本地难逃血光之灾。果不其然，不久以后，当地有名的海盗头子吴平就占据了梅岭。

戴冠将这个故事记录进方志中的“灾异”篇，这也代表方志编纂者对吴平的态度。对于地方官府而言，毫无疑问，吴平被视为嘉靖年间不断给本地带来灾患的“巨盗”。但是，在当地海域社会中，吴平及其海盗团伙的故事，要复杂得多。

“下海之人”：吴平与闽粤海盗联盟

在诏安湾，当地人一般将这些啸聚汪洋的人称为“下海

① 陈天资：《东里志》卷2，潮州市地方志办公室，2004，第56页。

之人”。这也代表了本地人对海盗的复杂情感。诏安湾一带与外洋连接，从来就是繁忙的海上交通要道，也是海盗盘踞的地方。当地人提起海盗，总是带着某种复杂的心绪。一方面，海盗确实对地方社会造成了危害，是海洋秩序的破坏者；但另一方面，华南一带的海盗，有时也以一种海上走私商业联盟的面目出现，对于活跃当地社会经济，也间接地起到某种积极作用。

从明代中叶到清代中叶，活跃在闽粤洋面的海盗集团几乎都袭扰过诏安湾与梅岭港一带。地方志书，保存了不少有关海盗出没的历史记忆。明清时期诏安出现过多个海盗团体，而在梅岭半岛，历史上最有影响的海上传奇人物，莫过于吴平。当地广泛流传着吴平藏宝的传说。显然，明代嘉靖年间纵横闽粤洋面的海盗首领吴平对当地社会产生了很大冲击。那么，吴平是一个什么样的人呢？

当地方志中记载了这位海上枭雄的人物形象：

> 吴平，四都人，为人短小精掉，有智略，为儿与群儿牧，即部署诸将，号令皆如法，群儿已畏服之，往往多奇异。①

这里的四都，就是梅岭港所在的范围。根据地方志的记载，吴平身材矮小，却谋略出众，很小的时候就表现出当首领的才能。吴平少年时曾经在一户人家为奴，但日复一日的苦役

① （康熙）《诏安县志》卷7《武备志》，第175~176页。

式劳作生活让他心生厌倦。或许出身海洋社会骨子有冒险基因，他走上了一条有别于他人的道路，富贵险中求。不久，他就下海为盗了。有一次他带着团伙劫掠原来的主家，因为男主人为人厚道，他放过了男主人，不仅没有杀他，还对后者好生款待，但因为女主人经常虐待他，吴平抓住了报复的机会，吩咐手下脱去女主人的上衣，将水壶系在女人的双乳上，命令她就这样赤裸着上衣磨米，随着女人身子转动，水壶也跟着有节奏地摇晃，在旁边围观的海盗跟着发出一阵阵笑声，吴平和海盗们以此为乐。

当海盗后，吴平从小就表现出的领袖个性，注定了他不甘于人后，不久他就在当时闽粤一带的海盗团伙中脱颖而出，成为远近闻名的海盗首领，包括许朝光、林道乾、曾一本这些曾经横行东海、南海海域的“巨盗”，都甘居吴平之下，很快，吴平成为闽粤海面公认的海盗联盟盟主。

为了达到震慑闽粤滨海地区、牟取暴利的目的，作为海盗的吴平，有时也会和当时袭扰东南沿海的倭寇勾连一处。戚继光的儿子戚祚国就在所编戚继光年谱中记载吴平曾经“挟倭剽掠，莫可谁何”。对于吴平这种行为，明朝官府自然不能容忍，尤其是主张严剿海寇的戚继光，早就对海盗们反复无常的行径不满，他带兵进入闽南平叛。看到戚继光率军多次剿灭倭寇之后，吴平害怕了，和同时代大多数的海盗一样，他也想以退为进，向官府投降。

对于戚继光及所部明军而言，吴平是当时东南一带海盗团伙中的劲敌，不仅因为其骁勇善战，而且据说吴平谋略过人，甚至不输于戚继光：

> 平既为盗，不肯居人下。先后巨贼如许朝光、林道乾、曾一本等皆骁勇，胆力过人。然必推平，平亦偃然居群贼上。戚南塘号名将，犹惮平。平所设奇，皆与相当，号为劲敌。此其英雄必有大过人者。①

这里提到的“巨贼”许朝光、林道乾、曾一本，每一个都是16世纪华南一带赫赫有名的大海盗。例如，许朝光本来是距离诏安不远的饶平县大城所城一户谢姓家庭的孩子，有一年，海盗头子许栋勾结倭寇攻破了大城所城，杀死了许朝光的父亲，霸占了他的母亲，让他改姓许，收养为子。许朝光长大后也跟着养父做了海盗，当他无意间知道自己的身世后，就在1558年的春天，在石碑地方埋下伏兵，杀死了刚刚带着倭寇去外地劫掠返回的许栋，顺理成章当上了这股海盗的首领。他统领许栋所有队伍，自立为澳长，占據潮阳牛田洋和揭阳一带，对往来船只征税盘剥。在牛田洋及揭阳进行“计舟榷税”，对商船“给票抽分”，名叫“买水”。② 这种做法虽然不为明王朝所容，但对海商来说，“买水”后可以保障船货安全，因此也为潮州海商所接受。“买水”之例一开，以后的海盗纷纷效仿，明朝天启、崇祯间的郑芝龙，清代嘉庆年间的郑

---

① （康熙）《诏安县志》卷7《武备志》，第176页。

② （顺治）《潮州府志》卷7，清顺治刻本，第19页。

一嫂石氏、蔡牵、朱贲等海盗都曾经沿用许朝光的“抽分”之法，与官府争夺海洋贸易商税。

许朝光为了进一步巩固、发展其海上掠夺的地位，一方面以地处漳、潮海洋交界的南澳岛为巢穴；另一方面收罗被戚继光、俞大猷征剿的中国大海盗王直余众。这些部众大多来自漳州、泉州、温州、绍兴等地，由此，许朝光的劫掠海域也扩大到闽浙一带。许朝光在潮州等沿海开展大规模劫掠时，也遭到闽粤交界社会的抵抗，当地宗族纷纷筑寨抗击，明朝官兵也加大力度攻剿。嘉靖三十七到四十年（1558~1561），许朝光多次勾结倭寇，袭扰闽粤地区。嘉靖四十一年（1562），他率领倭寇、海盗进攻诏安悬钟所，烧杀抢掠。嘉靖四十三年（1564），戚继光、俞大猷在广东大破许朝光和倭寇，是年八月，许朝光被其属下头目所杀。

这些当时赫赫有名的大海盗，平日里对谁都看不上，但唯独对吴平心服口服，由此也可看出，吴平绝非等闲之辈。显然，对于戚家军而言，吴平这样一个特殊人物，绝对是个难缠的对手。吴平也知道戚继光难以容他，因此，在大军进逼之下，他在权衡利弊后，选择暂时投降官军。但耐人寻味的是，他以“剿倭赎罪”的名义，归顺了时任潮州总兵俞大猷，而不是向当时担任福建总兵的戚继光投降。后来戚继光的儿子戚祚国在编订其父的年谱中，回忆吴平向俞大猷投降这段往事时，披露了不少鲜为人知的情况：

十一月潮州送置投抚叛民吴平于诏安之梅岭。平漳民也，先年从倭流劫广、潮，厥后自立党与，挟倭剽掠，莫可谁何。及家严屡挫倭锋，平始心慑，借口剿倭赎罪，遂降于潮总戎俞公，请安插诏安之梅岭。当事者询于家严，乃报海道周公书云，漳南一切机宜，某无不协力者，平事可听之，勿拒，拒之，则无了期。如入我境，散其党与，分其生理，我当真心抚恤。或愿立功，各听赴军前报效，并以赤心置腹。若果以抚愚上官，而党与不解，恃众如故，当致之深入我境，出于稍平之野，用力为易。若据险阻于两界，非我用兵之利也。待其败露，当仗三尺与之决焉。调兵一万不能结，虽调十万不休。其利害某任之，不以累公。维时倭难孔棘，平降，庶得专力为攘夷计，故家严言无拒云。当事者报可。是月，俞公差官押送吴平入梅岭……①

从戚祚国上面的回忆可知，吴平向官兵投降，是迫于戚家军屡次击败倭寇，给当时吴平等海盗团伙很大震慑。在东南沿海一带，倭寇往往和海盗团伙勾结结盟，进行劫掠活动，吴平也曾经与盘踞闽南、潮州一带的倭寇团伙合作，但在戚家军和俞家军联合进剿之下，遭受了沉重的打击，不得不选择投降以自保。而在选择投降对象方面，吴平显然费了一番思量。

对于当时的闽粤海上世界来说，代表官方的是两股强大的军事力量，即戚继光领导的戚家军，以及俞大猷领导的俞家

---

① 戚祚国：《戚少保年谱耆编》卷 5，清道光刻本，第 20 页。

军。因此，吴平选择谁作为投降对象就耐人寻味了。从地域来看，当时戚继光及其所带领的戚家军的主要辖区是福建一带海域，而俞大猷及俞家军则负责粤东一带海域。按常理，吴平应当向戚继光投降，但出人意料的是，吴平最后选择的投降对象是驻扎潮州的俞大猷。

吴平之所以向俞大猷投降，也许是因为他看到俞大猷来自晋江滨海地区，同为闽南人，多少有些地缘关系。但另一个更重要的原因是，吴平也许认为同样生长海边的俞大猷，对被迫入海的海盗生涯，会有同情之理解。闽南人对待海盗的情感是十分复杂的，一些海盗团伙，实际上本身就是海商，对于缺少土地，只能依靠海洋而活的闽南滨海地区人群来说，下海是唯一的活路。这一点，也许是来自北方山东的戚继光所不能体会的。因此，他选择向驻扎在潮州的俞大猷投降，也就可想而知了。

而且，这一时期，俞大猷也很希望能招降吴平这样的巨盗。或许对于此时期的明代东南军事局面而言，稳定海疆是头等大事，官府在剿灭海盗上花费了很大的精力，各级官吏已经精疲力竭，因此，海盗只要愿意投降，都可以得到赦免。何况像吴平这样的海盗盟主，他的投降，不仅对于其他海盗首领具有巨大的威慑力，而且可以被当作一种象征符号，作为平定海盗的一个标志性战绩。因此，当时潮州总兵俞大猷也多次主动派人去招降吴平，双方一拍即合，吴平甚至选择杀掉海盗中的倭寇，以示与倭寇断绝结盟关系：

> 乃遣人诱吴平，吴平率众来谒，公单骑往见之，平见公涕泣，愿以身投于公，其诸酋长尚多不甚听平，故平不能自决，然犹为公杀倭百余级，而吴平遂与倭人绝。①

如前所述，在吴平看来，戚继光是外地将领，俞大猷则是闽南晋江人，两下权衡，也许他认为投降俞大猷会对其更有利，最后决定向同为闽南人的俞大猷投降。他也确实得到了后者的善待。

按照史料记载，吴平投诚后，俞大猷不仅没有追究他为盗的罪责，还因为他是梅岭人而让他继续驻扎在梅岭。② 其实，在如何安置吴平一事上，明朝福建军事当局内部也有不同看法。在上述戚祚国所编其父戚继光年谱有关吴平投降的这一段资料中，提到了一个关键的人物，即海道周公。这位海道周公，指的应该就是时任福建巡海道周贤宣。俞大猷在向福建军事当局周贤宣报告拟安插吴平到梅岭时，周贤宣曾经就此事征询戚继光的意见。戚继光在回复周贤宣的书信时，谈到了他对于吴平投降及安插吴平的意见，他先表态说漳州南部一带战事，他会尽心尽力协助俞大猷。至于吴平投降一事，可以接受，否则，后患无穷。如果是安插到他管辖的地方，会将其团

① 焦竑辑《国朝献征录》卷107，明万历四十四年徐象橒曼山馆刻本，第68页。

② 焦竑辑《国朝献征录》卷107，明万历四十四年徐象橒曼山馆刻本，第69页。

伙解散，并将其妥善安置，如果吴平团伙中有人愿意留在军中效命，也会得到公平对待。但如果吴平只是暂时以接受招抚为掩护，图谋保存实力，东山再起，那么应该当机立断，将其迁移到内地，使其无险可守，这样将来处置起来也容易得多。如果仍然安插在梅岭这样的闽粤交界险要之地，对于其后官军平叛是不利的。但戚继光也表示，如果吴平果真再次反叛，无论多么艰难，也会率大军讨平。他并向周表示，此事他会一力负责，不会连累到他。戚祚国认为，戚继光之所以最后同意接受吴平的投降，是因为此时正处于平定倭寇的关键时期，吴平海盗集团投降，有利于官军集中精力对付倭寇，戚继光在权衡之下，才给出这一意见。很显然，周对戚继光的看法十分重视，在得到戚继光的认可后，他同意俞大猷接纳吴平的投降。

但不知何故，俞大猷并没有按照戚继光的意见，将吴平远迁到内地，而是允许他的请求，将其安插到其故乡诏安梅岭，由此种下了吴平复叛的根苗。在处置吴平的问题上，俞大猷或许犯了一个错误。作为长期出没海洋的人，吴平显然熟知梅岭港的重要地理位置，因此他在势力壮大之后，选择了长期盘踞梅岭。对于官府的招抚，他采取了当时东南地区海盗惯用的伎俩，时降时叛。他利用驻扎梅岭的便利，将这里作为据点，不断壮大自己的势力：

> 玄钟港四面环水，港有二口，通大海，仅容二舟。内有三土城相联，岩岩如雉堞。平于中堡，创武场，日习兵

事，造战舰百余艘，泊港中，据险自固。虽托名求赎，不过缓我进兵而实招纳亡命，乘间窃发。①

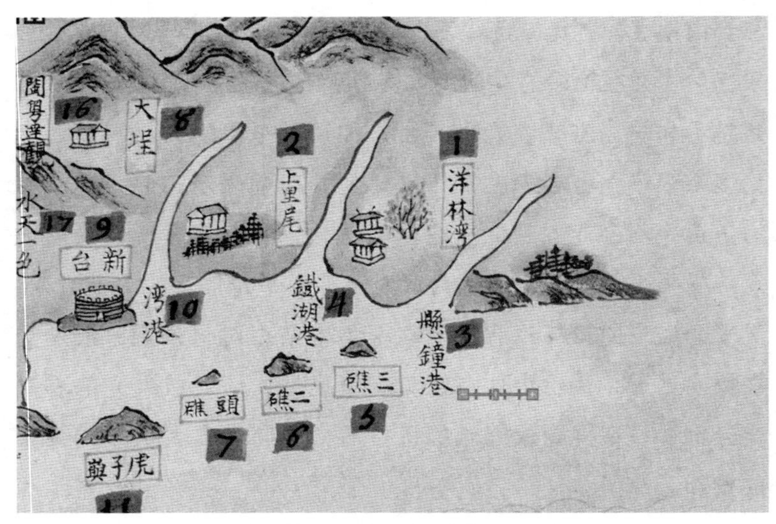

图 1-4　清代海图中的悬钟港

吴平以投降为名，逐渐将梅岭港建设成其堡垒基地，在这里构筑了上、中、下三座土城堡，并在中堡创建练兵场，操练部署，建造了百余艘的战船，其势力一时大盛，成为闽粤海域的重要海盗力量。吴平选择盘踞梅岭，其原因或许与此处是其故里有关，能得到民众的支持，此外，他应该也看上了当地在海洋通海上的便利性，尤其是与南澳岛这个当时另一个重要的出海口与避风港相连的有利地势。在被安置到梅岭老家后，吴

① 戚祚国：《戚少保年谱耆编》卷 5，清道光刻本，第 21 页。

平不仅获得了喘息的机会，而且以此为掩护，尤其是充分利用梅岭港的有利地理条件，大肆扩张势力，很快又重新控制了闽粤海域。

也许因为与倭寇、海盗打过多年交道，戚继光深知这些人的禀性，因此，他似乎早就料到吴平会再次反叛。果不其然，才刚刚投降不到四个月，吴平又入海为盗。嘉靖四十四年（1565），春节刚过不久，这年的二月，吴平在得知官府识破其缓兵之计，正计划追剿他时，就与另一位海盗首领陈晋卿集合部众，在一个夜晚驾驶船只入海，占据诏安、饶平交界的柚柑岭等地，联合当时从潮州败退而来的倭寇及当地土匪，试图抗拒官兵。甚至号令周边的海盗团体，并与当时陆地上的山寇联合，袭击漳州等大城市，但很快被戚继光和俞大猷联军攻破。

明朝官兵攻入梅岭，搜获了吴平团伙的 68 匹马匹，吴平所筑的三个城堡也被夷为平地。为了平定海盗，当时明军无所不用其极，甚至用了投毒的手段，而参与其中的就有梅岭人。梅岭上的各个村子，内部关系十分复杂。当地人对于吴平海盗团伙，有不同的态度。大族为了自保，也会和官兵合作，打击海盗。如这次攻剿海盗事件中，梅岭的两个大族傅家和田家都出人出力，傅族的傅茂英及田家的田文景之子曾带数船下毒的酒米、盐鱼，交给同为海盗的曾一本的阿舅、阿丈，分发吴平海盗团伙五船头目领取，给海盗吃，后来每船被毒死的海盗“有百十余人”。①吴平袭扰诏安的时候，当地象鼻土堡堡长阮

① 陈子龙辑《明经世文编》卷 355，明崇祯平露堂刻本，第 21 页。

仕笃也率领全族坚守，和吴平相持三天三夜，吴平不能取胜，只好退兵，诏安城才得以保全。

地方志中提到戚家军攻进梅岭时，“都督戚继光追逐远遁，歼其余党，筑为京观”，[①] 这里“筑为京观”一句，还原了战争的惨烈，颇为惊心动魄。“筑为京观”是古代的一种战争仪式，即将斩获首级堆砌起来，以示威慑。戚祚国在记载戚继光年谱中，也提到“撤砌石垒贮城级”，这也从一个侧面反映出在明朝官兵进剿下，吴平海盗团伙大败的情形。

在剿灭梅岭港吴平团伙后，戚家军留下一部分军队镇守梅岭及悬钟城，并依次收复被吴平占据的周围水寨：

> 仍立石以诫后人，勿再筑城堡。乃留王都司兵二千壁诏安，而玄钟千人为备，仍分遣各兵及生员耆老等乡兵分投各寨，尽数剿灭，余党悉平。[②]

戚继光则派兵继续追击吴平，在广东洋面将其彻底击溃：

> 十八日乙卯，吴贼舟泊海丰之大胜港，应嘉等追及之，冲散出洋，遇飓风作，陈晋卿舟破，登岸遁驼山，为广东陆兵所挫，余舟漂散各洋。夏四月，遣兵追吴平至广东大潭澳，败之而还。[③]

---

① （康熙）《诏安县志》卷 7，第 161 页。

② 戚祚国：《戚少保年谱耆编》卷 5，清道光刻本，第 23~24 页。

③ 戚祚国：《戚少保年谱耆编》卷 5，清道光刻本，第 25 页。

依靠娴熟的海上生涯，在戚家军的追击下，吴平还是率残部逃出了包围圈。史载，吴平辗转逃到了安南（今越南）万桥山。但这个海盗头子最终没有逃脱被剿灭的命运，嘉靖四十五年（1566）四月，戚继光与俞大猷的部将汤克宽率领福建、广东水师在万桥山之战中消灭了吴平的残余势力。吴平投水身亡，一代海盗传奇人物就此落幕。①

关于吴平的下落，和东南一带著名的海盗叙事一样，也充满传奇色彩。如上所述，根据官方的文本，穷途末路的吴平投水自尽，其团伙也烟消云散。由此结束了东南海盗史的吴平时代。诏安湾之后再也没有出现类似吴平这样具有超地域影响力的海上枭雄。然而，一些文本则对吴平的下落做出另一种解释：

> 平败遁南澳，料大师且迫之，与其徒百余人驾小舟遁去。舟用短桡，如今俗名鲎脚桡，百人齐荡，舟小力疾，虽淤泥浅水其行如飞，平竟以此得脱。或言林道乾后王东南海岛中，平亦变姓名浪游江湖间，皆不可知。然往有人亲见平鲜衣怒马，在京浙间为富商大贾。平已炙其面，面皆炙疮，人无有识者。后平又乘肩舆过故及处，掘取金银诸宝物，后不知所之。②

这则记载说的是吴平被戚家军打败后，他料到戚继光不会

---

① 徐𬘩《南州草堂集》卷26，清康熙三十四年刻本《续修四库全书·1415集部·别集类》，上海：上海古籍出版社，第408页。

② （康熙）《诏安县志》卷7《武备志》，第176页。

放过他，所以就纠集一部分心腹，舍弃大船，乘坐一种当地称为“鲎脚桡”的特殊小舟逃出了官兵的包围圈。据说，当林道乾成为东南海域的首领时，吴平也变更姓名，浪迹海洋中。另一种说法更为传奇，说有人曾经看见吴平摇身一变，成为江南一带富甲一方的商人。吴平为了不被人认出，用炭火捂脸，整个人已经面目全非，很少有人能够辨识出他原来是一个声动东南海洋世界的大海盗了，他甚至还悄悄地跑到活动过的地方，从藏宝处取出做海盗时埋下的金银财宝，最终从人间蒸发，此后，原本纵横闽粤海域的大海盗吴平，就这样完全从历史上销声匿迹了。只有梅岭及南澳当地，还流传着吴平藏宝的传说。如当地有一则吴平的藏宝诀：“吾道向南北，东西藏地壳，水涨淹不着，水涸淹三尺。”据说能破解者，即能找到吴平巨额财富的确切埋藏点，只是至今无人能解。南澳金银岛附近，有一个名为“吴平寨”的村庄，是中国唯一以海盗的名字命名的村落。种种迹象表明，闽粤人对当地过往的这一段海盗历史有不同情感，也许这也与海洋带给人类生活的不确定性有一定的关联吧。

15、16世纪时期，活跃在闽粤海域的海盗团伙，其实有复杂的社会背景。类似吴平这样的海盗，他们是充分利用了海洋便利性的人。诏安湾地处海上交通孔道，周围岛屿、港汊众多，梅岭半岛散布着较多渔村，山上林木茂密，这一切都为铤而走险的社会边缘人群提供了藏身之所，同时也为海盗共同体联手从事海上商业走私与武装劫掠提供了绝好机会。作为纵横水上的枭雄，他们对于明清朝廷来说，是社会秩序的破坏者；

但同时，他们又是中国历史上海上世界的开拓者。这群海盗领袖招纳亡命，啸聚于岛屿，将诏安湾、梅岭半岛与南澳岛这一天然水域变成他们的领地，在明清王朝统治薄弱的水域，野蛮成长。为了生存，他们游走在亦商亦盗的边缘，身份模糊。

从吴平的案例，我们也可看到梅岭港一带海洋家族网络的特有文化对海盗群体的影响。梅岭港当地以海洋生计为主的家族势力十分强大，容易为海盗共同体的形成提供一种特殊的地缘关系与亲属网络条件。例如，比吴平成名更早的海盗枭雄林国显就是一个典型的案例。16 世纪纵横闽粤海域的林国显海盗集团，其实是一个以诏安湾为核心发展起来的涉海家族集团。和吴平一样，同为梅岭人的林国显，也是一个声名显赫的大海盗。关于林国显，诏安或梅岭当地的资料很少提及，但与诏安一洋之隔的广东饶平县东里地方，却因为两地关系密切而留下不少关于梅岭的记录。其中，明代人陈天资在万历二年（1574）所编修的《东里志》就记载了林国显这位海上枭雄的情况。按照东里人的描述，林国显出生梅岭，绰号“小尾老”，少年时就下海为盗。不知什么机缘，他得以结识当时的大海盗徽州人徐碧溪，后者是嘉靖年间“截海大贼”王直的得力干将，他们同属于徽州帮海盗集团。按照东里人的说法，林国显是明代嘉靖年间当地倭患的肇始者。林国显认徐碧溪作干爹，起初他和沈门、田浪广都跟着海盗李大用。在一次出海过程中，李大用遭遇飓风淹死，大部分船只毁坏了，只剩下林国显和田浪广两艘船，各自行动。另一位海盗首领沈门带着五艘船停泊在涪屿澳，刚好嵩屿人李嵩山的船队满载货物，要往南亚一带交易，担心路上遭到沈门一伙的抢劫，就带着礼物前去拜见沈门，并按照海上规矩交纳保护费，请求保护。沈门很高兴，就以礼相待，而且在第二天回访，如此一来，李嵩山就放松了警惕，认为不会有事，不料沈门团伙中的“番奴”即外籍海盗见货心动，将李船上的货物抢劫一空，驾船跑到日本交易图利。李嵩山就带着剩余的一点货物也来到日本，通过老相识林昆见到日本当地藩主，控诉沈门抢劫一事。日本藩主下令将沈门船上的武器和货物都搬走，处死了之前抢劫的“番奴”，并命令将沈门和华籍海盗扣押，准备交给明朝处置。沈门在中元节这一天，将日本人看守灌醉杀死，驾着船逃离江口，在海上遇到林国显和田浪广，相约一起去劫掠浙江黄岩县。这伙海盗将毫无防备的黄岩县抢劫一空，然后带着财物驾船入海。黄岩当地的士大夫将这次灾祸归咎于澳主徐碧溪，当地官府移文徽州府拘捕了徐碧溪的家属，严令抓捕徐碧溪归案。此举激怒了徐碧溪，他建造了“万人巨舰”，委任林国显当船主，率海盗团伙报仇。在官兵追剿后，林国显带着船队返回南澳。他在梅岭建造了大厝，邀请徐碧溪来此居住。恰好明将黑孟阳带着官兵追杀到这里，徐碧溪被擒杀。林国显见势不妙，率残余海寇“入海勾倭”，他盘踞在饶平东里半岛上里、林厝围一带，四出劫掠，袭扰闽粤一带沿海。沈门、田浪广死后，他独自称霸闽粤交界海上，直到嘉靖四十四年（1565）在一次攻打潮阳时被杀。①

---

① 陈天资：《东里志》，潮州市地方志办公室，2004，第59~60页。

为了壮大团伙力量，增强在海上世界的竞争力，海盗首领会想尽办法扩大势力，而亲属与地缘关系网络，是中国海盗最为常见的发展组织的一种渠道。上文中提到的吴平、林国显团伙，显然就是以亲属关系为核心，分别以诏安梅岭、饶平东里为地域纽带而形成的海盗联盟。按照《东里志》的记载，林国显是吴平的长辈，吴平是他的侄女婿，除了吴平，另一位海盗头目林逢阳是其侄子，后来纵横中国台湾与东南亚海域的大海盗林凤则是他的养子。当地的海盗首领充分利用了海洋地带发达的拟亲属文化，林国显将侄子林逢阳发展成海盗集团的骨干，而且将一些能干的年轻人收为养子，林凤就是这样成了他的养子。这种拟亲属关系加强了海盗群体的凝聚力，同时养子们也成为海上冒险生计的冲锋陷阵者。此外，他还通过女性亲属来达到扩张势力的目的，他将侄女嫁给吴平，从而将吴平也成功拉入海盗集团，并成为在他之后的著名海盗联盟首领。

梅岭地方，因为所处的海洋环境，当地人对海洋的依赖可想而知。梅岭当地一般将那些驾舟出洋，啸聚海澳的人，称为“下海之人”“下海之徒”。这些人将下海视为逃避统治的方法。海盗们以家族为网络，建立起密切的联系，从而不仅壮大了海洋势力，也能有效地凝聚团体，形成利益一体的海洋反叛共同体。这一点，其实也是华南一带海盗群体的普遍特征，例如清代中叶华南海盗联盟大多也是以亲属关系为核心，辅之以地域关系作为纽带，从而建立起庞大的海盗集团。[1]

以吴平为首集结起来的海盗群体，深刻影响了诏安湾的历史。在吴平这样的卡里斯马型（Charisma）海盗首领身上，我们看到了海洋与陆地之间在社会文化特征上的某些区别。这群海盗在海洋上的身份是复杂多变的。一方面，他们是“逃逸社会”的一分子，成群结伙，从事海上抢劫，对滨海地区秩序造成了极大的威胁；但另一方面，海盗们直接或间接地推动了海洋走私贸易活动，反过来也深刻影响了诏安湾及附近的漳潮地区社会结构，导致东南滨海地带出现了一种海洋贸易型社会。采用“下海之人”而非简单冠以“海盗”“洋盗”的称呼，或许也体现了当地社会对于海盗复杂属性的某种认识。隆庆元年（1567），或许是看到了海洋在东南社会发展中所扮演的复杂角色，新即位的隆庆皇帝听从福建巡抚涂泽民的建议，有限度地开放海禁，一时间东南滨海一带“寇转为商”，“漳潮之间，旋即晏然”。诏安湾海域也得到短暂的安宁。这也说明，一刀切式的禁海，只会迫使滨海地区的人铤而走险，而开放海禁则给了滨海人群一条活路，这也是治理海洋与陆地截然不同的逻辑。

小结　海洋联系起来的世界

诏安湾是中国东南历史上海洋活动最为频繁的地区之一。

---

① ［美］穆黛安著，刘平译《华南海盗：1790~1810》，北京：商务印书馆，2019，第69页。

在包括诏安湾在内的传统中国东南地区的海洋世界中，东西洋是这一带人群对于海洋空间的分类概念。正是通过东西洋这一概念，将他们的生活世界和外部世界联系在一起。其实东西洋不仅是一个海洋地理概念，也是一个文化概念。与生活在陆地上的人相比，生活在海边的人们，在对外沟通上有特殊的渠道。海洋提供了一个巨大优势，人们驾驶海船，从东南中国到太平洋与印度洋，形成一个互相勾连的网络。而在这一航海网络中，诏安湾恰好位于西洋航线的关键节点上。

梅岭港的故事告诉我们，中国东南海域卷入早期世界体系的过程，就像投石击水一样，是一环接一环的。如果将 16 世纪以来闽南滨海地区与大航海以来的早期世界体系之间的联系分为三个前后衔接的区位，那么，第一区位就是梅岭港。这个消失了的海港，曾经是闽南滨海地区融入大航海推动的早期全球网络的始发站之一。此后，随着月港和厦门港相继崛起，梅岭港逐渐淡出人们的视线。而梅岭港的兴衰，不是由简单的因素造成的，其背后有更为复杂的全球化因素与社会情境。诏安湾这一区域的海洋族群，在共建 16 世纪以降的东西洋海洋贸易体系过程中，曾经是一支特殊的力量，他们凭借娴熟的航海技能与灵活的商业头脑，通过与葡萄牙人、西班牙人、荷兰人打交道，推动了东西洋海洋贸易体系的形成。这一贸易体系，在 16 世纪西方人到来之前，已经形成了以中国东南为中心的短途、中途贸易系统。前者位于闽粤近海港口与腹地之间，后者则延伸到海外区域。然而，当 16 世纪西方人进入这一地区以后，这一贸易网络也随之扩大到整个东西洋海域，诏安湾人也由此成为海上长途贸易的活跃分子，他们参与构建了印度洋与太平洋的贸易圈，也见证了东西洋这个当时世界上最活跃的海洋贸易圈的繁荣。

在谈论海上丝绸之路历史时，人们很容易注意到泉州、广州、澳门以及马尼拉、马六甲这样的世界性大港。即使是类似月港这样的区域性港口，近年来也因为海上丝绸之路遗产热的兴起，日渐受到重视。然而，人们往往忽略了海上丝绸之路沿线其实有许许多多像梅岭这样的尚不为人知的港口，这些港口星罗棋布地分布在这条海洋航线上，尽管并不像上述大港一样醒目，甚至因为各种因素而逐渐远离人们的视野，但在支撑各个区域性海洋网络时，是不可替代的角色。

第二章 悬钟城：滨海聚落

传统中国与海洋的关系，在 14 世纪经历了一次重大的变化。随着倭寇、海盗等海上威胁加剧，大明帝国海疆终于迎来了第一次全国性的统一规划，这就是东南海防卫所链条的设置。在这一海防政策指导下，梅岭港的附近海域，出现了一座对其后海上丝绸之路及诏安湾海域社会与当地人群生活有重要影响的千户所城——悬钟所。悬钟所城的设置，不仅巩固了明清帝国对东南海湾薄弱地带的控制，重组了闽粤地区性的海洋互动网络，甚至也改变了当地人的社会文化结构，在原有滨海社会塑造了一种新的“城寨-聚落”形态。由此可见，悬钟所的建造及其后的社会结构变迁，不仅意味着传统海洋空间出现了新变化，也使我们可以更好地观察滨海地区国家力量与地方社会之间的复杂关系。

一 国家的工程：在海边造一座城

明朝洪武二十一年（1388）的秋天，对于诏安湾人来说，日子还是像往常一样平缓流淌，路边的荔枝树上还挂着几个没有落尽的果，渔民们扛着渔具下海，感觉到了一丝凉意。就在大家忙着生计的时候，不知不觉间，在诏安梅岭港边上出现了一座城池。按照地方资料的记载，这座所城的形制是这样的：

> 悬钟所城池，在诏安县四都，明洪武二十年江夏侯周德兴奉诏建置。周围五百五十丈，砌以条石，垣面广一丈，高二丈，女墙八百六十一，窝铺一十五，东西南北四门上各有楼。其东西二门阻海，北门通路，南门塞之，环海为濠……①

这座让当地人议论许久的城寨，其实是明代一项庞大海防工程的一个组成部分。洪武初年，明朝刚刚建立，但动荡的历史仍在上演，仿佛得不到片刻的喘息。此时期，日本国内战乱频发，一些藩主组织武士、商人和浪人到中国沿海进行武装走私和抢劫活动。这种海盗劫掠行为对中国东南沿海造成了严重的危害，甚至影响到江南大部分地区的社会稳定，但朱元璋此时将战略重点放在远遁草原的北元势力上，他调集精兵强将，在1370~1388年，先后发动了八次北伐，试图“肃清沙漠”。尤其是最后一次，由大将蓝玉率领15万大军，打到了捕鱼儿海，大破北元皇帝脱古思帖木儿。经过明初这八次大规模的北征，北元势力四分五裂，明朝北边的边防暂时得到巩固。

---

① （康熙）《诏安县志》卷4《建置志》，第85页。

图 2-1　悬钟所城东门
（吴友江摄）

也许在朱元璋看来，与北元相比，东南海寇毕竟动摇不了国本，而且海洋与大漠不同，明朝新立，也难以组织强大的水师跨海征战。因此，他对东南沿海倭寇采取的是固守的策略，他曾这样说："日本蕞尔夷，而数为侵盗，我不欲与之争，固我封戍而已。"[①]"封戍"政策的一项主要内容，就是在滨海要害地区建设卫所防御。于是，洪武二十年（1387），受明太祖朱元璋之命，信国公汤和、江夏侯周德兴等人开始督建滨海海防，由此也揭开了中国历史上第一次系统的海疆防卫规划工程的序幕。

---

① 弇州山人：《四部续稿》卷 82《文部》，清文渊阁四库全书本，第 901 页。

随着周德兴来到福建督办海防，诏安湾梅岭半岛也纳入了此次帝国海防规划范畴，很快附近就建起了一座城寨，这就是悬钟所城。按照明朝的海防规划，悬钟城是一座千户所城，这是明朝将卫所制度搬用到滨海地区的结果。

在击败元军，将福建纳入明朝的版图之后，为了有效管控新平定的地方，明廷开始在当地设置卫所。洪武元年（1368），在福建置六卫，后又陆续在滨海地区增建海防卫所。何乔远的《闽书》记载了福建卫所的设置情况：

> 皇朝洪武元年，置六卫于闽中，从其郡名，曰泉州卫，曰建宁卫，曰汀州卫，曰漳州卫，曰邵武卫，曰兴化卫。四年，置福州都卫指挥使司，建宁都卫指挥使司，复置延平卫。八年，以福州都卫为福建都指挥使司，置福州左右二卫；建宁都卫为福建行都指挥使司，置建宁左右二卫。十九年，置建阳卫指挥使司，隶福建行省都司。二十年，命江夏侯周德兴入福建，抽兵防倭，移置卫所当要害处。德兴抽兵五千余人，筑城一十六，增设巡检司四十五，分隶诸卫。二十一年，置福建沿海五卫，曰福宁，曰镇东，曰平海，曰永宁，曰镇海；千户所十二，曰大金，曰定海，曰梅花，曰万安，曰莆禧，曰崇武，曰福全，曰金门，曰高浦，曰陆鳌，曰铜山，曰玄钟。①

① 何乔远：《闽书》卷40《扞圉志》，福州：福建人民出版社，1994，第982~983页。

从何乔远的上述记述，我们可以了解到明代初年福建的卫所制度推行情况。其中，他特别提到了发生在洪武年间的这一次海洋卫所设置过程。与内陆区域不同，福建背山面海，海岸线漫长，来自海上的威胁一直不断，“八闽之地，西北阻山，东南滨海，倭奴为患，自古已然”。[①] 洪武二十年（1387）四月，已经年迈的周德兴奉旨来到闽地，“按籍佥练，得民兵十万余人。相视要害，筑城一十六，置巡司四十有五，防海之策始备”。[②] 在闽期间，周德兴沿着福建海岸建立起了一个五卫十二所的福建沿海卫所体系，“置福建沿海五卫指挥使司：曰福宁、镇东、平海、永宁、镇海。所属千户所十二，曰大金、定海、梅花、万安、莆禧、崇武、福金、金门、高浦、六鳌、铜山、玄钟，以防倭寇”。[③] 而几乎在同一时期，在环中国海岸带上出现了大大小小的100多处海防要塞，其中独立建城的就有29卫75所城，共计104处城寨。[④] 很显然，悬钟所城的出现，代表的是14世纪明朝的一项异乎寻常的国家工程——这也可能是当时人类历史上最大的一次海洋防卫工程在诏安湾的落地，诏安湾也相应成为这一东南沿海海防城寨链条上的重要一环。

悬钟所的名字，经历了一个历史变化过程。最初，悬钟所名为“玄钟”。玄钟本为梅岭半岛和梅岭山相对的山名，因地

---

① 王在晋：《海防纂要》卷1《福建事宜》，明万历四十一年刻本，第6页。
② 《明史》卷132《列传第二十》，清乾隆武英殿刻本，第1296页。
③ 《明太祖实录》卷188“洪武二十一年二月己酉”条。
④ 李新峰：《明代卫所政区研究》，北京：北京大学出版社，2016，第8页。

形酷似悬钟而得名。“梅岭山在诏安县东南三十里，海滨逾岭为悬钟山”；[①] 清代康熙年间杜臻巡视闽粤海防，指出“悬钟山斗入海中，形如覆钟，相属处如华萼，亦为孤峰”。[②] 宋代，为避圣祖赵玄朗讳，曾改“玄钟”为“元钟”。明初建城时，因所城选址在玄钟山边，故称其为“玄钟千户所”，[③] 并沿用至明末清初。清朝初年，为避康熙帝（清圣祖玄烨）讳而改“玄钟”为“元钟”或“悬钟”，由此，悬钟所在明清不同时期有不同的称呼，但指的都是同一个地方。[④]

要在海边兴建所城，第一个问题就是选址。一个有趣的问题是，周德兴和明朝初年负责沿海卫所规划的官员，当时是按照什么样的标准，最终选定了诏安湾的悬钟山作为兴建千户所城这一大明海防体系的组成部分呢？

毫无疑问，作为如此庞大的国家海防工程，每一处沿海卫所城寨的选择，应该都是组织者精心调查规划的结果。有时甚至出现选好建城地址，但又因为各种原因最终改建的情况，如和悬钟城同属镇海卫的三个闽南千户所之一的六鳌所城，刚开始计划建在六鳌的大澳山上：“大澳山在六鳌所，一名罗绮山。土色纯赤。先欲建所城于此，不果，石址今存。”[⑤] 但后来改建在附近的青山上：

---

① （嘉庆）《大清一统志》卷 429《漳州府》，四部丛刊续编景旧抄本，第 11 页。
② 杜臻：《闽粤巡视纪略·闽卷上》，清康熙三十八年刻本，第 16 页。
③ （崇祯）《闽书》卷 37《建置志》，明崇祯刻本，第 29 页。
④ 为行文方便，书中涉及悬钟地方时，除引文外，统一采用“悬钟”名称。
⑤ （康熙）《漳浦县志》卷 1《方域志上》，民国 17 年翻印本，第 85 页。

图 2-2　明万历彩绘福建海防图中所记悬钟所

青山，在陆鳌所……明初建所城其上，如巨鳌载岳，亦名鳌山。山腰人家，鳞次相叠，虽雨夜，海中常见灯火，最为奇观。①

① （康熙）《漳浦县志》卷1《方域志上》，第85页。

那么，梅岭半岛是如何进入周德兴的视野，成为悬钟所建城的最终选址呢？如前所述，按照明代海疆防卫的策略，应于“当要害处”建海防卫所，也就是说，所城要建在控御海洋险要之地。正如我们在本书第一章中描述的，由于梅岭半岛地处闽粤交界之处，也恰好处于东海与南海交界海面，从地理方位上看，与南澳隔海相望，又与东山卫互为屏障，“乃闽海尽处”，[①] 这里是福建海域的最南端，是传统时代海洋贸易的必经航路，当然也是当时倭寇、海盗活跃的地带。所城建在这里，刚好可以扼制东海、南海海面，因此自然是一个理想的筑城地址。

所城位置解决了之后，接下来就是怎么建了。可想而知，在一个偏僻的滨海地方，要兴建一座类似悬钟城这样具有一定规模的千户所城，无疑需要投入大量的人力和物力。明代初年在中国沿海出现的这一百多座海防城池，是一项庞大的海防工程。那么，明廷是如何在开国初年、连年用兵国库空虚的情况下，仍然以国家动员的方式，完成这一浩大的海防工程？这是一个值得认真研究的问题。

由于历史久远，目前我们能找到有关悬钟所城的档案文献很有限，但综合各个海防卫所各方面的资料，我们还是能够勾勒这一海防工程建设的基本面貌。而悬钟所建造的历史过程，也可以为我们提供一个考察 14 世纪这项举世罕见的海防工程及其遗产价值个案。

---

① （康熙）《诏安县志》卷 7《武备志》，第 154 页。

在悬钟进入明朝海疆防卫城寨名单之后，另一项工作是确定建造规格。按照明代海防制度，滨海卫所建造与内陆卫所一样，必须遵照相应的规格，而且与其制度等级相匹配。依据周德兴的部署，福建沿海划分为五卫，即五个重要核心海防区域，分别为福宁、镇东、平海、永宁、镇海，并相应置沿海五卫指挥使司。同时，在五卫之下，设置了大金、定海、梅花、万安、莆禧、崇武、福金、金门、高浦、六鳌、铜山、悬钟等12个千户所。一般而言，从卫到所，城池规格依次递减。卫是高级区域性海防单位，其城池规格显然最大；所城次之；至于其他的附属防卫堡寨，则更小。卫城的建筑规格等级化，首先体现在城池面积广、城墙高，以悬钟所的上级镇海卫城为例，其规格是：

> 镇海卫城，在漳浦县东二十三都鸿江，周围七百八十三丈六尺，阔一丈三尺，高二丈，皆砌以石。东西南北各为门。东北辟水门，女墙凡一千六百六十，门楼五，窝铺二十。①

同样，位于福清方民、新安二里间的镇东卫，其卫城的规格如下：

> 镇东卫城，在福清县方民、新安二里间。洪武二十

① （弘治）《八闽通志》卷13《地理·城池》，明弘治刻本，第11页。

年，江夏侯周德兴创筑。周围八百八十三丈三尺，高连女墙二丈三尺，阔一丈，为女墙凡一千三百四十有九，为窝铺凡四十有三。城四隅各辟一门，皆建楼其上。永乐十六年增建战楼，凡三十有一。并筑四门月城，俱高二丈。①

而位于莆田秀屿的平海卫规制也大体差不多：

平海卫城，在府城东北武盛里，周围八百六丈七尺，高连女墙二丈四尺，阔一丈四尺，女墙凡一千三百一十，窝铺凡三十。门四，东西各一，南二，俗呼大南门、小南门。各建楼其上。城之北地势高峻，故不置门，惟筑台以瞭海洋而已。正统八年，户部侍郎焦宏奉命理沿海军务，檄指挥同知王茂增筑敌台，凡十所。②

位于晋江的永宁卫也是一样的规制：

永宁卫城，在晋江县东南二十都，旧永宁里地也。洪武二十七年，江夏侯周德兴以卫在濒海，宜备倭寇，乃遣泉州卫指挥佥事童鼎率兵校相地筑城于此。周围八百七十五丈，基广一丈五，入高二丈一尺，为窝铺凡三十有一，为门五，南曰金鳌，北曰玉泉，东曰海宁，曰东瀛，西曰

① （弘治）《八闽通志》卷13《地理·城池》，第3页。
② （弘治）《八闽通志》卷13《地理·城池》，第18页。

永清，各建楼其上。城外有濠，广一丈六尺，间碍大石，深浅不同。濠水或时涸。永乐十五年，都指挥谷祥等巡视，增高旧城三尺，五门各增筑月城，高与城称。正统八年，都指挥刘亮督同本卫指挥同知钱辂，于各门复增置敌台。成化六年，门楼俱圮，指挥使杨晟重建。①

由上可见，这些滨海卫城当时建筑的规格都是在 783 丈 6 尺到 883 丈 3 尺。相比之下，所城为千户单位，其规制则小一些，如悬钟城的周长有 550 丈（即约 1832 米），城墙面宽一丈（即约 3.33 米），高二丈（即约 6.67 米）。

滨海卫城和所城的规制，也体现在城池具体的防卫设置上。一般卫与所的城门数量差别不大，以四个城门为主。如悬钟所和卫城一样，也设置了东西南北四个城门，每个城门上也都有可用于瞭望、观测城外情况的城楼。但在女墙即薄型挡墙数量上则因城池规格大小不一而有区别，卫城的女墙一般在 1300 个以上，最多的如镇海卫的女墙超过 1660 个。所城的女墙则少于 1000 个，如悬钟城为 861 个。同样，所城的窝铺也要比卫城少，卫城窝铺都是 20 ~ 40 个，而悬钟所城筑于城上可供值班士兵休息的窝铺仅有 15 间。

与女墙一样，窝铺也是海防卫所城池的一个重要军事设施。所谓窝铺，指的是建在城墙上用于隐藏士兵的窝棚式临时住所，一般高度不超过 2.2 米，宽 4 米，可以遮风挡雨，供守

① （弘治）《八闽通志》卷 13《地理・城池》，第 7~8 页。

城者执更、休息及放置守城器械，其功能类似岗哨楼。洪武元年（1368），明廷下令，内地有将士驻扎的城池“每二十丈置一铺；边境城，每十丈置一铺”，可想而知，悬钟这类海防卫所，是按照边境城规制，因此每十丈要设置一个窝铺，可是沿海卫所的窝铺都偏少，如悬钟所周长是550丈，如果按照每十丈设置一个窝铺的话，那么应该有55个，但悬钟城的窝铺只有15个。同样，福州卫下的梅花所周长是648丈，按边境城标准，窝铺应该有65个左右，但也只有20个，都没有达标。①

窝铺数量，关系到守卫的条件，因此，明朝同时也规定，总兵官可以视实际情况随机增置。这一点，我们从同样是地处海边，备受倭寇袭扰的霞浦地方可以看出。明代嘉靖年间，倭寇深入闽东一带，威胁到当时作为福宁州所在地的霞浦城，城中军民轮流登城戍守，担任知州的夏汝砺有一天深夜巡城，发现守城的人：

> 荷殳露立风雨中，或编茅侧倚女墙，或作版障如椟然，率匍匐入少憩焉。雉堞既高，刚风亦劲，中夜御重裘，寒犹刺骨，虽壮夫受此氛祲，常痿痹且死，守志懈矣。饥寒疾苦之情，莫之或知。夏侯曰胡为乎不屋也，其民贫而不能为。有司惮改作而不肯为。忍见斯民瘠捐至于此，毅然任之，城而不守，犹无城也。守而懈，犹无守也。故有窝

① （乾隆）《福州府志》卷4《城池》，清乾隆十九年刊本，第18页。

> 铺三十余，区区三间守者，徒实繁不可容，乃增创如其数，新夹于旧之间，出楮赎一百三十余金，输其直，檄城中三十六境乡长司其费。凡以一境治一区，群力并而功易集也。始事于壬戌腊，落于明年正月，役为日三十有八，屋为间九十有三。……丙寅，倭寇回自政和，挟货觅舟来海滨，时海风震荡，山雨酿寒，守者得纳诸复屋之中。夫然后知斯人之为功，咸谓今日之身可生全无死，皆夏侯之遗也。①

从这则资料可以看出，明初海防卫所窝铺的数量普遍不足，其主要原因是财力问题。建造城池本来就已花费大量银两，掏空了地方财政，因此，各地在筑城时，只要城墙牢固，其他能省则省，如此一来导致福宁州所在地霞浦城只有30余个窝铺。秋冬季节，夜深之时，守城兵民因为没有地方可以遮风挡雨，容易生病，也不利守备。知州夏汝砺在城上视察时看到这种情况，心急如焚，他深知窝铺的重要性，下令筹钱，命令城中36境乡长召集人手，各自负责一段城墙，增设城墙窝铺，经过一个多月的赶工修建，增设了93个窝铺。不久倭寇从政和流窜到这里，准备攻城，但因城中加强了防卫未能得逞。

增加一个窝铺都要几经周折，可想而知，要在海边建造一座类似悬钟城这样规格的所城，其所需要的人力与物力并不少。尽管悬钟所属于官建所城，所以在经费上应该有保障，但

① （万历）《福宁州志》卷14《增城上窝铺记》，明万历四十四年刻本，第26~27页。

通常这些经费也要由地方官府负责筹措。从当地保存的地方志中的建城资料，我们可以推知发生在14世纪的筑城经过。例如，诏安县城的修建，要比所城晚，当地方志谈到所城修建时，指出“所城建自明初，勋臣奉命以主其事，百堵偕兴，万民子集，功成不日，固易易也”。认为所城是一项国家工程，又是由周德兴这样的朝廷勋贵亲自负责，调集众多人手，很快能筑成高大的城墙，是一项相对简单的工程。其实，这是一个误解。明初修建所城，并不是一件容易的事。这一点，我们从明代霞浦县林爱民记述嘉靖年间民间修筑赤岸堡的经过，可以了解到明代福建地方筑城防倭的一些具体情况：

> 嘉靖乙卯，倭自浙入，蹂躏遍州境，秦屿业有土城，倭攻七昼夜，挫衄去。继则城间峡，倭亦攻击失利去。于是南若沙洽、竹屿、南屏，西若厚首、清皓，东若七都、三沙，北若柘洋之西林，诸凡沿海之奥区，竞相仿而兴城堡者，无虑二十处，而迩州松山、赤岸，亦议城。嘉靖癸亥正月，赤岸民项祚、王德浩领檄于州，董城役，太守夏公戒之曰：兹汝之子孙千百年全安计也，功务巩固，毋苟速成。乃裒堡内及江边民金九百五十两有奇，伐石营垣，周围三百二十丈，高二丈，址厚视高加二尺，门四，敌楼二，落成于四月。盖岿然一雄障矣。秋雨圮，夏公复督以亟修毋缓。庠生辛斯和徐天泰辈纪于石。[①]

① （万历）《福宁州志》，卷14，第27~28页。

从上述引文可知，即使到嘉靖年间，地方上要修建一座稍具规模的防倭城堡，需要广泛动员人手，耗费大量金钱，更不用说明初要建造类似悬钟所这样规制较高的军事城寨。

此外，一座所城能否建好，除了财力、人力，还要看是否能获取充足的建筑材料。明代内陆卫所城寨建造，一般采用砖石结构。而悬钟所这类东南沿海一带的所城，其建筑材料大多是石材。从当地田野调查可知，建设悬钟所城所用石料，主要是从对岸的南澳岛开采出来，通过木船运输到梅岭半岛，再把卸下来的石头“砌以条石”，至今当地人还将宫口港边的一个内湾称为卸石湾。

“捍海三雄镇”：寇乱与所城

花费如此巨大人力物力，在梅岭半岛建设悬钟城，当然不是摆设。在闽粤交界海洋防卫格局中，悬钟所城的位置十分特别，因位于“闽海尽处”，历来都是海盗十分活跃的地方。在时人眼中，悬钟所城与隔海的南澳、邻近的大城所城互为犄角，被称为拱卫明朝海疆的三雄镇，由此也在东南海疆原本较为脆弱的诏安湾区域构筑了一张海洋防御网。

这些海防所城的建设，确实对此时期闽粤交界洋面此起彼伏的民间海上势力一定程度上起到了震慑的作用。悬钟城建成之后，因为地处险要位置，加上繁荣的商贸往来，也招来沿海倭寇和海盗的骚扰和劫掠，由此经历了一连串被倭寇、海盗袭击的事件。

悬钟所城面临防御压力紧张的时间，与明代东南沿海倭寇、海盗的崛起年代基本一致。明初悬钟所城修建好后，尽管时有小股海寇骚扰，但相当一段时间并没有造成较大的冲击。但是，明代正统年间以后，诏安湾所在海疆局势发生了变化。依照地方历史叙事，正统十四年（1449），海面上出现一股海盗，驾船十余艘，围攻悬钟守御千户所城，被守城官军击退。随后，悬钟所城也迎来了这一城寨建成后最严峻的挑战时段，那就是明代嘉靖到清初的东南沿海大动荡时代。

明代嘉靖至清代康熙年间，除了隆庆时期短暂开关外，明清朝廷大部分时间厉行海禁，由此迫使当时东南沿海一带部分人群走上了武装走私与劫掠的海上生涯。时人就指出："闽广商人以贩海为业，寸板不许下海，其禁难矣。"[①] 于是"民商通番贩夷惟赖非法走私"。随着明朝廷因禁海而削弱海洋力量，东南海上出现了一段权力真空时期，这也给海盗联盟的崛起提供了可乘之机，一些亦商亦盗的海上武装集团勾结倭寇，袭扰沿海地方，再加上此时期欧洲葡萄牙、西班牙、荷兰殖民者也同时出现在我国东南沿海，导致了长达几百年的"海盗之患"。[②]在此背景下，福建沿海的倭寇和海盗亦日益猖狂。明代嘉靖以后，诏安湾一带成为倭寇、海盗频繁袭扰的地方，特别是明代嘉靖三十七年（1558）以后，当地吴平、曾一本等海盗势力日益壮大，这些闽粤地方的海盗，亦寇亦民，

---

① 张萱：《西园闻见录》卷58《外编兵部七（海防后）》，民国哈佛燕京学社印本，第4页。

② 政协诏安县委员会文史委编《诏安文史资料》第21期《梅岭镇专辑》，2001，第77~81页。

难以辨别，如清代《漳州府志》载：“乱民从倭者，集梅岭且万家……然孰非赤子，其在浙直为倭，还梅岭则民也。”[①] 这使诏安湾成为闽粤海盗联盟的中心地，而悬钟所城作为朝廷的海防据点，也多次被攻陷。尤其是嘉靖四十二年（1563）十月，倭寇攻陷悬钟城，成为所城聚落抹不掉的一个历史记忆。

为了抗击倭寇，明朝任命俞大猷为福建总兵，戚继光任副总兵。在福建巡抚谭纶和戚继光等人建议下，恢复了“寨”“游”海上巡哨制度，设立悬钟水寨。如《天下郡国利病书》记载：“嘉靖四十二年，倭寇交讧。督抚谭纶、巡按李邦珍、总兵戚继光，奏复寨游，以钦依把总领之，游以各色把总领之，玄钟游听铜山寨节制。”[②] 将悬钟游隶属铜山水寨管辖。此举也加强了悬钟所对诏安湾海域的控制力度。

隆庆六年（1572），在经历了之前城破的惨痛教训之后，当地决定重修悬钟城，“增月城三座，垛子六十个，窝铺一十座”，[③] 这也是今天悬钟城东门、南门保留下来的部分。此外，明代天启年间（1621～1627），在悬钟城北门兴建了一座“水犀祠”，[④] 以祭奠在彭山之战和云盖寺之战中阵亡的将士。悬钟所城北门外置有操练、检阅部队的“校场”。可以说，悬钟所自建成之日起，便成为抗御倭寇、海盗的海防要塞。

---

① （光绪）《漳州府志》卷 49《纪遗中》，清光绪三年刻本，第 4 页。

② 顾炎武：《天下郡国利病书》，不分卷稿本。《续修四库全书》第 597 册，上海：上海古籍出版社，2002，第 307 页。

③ （康熙）《诏安县志》卷 4《建置志》，第 85 页。

④ （康熙）《诏安县志》卷 4《建置志》，第 104 页。

明代万历年间（1573～1620），海上武装走私活动再起，甚至一部分海防卫所官兵也牵涉其中，据诏安当地卸职里居的官员沈铁记述："漳泉两郡商民，贩东西二洋，代农贾之利，比比然也，自红裔肆掠，洋船不通，海禁日严，民生憔悴。一伙豪右奸民，倚借势宦，结纳游总官兵，或假给东粤高州、闽省福州及苏杭买货文引，载货出外海，径往交趾、日本、吕宋等裔买卖觅利，中以硝酸器械，违禁接济更多，不但米粮炊食也。"[①]宋怡明在研究明代卫所社会时，指出卫所官兵后期频繁从事走私活动，本来应该是防范海盗、走私的卫所，却与海商集团暗中勾结，成为保护走私的势力。[②] 显然诏安湾一带也出现了类似的情况。

明代后期，海寇依然猖獗，与嘉靖年间相比，其规模和影响有过之而无不及。[③] 如天启六年（1626），当地海寇杨六等人率领舰船百余艘，"直至元钟、胜澳、卸石湾等处，烧毁兵船"。崇祯六年（1633），大海盗刘香率船千余艘，"沿劫诏安悬钟等处，旋拥至悬钟北城下"，只是遇到悬钟所城兵民的顽强抵抗，才不得已退去。[④]

就东南海防结构而言，悬钟所城的设置，对于闽粤海面的控制作用是显而易见的。尤其是悬钟所位于梅岭半岛，和南澳

① （康熙）《招安县志》卷12《艺文志》，第310页。

② ［加］宋怡明著，［新加坡］钟逸明译《被统治的艺术》，北京：九州出版社，2023，第113～155页。

③ 政协诏安县委员会文史委编《诏安文史资料》第21期《梅岭镇专辑》，第16页。

④ 许鸿磐：《方舆考证》卷81《福建四》，民国刻本，第12页。

岛隔海相望。南澳岛地处闽、粤两省海面交叉点，这里是东西航道中心，出入诏安湾的船只，向北航行可到日本、朝鲜各国，向东可抵达菲律宾群岛，向南越过南海，可直达爪哇、印度尼西亚等南洋各国，系闽海入粤海之门户，郑和七下西洋，曾五经南澳。南澳在明朝有“海上互市之地”之美誉，在明代已是中外舶商进行贸易的重要场所，或者说是国际贸易货物的转运、集散中继站与必经之路。

由于南澳与梅岭半岛的关系密切，明代逐渐加强南澳岛的海防力量，明代万历四年（1576），在巡抚刘尧海的建议下，将“玄钟游”改名为“南澳游”，增加兵力，主要负责南澳岛以北至铜山（今东山岛）一带的海域防务，在金门西南至南澳以北的这段海域上，依靠原有镇海卫及辖下的六鳌、铜山、悬钟三个千户所，以及浯屿水寨、铜山水寨等军事单位，强化海防力量，“南澳游故设钦总一员，官署二，一在南澳镇之太子楼，一在悬钟所之宫前澳”。[①] 另设“鸟船”“福哨船”40艘，巡逻官兵增至1835名。对于明朝后期加强悬钟所防卫的举措，顾炎武在《天下郡国利病书》中有详细记载：“万历四年，巡抚刘尧诲建议改玄钟游为南澳游，题授钦依把总视都指挥，以重其权，听漳潮副总兵统辖调度，澳之东南属游哨守，澳之西北属广东柘林寨哨守，专治水兵。非汛期舟则泊游澳，轮番出哨，汛期则分布防守。原额福哨、各鸟船四十只，官兵

① 杜臻：《粤闽巡视纪略·闽卷上》，第12页。

一千八百三十五员。"[①] 为便于巡防，悬钟游还在南澳（今广东汕头市南澳县深澳镇）、宫前澳（今漳州东山县陈城镇宫前村）设立官署，并在彭山（今广东汕头市南澳县南澎列岛）、云盖寺（今广东汕头市南澳县云澳镇）、悬钟、走马溪（今漳州东山县陈城镇西崎村一带）等各处战略要地，加紧巡哨。

这一布局，是明代中叶以后，明廷对诏安湾悬钟所城所在海防体系的最后一次大规模调整，其目的是加强闽粤海域防卫，但是，随着明朝廷日薄西山，这类海防调整还是挽救不了类似悬钟所城这样的东南海防卫所没落的趋势。由于明朝军制的腐败，以及海洋防卫的松弛，到明末崇祯年间，悬钟所城已经不可避免地走向衰落。万历二十四年至天启二年，负责防守悬钟与南澳一带的海上游哨兵员就陆续裁减为 874 名，各类乌船也只剩下 34 只。天启末崇祯初，所城遭受海盗袭扰，"船被海寇杨六、周三、钟斌、刘香等相继焚毁，不复造偿。崇祯六、七年只得奉文裁减二十四只，惟余十只。崇祯十年八月，又减二只，只存八只。因饷绌只定哨官四名、捕盗十名。共官兵七百二十一员名，每月支粮银七百六十四两七钱，支银九千一百七十六两四钱。其贴驾镇海卫，陆鳌、铜山、玄钟三所征操军四百二十名，俱停止不调"。[②] 戴冠在编辑康熙朝《诏安县志》时，也痛心指出，在海盗侵袭与财力困顿之下，悬钟

---

① 顾炎武：《天下郡国利病书》，不分卷稿本，《续修四库全书》第 597 册，第 307 页。

② 顾炎武：《天下郡国利病书》，不分卷稿本，《续修四库全书》第 597 册，第 307 页。

所城防御力量急剧走向下坡路。在此情形下，所城当然难以挽回衰落之势。但对所城造成更大冲击的，则是清初的迁界。

迁界与展界：地方记忆

悬钟所城多次遭受海盗侵袭，地方政府也多次重修。明末清初，悬钟城又迎来了一个历史转折关头。因为地处闽南滨海地带，这里成为清军和郑成功家族势力频繁发生冲突的地带。直到清顺治十八年（1661），清政府决定实施迁界。清廷的这项迁界政策，对东南沿海产生了深远的影响，是17世纪人类历史上罕见的人为封控滨海地区的行为，由此造成了从浙江到广东绵延数千里的滨海空置期，沿海地带成为废墟。

由于悬钟所城正处于迁界的范围，自然也无法逃脱被毁弃的命运。清代地方志记载，“九月迁沿海边地，以垣为界……诏安自五都至悬钟，皆为弃土”。① 悬钟恰好位于迁界的最前端，所城被拆毁，而城中各族的命运，也因为这次迁界发生了变化。

清初有一部署名为“弥坚堂主人”的章回小说《终须梦》，共四卷十八回。这部小说刻本保存下来的很少，相当长时间里，人们对这部小说的作者及背景所知不多。作者署名为“弥坚堂主人”，其真实的名字，则不得而知，人们只是将其视为明清间众多才子佳人小说的一种。然而，仔细研究，我们发现，这部小说与悬钟城及诏安湾有密切的联系。如果熟悉悬

① （康熙）《漳州府志》卷33《灾祥》，康熙五十四年刻本，第41页。

钟所的历史，我们不难断定，这部小说描述的正是明清时期悬钟所城的社会生活史。例如，小说中第一回开头有这样一段话：

> 话说皇明间，福建漳州府有一员外，姓康，名振业，系乙酉科贡士，其为人沉静寡欲，不贪名利，懒于逢迎，性善交游名士。尝自思城市嚣尘湫隘，卜筑钟山之下。其地尾南闽而首东粤，山势之所聚止，水泽之所绕旋，钟灵吐异，触目成趣，号“海滨邹鲁”。[①]

上面这一段话中包含好几处和悬钟所城相关的信息。首先是小说中康振业的家位于“钟山之下”，这里的“钟山”，应该就是暗指悬钟城所在的悬钟山。清代康熙年间，杜臻巡阅闽粤，到达悬钟城，他提到“悬钟山，斗入海中，形如覆钟，相属处如华萼，亦为孤峰。旧于其处置所城，为周江夏所建，操屯军 1190 名”。[②] 很显然，小说中的“钟山”，就是杜臻看到的悬钟山。小说中还提到了一个关键的地理方位，康振业是漳州府人，他定居的地点“尾南闽而首东粤”，也与悬钟所一带位于福建与广东交界处的地理范围极为吻合。而在第六回描述故事主角康梦鹤及其同窗郑判枢应考的经历，则直接出现了“诏安县”：

---

① 弥坚堂主人编《终须梦》，黄岩柏校点《中国古代珍稀本小说》（4），沈阳：春风文艺出版社，1994，第 7 页。

② 杜臻：《粤闽巡视纪略·闽卷上》，第 13 页。

> 却说康梦鹤，县考批卷案首，府考亦夺魁名，郑判枢落在孙山之外。及文宗接临，郑判枢慌忙求买府名进考，幸买得续榜一名，名做‘乜物生’。因那提学入省去拜察院，察院与提学说：“诏安县有兵部侍郎乜一芝，乃本院恩人，其子孙名做‘乜物争’。因前年已经本院观风，拔他案首，今此岁考，全赖老先生鼎为玉成。”那提学连连应诺，遂揖而退。①

更关键的证据是小说中提到了当地六景，恰好和悬钟八景相吻合，这一点我在下一章中详细分析，此处暂略。因此，我们可以断定，《终须梦》是一部以明末清初悬钟所城为背景的小说，是了解明清时期东南沿海所城社会文化一个难得的文本。透过这部小说，我们可以进一步了解明清时期悬钟所城的海洋社会生活状况。

《终须梦》第二回“逃迁后家贫葬父”中，有一段专门描写了清初迁界对所城带来的毁灭性影响。故事的主角康梦鹤满五周岁，其父亲康员外在三月邀请亲友聚饮，忽然听到户外杨柳树上杜鹃啼叫，康员外面色一下子变得凝重起来，众人不解，赶忙询问原因。康员外认为杜鹃鸟本应四五月才啼，现在突然提前鸣叫，恐怕是不吉之兆。众人正谈话间，一件震动千里滨海社会的大事发生了，这就是清廷下令迁界。消息传到所

① 弥坚堂主人编《终须梦》，黄岩柏校点《中国古代珍稀本小说》(4)，第43页。

城，悬钟城中一片慌乱：

> 俄顷闻儿女之声，或叫苦的，或叫惨的，或哀或哭。员外倾耳听之，不知何故。猛见一人走将来，气冲冲，把一只手摆一摆，说："不好了，不好了，快走快走。朝廷被奸臣卖弄，惹数万海寇延边掳掠劫杀，要将这界外为巢穴，宜急急收拾逃入界内，免受灾殃。"吓得员外面如土色，有口难言。说道："教我怎么好?"遍席之人尽失意分走。员外与妻子约有七口，提携褓襁，逃走他乡，腰缠仅有二百金。然六兵之后，必有凶年，时逢大旱，男妇老幼，饥饿沟壑，号泣恸天。说不尽逃走百姓，扶老携幼，哀哭真个可怜。①

在地方志书中，对清代初年迁界的历史，一般隐讳不谈，例如清代撰修的《福建通志》，内中记载此次悬钟所的迁界过程，只有寥寥数语："国朝顺治十八年迁界，城废。"② 而所城中人在这项迁界令下的命运，却很少在官方文本中记录下来。然而，透过上述《终须梦》小说文本中的康员外一家的遭遇，我们可以了解到所城内普通百姓在 1661 年迁界期间的苦痛经历。

对于悬钟所城及其周边的滨海人群而言，此次迁界行为，不仅给滨海社会经济带来了极大的破坏，而且造成了 17 世纪

---

① 弥坚堂主人编《终须梦》，黄岩柏校点《中国古代珍稀本小说》（4），第 14 页。

② （乾隆）《福建通志》卷 6《城池》，清文渊阁四库全书本，第 17 页。

滨海地区的一次人群大迁徙与地域社会宗族结构重组。例如，目前悬钟城中的一个主要家族柳氏，原本祖籍地是同处诏安湾的东山探石村，极盛时期，族中拥有千顷良田和村前盐田，同时控制着东山岛的主要船运码头，货船南下诸洋，北上江浙，大多要停靠柳氏码头，因此成为巨富。然而，因为清初迁界，毁坟拆祠，柳氏作为地方大族而惨遭巨大的冲击，一部分族人因为奋起抵抗而被迫逃往郑氏控制的台湾地区，另一部分族人则背井离乡，迁往云霄甚至广东海、陆丰与惠东地区，直至展界后一部分族人才得以返回东山故土，但也有一部分族人再也无法返乡，而是辗转迁居到悬钟城居住。

悬钟所中的另一个较大的宗族林氏，在清初迁界中的遭遇也颇为相似，其家族基业几乎被毁。根据该家族谱牒记载，林氏因为“住在界外，及苗裔或徙广东，或徙南澳，或云霄，俱以分散，废失祖宗之事业”。等到“海寇太平，官兵开界”，其家族后裔能返回故土的不过数十人而已。①

康熙十九年（1680），诏安一带陆续展界复业。但经历了近20年的迁界时间，悬钟所城及诏安湾其他滨海地区已经成为满目荒凉之地。当地人戴冠曾经指出迁界造成土地抛荒，复界后导致无人承担粮差的惨状：

> 滨海迁后，地愈失耕。比间应募，十复四五。失耕无赋，不耕无民。其存者，鹄面鸠形，担荷络绎，日枕藉僵

① 《丹诏西河梅岭林氏族谱》，清代抄本，第16页。

仆于道路。其纷纷去者，皆与其父兄子弟沿贼他户之逃亡者也。①

戴冠的上述描述，出自他的一篇文稿《代请蠲豁赔亡书》。顾名思义，戴冠写这篇请愿文的用意，是反映当时诏安滨海一带迁界百姓大量逃亡，导致无法缴纳田赋的真实情况，并向有司说情，希望不要僵化地采用全县摊派的方式，而能实事求是，蠲免这部分逃亡者的粮食税。戴冠将他的这份请愿文书收在康熙二十九年（1690）他编纂的地方志书中，这也说明尽管康熙二十二年（1683）清军收复台湾，东南滨海地区开始逐渐恢复生产，但诏安湾一带大量地方仍然是“失耕无赋”。至于悬钟所城，也是长期处于废弃状态。

一直到了康熙五十六年（1717），总督觉罗满保、巡抚陈瑸、布政使木哈看到镇海、云霄、陆鳌、铜山、悬钟五城坍塌的情况，决定捐资重修这五座城寨。经历600年的沧桑巨变，当年雄伟的悬钟古城几经兴废，如今仅留下了数段古城墙和东门、南门及部分残垣断壁。1989年，当地村民集资重新修建了西门部分城墙。现存城垣约1800米。东门、南门保存较为完整，南城门有瓮城，东西长13.2米、南北宽8.8米，城门系石拱门，顶宽2.45米、厚1.7米、高2.5米。南门瓮城内至今还保留着一口明清时期的古水井。透过这些遗址，仿佛还能感受到数百年前所城人的生活气息。

---

① （康熙）《诏安县志》卷12《艺文志》，第312页。

悬钟所城的建立和兴衰，与地方社会结构的变迁和发展是一个彼此关联的过程。所城的建设，是明代洪武朝以降海防战略的重要一环。受沿海地区的海洋性因素影响，悬钟所城的发展与内陆卫所的发展有本质区别，其兴建虽然主要是出于防卫的考虑，但是这一基于海防而出现的所城社会，与海洋始终保持着紧密的依赖关系。无论开海、禁海，当地人都离不开海洋这一通道。当所城转化为地方聚落之后，这种海洋性特征更是明显。如今的悬钟所城，聚集了三个村落，即城内的南门村、东门村与城外的悬钟村。南门村原为明朝悬钟所城的南大门所在之地，卫所制度撤销之后，驻守这座古城的卫所后人转变为当地居民，聚居成村。东门村则位于悬钟所城的东门，最初也是由卫所驻军后人聚居而来。悬钟村则位于城外，西至宫口，南连东门，北邻腊洲。三个村落目前都属于梅岭镇管辖。这些村落家族的历史，无一不与海洋的历史息息相关。

二　吴二的传说：祖先与所城

明代滨海卫所制度的设立，引发了中国历史上一次大规模的海洋军事移民活动。随着卫所的建立，大量的官军携带家眷在滨海卫所城堡驻扎下来，这些军户因军役的需要以及屯军家族身份带来的权利，逐渐形成庞大的滨海“军家”系统。随着军户的地域化，滨海卫所社会内部也发生相应重组。正如悬钟所的设置及悬钟城的建立，为诏安湾带来了新的社会因素，

“军家”及其后代在东南沿海地区形成了特殊的卫所城寨社会结构。

谁是吴二?

城建好了，人也来了。对于明清时期大多数海防卫所而言，其成长与明朝的军事制度密切相关。换言之，所城是高度制度化的产物。按照明代的卫所制度，一个千户所的标准编制是：“原额正千户三员、副千户三员、镇抚一员、百户十一员、旗军一千一百六十八名。”① 这些卫所官兵来源不一，这也意味着与东南农业聚落普遍发展成单姓宗族村不同，这类海防所城最初主要是由杂姓家族组成的一种军户型社会。

如同东南滨海地带所有的所城一样，由于经历了近一千年的历史变化，要追踪悬钟所城人群的来源，只能从所城地方内部入手。以悬钟所城内东门村为例，该村东南临海，西接南门，北倚烟墩，主要有吴、林、黄、李、何、柳、柯七大姓氏。其中最大的吴姓目前有 130 余户，人口占全村总人口的 70%。根据口传历史的叙述，东门村吴姓家族分为三支，其中一支现有 30 余家户，他们都自称为一个名叫“吴二”的祖先的后人。而我们发现，“吴二”与悬钟所城内部社会的形成，有密切的关系。

悬钟东门村流传着吴二这位神秘人物与明太祖朱元璋之

① （康熙）《诏安县志》卷 7《武备志》，第 154 页。

间的故事。该支系族人吴 QW[①] 这样描述祖辈相传本家支系的来历：

> 吴二本来是广东人，他和朱元璋是朋友，他们两个原本是乞丐，朱元璋有钱了以后吴二去找他，吴二就当官了。吴二的官是朱元璋给他的，朱元璋叫他留在他那里，然后他没留，吴二就回到这里来管这个地方，我也不知道他当的什么官，我知道吴二当时从诏安管到四都，管这个地方的兵，负责练兵。[②]

村里 58 岁的吴 RK，是属于泉州迁徙而来的吴姓后人第 19 代，他算是村里的文化人，因为读到高一，又当过村里的村长，对村里的各种情况比较了解。他叙述的“吴二”故事如下：

> 吴二的原籍是广东雷州。传说中这个人曾经跟朱元璋是结拜兄弟，就是朱元璋刚刚在招兵买马的时候，曾经被乞丐帮救了，吴二有救他一命，等到朱元璋平定天下以后，吴二有去找过他。吴二找到朱元璋的时候，朱元璋要在朝廷封官给他，他不当，最后他就到这个悬钟城的指挥所来当指挥，第一任的悬钟城的指挥就是他。听说他有一

① 除部分报道人外，文中受访人名字按照惯例做了修改，下同。

② 2019 年 8 月 12 日，田野访谈资料，吴 QW 讲述。

条朱元璋穿过的龙袍，是朱元璋送给他的，现在已经不知道去向。吴二去找朱元璋的时候，作了一首诗给他，委婉地把救过他的事情说给他听，这个故事在我们这边流传得很广。这首诗即：“差出五虎将，盗了（留）豆元帅，打破瓷（雷）州府，还是庞（蓬）将来救驾。”

吴二把这首诗给朱元璋看了以后，朱元璋马上反应过来，想起吴二救他这件事。传说朱元璋就要马上退位给他，并说：我的命是你救的，这个天下是你的，要给你。但是吴二不要，吴二知道很多人已经死在朱元璋这里，吴二的意思是我只是来和你见一面，我什么都不要，所以他还是回来了。吴二年青的时候会跑出来流浪也是因为被官兵欺负，所以他就是想去当管兵的。我们这边以前有一个练兵场，他就是专门练兵的，夏天的时候他让这些兵在这个沙滩上喝烈酒，冬天的时候就让他们背石磨，就是想把这些兵累死。

最后朱元璋考虑到吴二没有战功，也不是考试上来做官的，怕他到这边没有什么名气，因为跟他是兄弟之称，所以封他为“九代昭信侯”，让他的后面九代都不用考试就可以都是侯职。但是，我以前看到过一个写有“昭信侯”的墓碑，好像是到了第 13 代，已经是清朝了，那个时候他的后代还是侯，做武官，当校尉，应该是五六品。以前官员出门的伞和官职大小有关系，吴二的伞可以用黄色的，一般只有王爷之类的才可以用黄伞。还有出门的时候用来开路的锣和礼炮，一般人只能用三响的，他用的炮是花钢炮。在民国时期，我们悬钟古城的人要嫁到县城里，就要去到吴二的祠堂里去借两只灯笼，用灯笼把新娘送到县城里，灯笼上有写着"九代昭信侯"，人家看到灯笼上的字，新娘家就被尊为上宾。吴二祠堂的牌匾写着"四分"，意思就是说天下给吴二四分，朱元璋六分。[①]

家住东门村东门 297 号的林 HM，以前担任过本村的支书，又做过民兵营营长。他写过一篇本村的村史，在村史的"历史传"中，比较详细地记载了吴二与朱元璋的故事。该文文字通俗，多处修改过，括号中的文字即修改处，为保存原貌，现转录如下：

东门村坑仔房：吴二公之传，原名出身于广东省海丰县人，幼年时游泳行乞到悬钟城定居。

青年时代经常到鼎底湖海边钓鱼，有一天钓到一条钱鳗鱼，藏起来，要藏放何处，都不行，后就想用一条头布包起来，包在头上就回家，走到板刀石脚，（沙马墓）前刚好遇上（宫悬所）的盐兵二位，问吴二钩有没？吴二随口一出钩尾鳗，盐兵听成误骂他，随手向吴二打去头上，头布巾落地鳗现，（盐兵）就足起拳落打得吴二没法回手，几天后吴二扫门几出，跟过数年，寒风霜雪，四处漂流，当乞丐。有一天浪兄浪弟来到江西省界；鹰潭府

① 2019 年 8 月 12 日，田野访谈资料，吴 RK 讲述。

地，下一个小县城交（郊）区，一间旧破庙内过夜，举世闻名（七雄）兄弟集在一起，夜到半夜之间，有庙内神明：托吴二的梦，梦中说要做天下贤爱结天子义，天下明君在身边，天亮鱼肚白时分，刘伯温等人先往外面一片豌豆园里找豆仔，要来做早餐，但吴二早起，一人独坐在一只八仙桌边的地上，自想半夜一梦，看看周围是何人选，这时他发现大哥（朱元璋）在梦中大声一叫，我主万岁，当时，朱元璋也是日夜劳碌，人疲力尽，在正中桌子下用一根（白日用的打狗棒）做枕头，手足扬开成为（天）字。在大声叫中，翻身一曲成为（子）字。当时吴二看在眼里，聪明财（才）气，跪地大哥请起，跪立徐校破庙结义之事由，刘伯温等人回来庙时，各自拿来豌豆准备做（早餐），没鼎用……几年后当一日提起从江西找到安徽找大哥，一路打听，一往京城，得知大哥当皇上，霜夜不亮，当门要见大哥，明朝1382年间腊月初，吴二会同刘伯温等人，见会真龙天子朱元璋。参见时，叫门不知何人，门卫不给于（予）见面。随口答出，不忘当年征东西，又出五虎将，抓了豆元帅，打破雷州府，幸得蓬将军救驾。真龙天子听到后，得知是义弟等人来到，从座位上急忙起身，大声叫道，快开中门，兄弟等人会面（双见）无所不谈。几年后跟朱元璋征南战北立了战功，批赐皇弟吴二为九代招胜侯，有曲脚娘伞，花钢铳。时间如流水，吴二想家乡，请示皇哥批服回乡建宗祠，近日启程，赐他四方无敌，见官高三级，回乡兵权就地管，总兵壹营，所在地址位于五里亭下营所址。现原有石碑立位在考，仙殿吴二指挥练兵场，石高椅在考，历来鼎底湖后湖是吴二子孙世世代代管理收租，于 1949 年止。[①]

吴二的故事在诏安悬钟地方广为流传，我们发现在 1988 年所编订的当地民间故事集中，也收入一篇有关吴二的故事，讲述者是时年 83 岁高龄的东门村渔民吴伯。在这篇主题为吴二鼎底湖练兵的故事中，也叙述了上述吴二与朱元璋的患难之交及明朝开国之后，吴二去南京城向朱元璋讨封一事。只是在第三个民间故事版本中，吴二被说成是出生在悬钟所东门村的本地人。此外，该民间故事还把悬钟所说成是元代兴建的海防堡寨。[②] 这一点是不符合悬钟所的真实历史的。

上述三个版本的吴二故事，大体可以反映出吴氏祖先和悬钟所城之间的复杂关系史。林 HM 写的吴二故事与吴 RK 老村长的口述相比，在一些具体的细节上有出入，如吴二的出生地一个说是广东雷州，一个说是广东海丰。林氏版本还补充了吴二当乞丐和如何与盐兵起矛盾的经历，增加了托梦的神秘色彩以及刘伯温等人物。此外，吴二给朱元璋的诗也有一定的区别，吴氏版本是“差出五虎将，盗了（留）豆元帅，打破瓷（雷）州府，还是庞（蓬）将来救驾”。而林氏版本则是“不忘当年征东西，叉出五虎将，抓了豆元帅，打破雷州府，幸得

① 林 HM. 编《梅岭镇东门村村史》，“历史传 · 吴二”，2005，第 16 页。

② 诏安县政协文化文史和学习委员会、中共诏安县委党史和地方志研究室编《诏安民间文学 · 民间故事》，第 148~149 页。

蓬将军救驾”。林氏版本把朱元璋封给吴二的官职写成“九代招胜侯”，应该是“九代昭信侯”的笔误。尽管上述民间故事在一些具体细节上存在出入，但故事结构基本一致，当地民间流传三个版本的吴二口传历史，说的都是吴二曾与朱元璋共患难或救过其性命，明朝开国后被朱元璋派到悬钟一带来掌管军事。据村里老人回忆，在20世纪60年代以前，村中还有祭祀“吴二”的活动。

吴二的故事，显然是所城吴氏家族关于祖先记忆的一种文化创造。在民间传说中，吴二的名字一说是“吴君宠”，另一说是“吴君庞”。而在地方历史中，也有一段文字记录和吴二的传说相关。民国《诏安县志》“勋爵”条目记载：“吴君宠，讳二，玄钟所人，洪武间指挥，封昭信侯。”[①] 很显然，根据此处方志的资料，地方传说中的吴二，真实姓名应该是吴君宠，洪武年间担任指挥，也就是说，吴二作为吴氏宗族的祖先，是所城的一个真实历史人物。由此也说明吴二这一段口述历史的来历，确实与悬钟滨海聚落的最初形成及明朝初建时的卫所军户制度有关。吴氏家族应该是来自广东的卫所官兵的后代，其家族中的一位祖先“吴二”，从广东被委派到所城担任军事将领，其后逐渐在当地繁衍成族。吴二的故事反映出一个历史事实，即所城的宗族结构与吴二这些军户移民密切相关，换言之，吴二的故事，是一个所城军户社会形成的祖先叙事。这类地方传说，在沿海一带的卫所城寨中其实流传较为广泛。

---

① （民国）《诏安县志》卷12《选举志》，民国31年铅印本，第51页。

民间传说将吴二与明太祖联系在一起，折射出建造悬钟所城的国家性质，也是所城作为明帝国军事行动一部分的历史记忆。当然，事实上所城滨海军户社会的形成要比吴二的故事复杂得多。

如前所述，悬钟城是明代初年在滨海地区选址新建的城寨，在卫所建立以前，当地是人烟稀少的海岸地带，所城聚落的形成，最初来自明代军户的繁衍。明代军户来源主要有“从征”“归附”“谪发”“垛集”等几种。所谓“从征”，是指元末随朱元璋起义诸将原有之兵；所谓“归附”，指的是归附的元兵及其他起义军；所谓“谪发”，则是因犯罪而被充军者；“垛集”或“抽籍”，则指从民户中抽军的方式，带有一定的强制性质。“军户世袭，役皆永充”，[①] 所以卫所军籍都是世袭身份，只有极为特殊的情况才能脱籍。为了防止军户规避当兵，明朝严禁军籍分异。在役正军如有死亡或逃亡者，于原籍勾取继丁补役；若正军一家已亡绝，则于其原籍族人中勾取，此即“清勾”。按照明朝制度，“洪武十四年，始颁黄册式于天下。户目凡七：曰民，曰军，曰盐，曰匠，曰弓兵，曰铺兵，曰医，令其各以本等名色占籍，十年则覆其老幼生死而更造之。民父母（存若亡）而兄弟出分，及赘婿、乞养子归宗另爨者，听异籍。惟军籍禁不听。有‘清勾法’，盖虑其分异而窥避”。[②] 由此可见国家对军户制度的重视程度。

---

① 《明史》卷 78《食货志四》，第 1907 页。

② （崇祯）《闽书》卷 39《版籍志》，明崇祯刻本，第 2 页。

吴氏宗族的祖先吴二，尽管也是军籍，但他可能并非普通军户，而是洪武年间被委任为悬钟所城的早期军事长官。所以，目前所城吴姓其中一支认为祖上起源于明初，为军事将领，符合上述悬钟所城吴氏军户起源的历史背景。至于悬钟所中的其他军户家族，则大多应是来自滨海地区渔民与流民。明代人何乔远在所撰《闽书》中指出："七户之中，军、民为重，军户又视民户几三之一，其丁口几半于民籍。夫军户何几半民籍也？盖国初患兵籍不足，民三丁抽一丁充之，有犯罪者辄编入籍，至父子兄弟不能相勉也。乃今多耗矣。"[①] 由此可知，垛集、抽籍、谪发等应是福建卫所军户主要来源。明代《漳州府志》亦提及："军士之名有二，其抽丁垛集者谓之正军；犯罪谪戍者谓之充军。"[②] 明初福建沿海岛屿人群的构成颇为复杂，从洪武二十年（1387）起，东南滨海一带开始大量兴建沿海卫所，亟须补充官兵，此时官府采取的就是就近抽籍的办法，因此原本流散在闽粤滨海地区的渔、疍民等特殊人群，在这一时期大量被"垛集"为军，编为军籍，成为卫所的官兵。如文献记载朱元璋曾经"命南雄侯赵庸招疍户、岛人、渔丁、贾竖，盖自淮、浙至闽、广，几万人尽籍为兵，分十千户所，于是海上恶少皆得衣食于县官"。[③] 由上可见，从

---

① （崇祯）《闽书》卷 39《版籍志》，第 2~3 页。

② （万历）《漳州府志》卷 7《漳州府 · 兵防志》，厦门：厦门大学出版社，2010 。

③ 郑晓：《吾学编》卷 67《皇明四夷考 · 日本》，隆庆元年刻本 ，《续修四库全书》第 425 册，上海：上海古籍出版社，1995 ，第 179 页。

明代初期开始，东南滨海一带围绕卫所的建立发生了一次重大的社会重组过程，一些原本散处各地的疍户、岛人、渔丁等滨海人群，被国家重新整合起来，成为滨海卫所的军户，这些卫所军户后来则构成了目前悬钟城聚落家族的主要来源。而吴二的故事，实质上向我们展示了所城这一特殊的滨海城寨型社会结构的形成特点，尤其是军户的地域化与滨海地区宗族结构之间的紧密关系。当地人通过吴二叙事“发明传统”，反过来他们又在这一“传统”的叙事场景中巩固了祖先与所城的集体记忆。

军户的地域化与宗族

与周边其他山地与平原聚落相比，今天东南一带滨海地区的卫所城寨社会的社会结构显然要复杂得多。以福建为例，类似闽东长溪流域或者闽江流域、莆田江口平原、闽南九龙江流域河谷腹地等地方，往往容易产生大族聚居成村的情况。这些宗族聚落，大部分是尊奉同一祖先的单姓宗族村。而滨海卫所聚落情况则有所不同，其人群来源多样，有时即使同姓，其支系也很复杂，如前述悬钟所城最大的吴氏宗族，就包含来自广东及福建泉州、漳州等三个不同支系。这种复杂多样的情况，与明代沿海卫所制度实践及区域社会结构演变息息相关。

明代滨海卫所制度建立以后，就面临复杂情况，尤其是军户经常无以为继。从以上史料可知，到万历年间，悬钟所城军户人数只有400人左右，由于军户所处环境特殊、军旅生活艰苦，明初军户逃亡现象已很常见；加之重文轻武观念加重，明代中后期军户逃逸日渐严重。明代正统年间，“逃故军士一百二十万有奇”。[①] 嘉靖以后，朝廷缺少粮饷支付，开始裁军，诏安地方也受到冲击：“嘉靖四十三年，本县设有强兵一营五百九十六名，给以月粮以备战守。后因粮饷不敷，汰革老弱，留存四百五十五名。只春冬二汛犒赏银五百两，地方以宁。缘升平日久，万历卅三年裁革。尝考强兵、民兵、乡兵俱就里中拣选，但民兵则月粮支给，乃县募防卫之兵也。”[②] 随着卫所军士逃亡更众，清勾也更为严苛，甚至株连数十家。[③]卫所制度依赖的军籍制度已近完全崩溃，卫所制度亦难以为继。嘉靖后期，卫所中正军缺额严重，然而州县军户却人口众多。州县军户或经商或演杂剧或入学，从事行业颇多，却不服军役。军户可通过入学、经商、为僧道等多种方式跳出军籍的束缚。[④] 到了清代康熙年间，卫所被裁撤后，原来的军户体系瓦解。随之而来的就是军户的地方化。原先的军户通过多种方式，继续留在当地社会寻找到适合的谋生方式，并最终发展成多姓聚落。明清之际的悬钟所城，也经历了这一过程。

在有关中国传统社会流动性问题的研究中，人们注意到军功与科举是比较典型的两种改变社会身份和地位的有效渠道。前者基于战国时期的军功爵制，历经不同时代的改革与演变，

① 《明英宗实录》卷四六“正统三年九月丙戌”条，上海：上海古籍出版社，1982，第889页。

② （康熙）《诏安县志》卷7《武备志》，第148页。

③ （民国）《诏安县志》卷8《武备志》。

④ 张金奎：《明代卫所军户研究》，北京：线装书局，2005，第254～285页。

成为阶层向上流动的一种途径。在前述描写悬钟所城社会生活的小说《终须梦》中，康梦鹤的岳父蔡千户便是所城的一名世袭军官，他作为军队中层将领并不会像普通卫所军户一样担心制度的改变会影响其家庭。从小说描绘的情况可知，类似蔡千户这样的所城将官，可以通过领兵剿匪获得升职。小说描述某一天穷困落魄的康梦鹤在所城街上闲逛，偶遇蔡千户拜客回来的情形：

> 忽见一簇旌旗伞盖，坐着一位官人，前呼后拥，乘马而来。梦鹤冷眼一觑，乃岳丈蔡斌彦也。……原来蔡斌彦因吊征山贼有功，除授湖广指挥，现今又超升广东都司，才给文凭，告假归家。[①]

上述关于蔡斌彦的记载，揭示了明清之际滨海卫所高级武官的某种社会流动状况。清代顺治、康熙年间，福建滨海卫所陆续裁撤。对于原有的卫所军事体系，清廷也进行了相应改造。尽管清廷采取各种措施，逐步废除卫所的军事职能，但此时期福建滨海地区仍处于社会动乱中，在诏安悬钟所类似蔡斌彦这样的千户级武官，仍得以发挥其军事职能。当然，像蔡千户这样，能继续通过战功升职，保持家族地位的所城军户毕竟是少数。大部分所城的低级军官和军户转为普通民人，他们要

---

① 弥坚堂主人编《终须梦》，黄岩柏校点《中国古代珍稀本小说》（4），第22页。

么务农，要么经商，大多沦为社会底层。而科举也成为实现社会流动的主要手段。此时期，所城中一部分原军户子弟，通过参加科举考试实现阶层上升。如《终须梦》中的康员外家就是一个典型的例子。康家因为迁界没落，在康员外病逝之后，康振业只能到当地巡检司衙门谋个“佣书”的差事，但是又遇到一个贪酷的上司，很快就因为一件小事而被责罚，丢了饭碗。康振业只好选择当个塾师，并刻苦攻读，最后科举中榜，升了高官。

当然，对于悬钟所城而言，像蔡千户、康振鹤这样通过军功或者科举之路获得成功的人，肯定少之又少，大部分所城人还是走的务农、打鱼与经商的道路。这也是现在所城中大部分家户祖先走过的历史。随着所城的军事化功能消退，演变为地方聚落，军户也逐渐转化为当地居民。与此同时，为了在滨海社会站稳脚跟，各个军户家族也随之加强宗族组织的建设，创造出了维系新的悬钟所城社会秩序的方式。

悬钟所城目前共居住有吴、林、沈、黄、李、何、柳、柯等众多家族。或许是依靠祖先“吴二”的声望，吴氏成为悬钟城内最大的家族，该姓目前在东门村就有 130 户，占当地人口的 70%。如前所述，吴二一脉是从广东海丰县迁入，所以现在所城中仍然保存这一广东海丰支系。但吴氏家族并不都是“吴二”的后人，而是还有另外两个支系，即泉州八角井支系、漳州云霄县白塔村支系。

吴氏泉州八角井支系，顾名思义，该族祖先由泉州八角井地方迁徙至悬钟所城。据该支系吴姓后人讲述，该家族始祖名叫吴实，祖籍为泉州南安三十三都八角井（另一说为八角楼）。明洪武二十七年（1394），吴实因为军功调任悬钟千户，于是携带家眷驻防悬钟所城，此后繁衍生息，聚合成族，吴实也相应被视为悬钟所城泉州八角井支系的始迁祖。从这段祖先历史叙述可知，八角井支系的吴姓，也将本家族的历史与明代卫所制度联系在一起。明代悬钟所的职官资料保存下来的并不多，康熙《漳浦县志》记载了明代镇海卫下辖五个千户所的部分军职人员名单，其中悬钟所正、副千户职官中并没有吴实的名字。当然，地方志的名单并不全，所以难以确认吴实的身份，但可以肯定的是，该家族的祖先与明代悬钟千户所的设立有密切的关系，吴氏八角井支系应该也是明代洪武年间悬钟所城军户的后代。目前仍然居住在悬钟所城中的该支系家户有 90 余户。

吴氏漳州云霄县白塔村支系，也于明清时期从漳州云霄县迁入，据说该支系祖上曾出过大学士，赐授有“大学士”牌匾，因此其祠堂又称为大学士宗祠。经过动乱年代，牌匾已不知所终。云霄支系是整个悬钟城吴氏宗族中与外界联系最多的支系，这是因为其族人从清代开始就移居到马来西亚、越南、新加坡、柬埔寨等东南亚地区。悬钟所城上述三支吴氏族人不仅基本了解本支系来源，对其他支系的情况也有所掌握，他们能清楚地分辨每一家户的支系关系。同时，尽管悬钟所城的吴氏分为上述不同的三个支系，但他们对外均称自己是悬钟最大的吴姓，彼此之间相处十分融洽。

除了吴氏宗族，悬钟所城较大的家族还有林氏、黄氏、柳氏、王氏、沈氏等。

在悬钟古城，林姓是仅次于吴姓的大姓，仅东门村就有48户。据村里一位老人林HM口述，林家先祖乃是南宋末年卸任广州提举学政的林惟福，林携家人从漳州龙溪莲池迁入诏安。目前该家族所保存的一本清代的族谱也记载了祖上这段移居当地的历史："迨后引宋广东提举学政，带职归家，仕十九致政公，肇开于南诏，遂家于梅岭，为始祖。"① 族谱中还记载了林惟福相地卜居梅岭的经过："自祖入诏安，为太始祖，官受南宋宠恩，宋广东提举学政之爵，后归家，途程诏所而遥望，悦其山川秀茂，卜地住梅岭。"② 林氏宗族在悬钟所城开支的是林惟福的第三子。这是因为在元末明初，林氏祖先已经转为军职，如按照林氏族谱记载，四世祖朝奉公林仲安（1308~1382）"官受校尉之职，诰赠进义将军校尉，并赐世袭荫子孙功家之爵"。③ 这也意味着该家族和悬钟所城的设置息息相关。如前所述，该家族居住在梅岭，在悬钟所建立之初，官府大量勾选闽粤滨海地区人群充实卫所守备力量，显然，林氏家族中的一支也就在此时入籍为兵，成为世袭的卫所军户。这一点也可以从林氏族谱得到验证，该族谱记载林惟福娶妻吴氏，生三子，其中，谱中有一段文字记载了第三子"舍人公"衍派在悬钟所城遭遇寇乱的情况，其文如下：

原住玄钟所，因嘉靖年间被诬陷与吴平通，与倭寇作

① 《丹诏西河梅岭林氏族谱》，第14页。

② 《丹诏西河梅岭林氏族谱》，第16页。

③ 《丹诏西河梅岭林氏族谱》，第21页。

乱，而子孙衍派遇乱，不知下落。城平服时，查其苗裔而衍派宗支，逃往别省开派，是以昭穆不详久矣。[①]

族谱中的这段记载很值得推敲。上述族谱称林惟福的第三子是“舍人公”，按照明代的军制，在卫军士除本身为正军外，其子弟称为余丁或军余，卫所军户将官的子弟则称作“舍人”。如《万历野获编》“舍人校尉”条记载：“武职应袭支庶，在卫所亦称舍人，仅供台使监司差遣，既猥贱不足齿。”[②] 林惟福的第三子称为“舍人公”，说明林氏宗族此时期已经是悬钟所城军官之后，其家族在所城中应有一定社会地位。对于家族中的这段辉煌历史，林氏族谱中并没有留下更多详细的记载，或许我们可以从林惟福娶妻吴氏推断，林姓能够与所城第一大姓吴氏联姻，证明其也是当地具有一定势力的家族。而林氏族谱中所提到的嘉靖年间林舍人被人诬告和大海盗吴平及倭寇有勾连，家族遭到打击，逃亡各处这一情况，也揭示了滨海卫所、地域化的军户家族与变动不居的海洋社会之间的复杂关系。

明代滨海卫所中这种军户和海盗沟通的情况，其实并不鲜见。宋怡明就指出明代中期东南沿海卫所军士和倭寇、海盗甚至西方人暗中勾连走私，是较普遍的现象。[③] 这一点，明代诏安人沈铁早就看出，他指出，同安、海澄、诏安等滨海地方的

① 《丹诏西河梅岭林氏族谱》，第 22 页。

② 沈德符撰《万历野获编》卷 21，北京：中华书局，1959，第 540 页。

③ ［加］宋怡明著，［新加坡］钟逸明译《被统治的艺术》，第 113~114 页。

人群，常常“驾舟出海，置违禁火器米货，接济夷航，无日无之”。而“巡海戈兵”遇到这种情况，经常“受贿放行”，即使走私者被捕获送官，官府拿到贿赂后，也会偷偷放人，很少有报告上司的。哪怕这种通海的事最终被上头知道了，一些有权势的滨海家族也能通过行贿疏通关系，逃脱惩罚。沈铁认为这是常年未能破解的“泉漳夙弊”，言语中颇为无奈。[①]

如前所述，吴平长期盘踞梅岭，一定程度上掌控了闽粤交界地带海外贸易的命脉，当地人如果想做这门海上生意，自然无法避开与海盗吴平的势力打交道，所以类似林舍人这样的军户子弟，很容易被人认为与吴平有剪不断理还乱的关系。其实，林氏宗族与海盗的关系十分复杂，林氏家谱就记载了家族中另外两件与海寇冲突相关的事件，一件是生活在嘉靖年间的十世祖刚直公，其所生的一个孩子，就被海盗推到宫口澳中淹死，成为家族的一大悲剧。另一件是明末清初时，海寇联合郑成功反清复明势力，攻破南诏所城，林氏家族遭受大难，家族子弟在混乱中试图逃出城门，恰好此时把守南门的海寇也是一位姓林的人，或许是看在同宗的份上，放过了林氏子弟，使其逃过一劫。[②]

由上可见，吴氏、林氏宗族在所城的发展，都与明清时期军户制度的兴衰密切相关，其家族史生动地反映了滨海所

① （康熙）《诏安县志》，卷12《艺文志》，第308页。

② 《丹诏西河梅岭林氏族谱》，第27~28页。

城军户家族的聚散过程。相比之下，柳氏则是所城较小的家族。其在东门村有 20 多户，近 100 人；而距离东门村约 3 千米的赤石湾村，则是诏安目前最大的柳姓聚居村落，共有 88 户，人口 378 人。据《柳氏族谱》记载，该族迁居到悬钟所城地方也与军事移民有关："赤石湾柳姓先祖来自云霄，在清初期跟随一位千总到赤石湾开基。"① 柳姓先祖即是军队中的一员，后来军队长期驻扎屯守，便在当地成家定居，繁衍生息。东门村柳姓祖上也是从云霄迁徙而来，亦为守城官兵之后 。②

按照上述族谱记载，悬钟所城柳氏家族祖先来自漳州云霄县。当代柳氏后人在搜集家族迁徙历史时，对云霄柳氏与闽南各支系的关系进行了较为系统的梳理，根据其整理的资料，我们可以简要描绘出悬钟所城柳氏宗族的来历：元末明初时期，柳氏宗族的一世祖柳国泰从漳浦赤土乡上乌石的下坂村迁居到云霄县火田乡乌石村开基。明代嘉靖年间，随着族中有人中举，建起了宗祠"积庆堂"，此后，柳氏族人从这里陆续迁居到闽南各地。现在悬钟所城柳氏宗族，应该也就是来自此处，他们在明清时期入籍军户，成为守城官兵。由此可见，柳氏家族的来源也与所城军户的地域化过程相关。至于所城另一个较小的黄氏家族情况应该也类似。

在卫所转为地方聚落之后，原有的高度紧密的军事化社会

① 《柳氏族谱》编纂委员会编《柳氏族谱》，2014 年，第 355 页。
② 《柳氏族谱》编纂委员会编《柳氏族谱》，第 449 页。

逐渐解体。如同东南滨海地区大多数卫所聚落一样，宗族组织成为维系新的社会秩序的替代单位。因此，所城中上述各个主姓普遍加入了整合同姓集团、建设地方宗族组织的行列，其中，建祠修谱就是一项典型的滨海所城社会宗族实践。

在明代中叶以后中国东南地区掀起的宗族化运动中，修建祠堂是普遍存在的现象。通行的做法是由地方精英牵头兴建祠堂，将其作为祭祀祖先的神圣空间及乡族治理的场所。例如，陈支平、郑振满等人研究了明清时期福建地区的宗族组织发展，指出修建祠堂、设置族田是明代中期以来福建各地普遍存在的现象。[①] 日本学者井上徹则研究了明清时期广东珠三角佛山宗族组织的情况，指出明代中期以后，当地以官僚为中心开始大规模集合族人，形成宗族，也推动了祭祀祖先的祠堂的普及。[②] 同样，刘志伟探讨了珠江三角洲沙湾何氏宗族通过修建宗祠整合宗族的历史过程及其社会结构作用。[③]

很显然，由于祠堂是明清时期东南地方同姓人群聚合宗族的一个重要象征空间，这类纪念碑式建筑，对于地处东南发达的宗族社会氛围之中的悬钟所城来说，具有特殊的象征意义。

---

① 陈支平：《近五百年来福建的家族社会与文化》，北京：中国人民大学出版社，2011；郑振满：《明清福建家族组织与社会变迁》，北京：中国人民大学出版社，2009。

② ［日］井上徹：《宗族的形成和构造》，《西南民族学院学报》1990 年第 3 期，第 95 页。

③ 刘志伟：《祖先谱系的重构及其意义——珠江三角洲一个宗族的个案分析》，《中国社会经济史研究》1992 年第 4 期，第 18~30 页。

因此，当原先的军事化组织消解后，所城中的各个大姓自然会普遍模仿东南地区宗族组织的一套模式，他们竭尽全力修建祠堂，试图通过追溯、祭祀共同祖先的方式来凝聚同姓族人，壮大自身力量。

在悬钟所城中，当地人对于各个家族势力的印象，一般会以有无祠堂来衡量其社会影响。作为所城最大的宗族势力，吴氏在宗族建设方面也最为突出。目前悬钟所城东门村现有的四座宗祠中，就有三座属于吴氏宗祠，另一座则为黄氏宗祠。因此，就宗族结构而言，吴氏无疑是所城最有影响力的宗族。

作为来自广东海丰县的吴二一脉，其祖先的显赫家世及传说，自然有助于本支系在所城的宗族构建活动，因此，吴氏宗族中的吴二支系较早在所城建起了宗祠，这就是位于悬钟所城东门村 457 号的吴氏宗祠。该宗祠具体修建的时间已不可考，原先供奉的是被朱元璋封为“九代昭信侯”的英雄祖先——吴二。据管理宗祠的吴姓族人口述，吴氏宗祠这片地是祖先留下来的，是吴二原来住的地方。在 1957 年以前，这里原来就有一间房子，是用来祭拜吴二的，在 1957 年被拆了。这一情况，也可以从民间文献中得到验证。根据“吴二鼎底湖练兵”故事记载，吴二死后建有家庙，庙中竖有一块“光德堂”匾额，门前还饰有石马。①

① 诏安县政协文化文史和学习委员会、中共诏安县委党史和地方志研究室编《诏安民间文学 · 民间故事》，第 149 页。

很显然，吴氏宗祠即发端于吴二家庙“光德堂”。据吴氏族人说，后来村中开办学堂，宗祠里的东西就被拿去给学堂当黑板等教具，祖先牌匾也是那个时候弄没的。目前的吴氏宗祠是 2012 年新建的，由吴二支系在所城中的 23 户人家共同捐钱修建，并委托一位吴姓族人管理宗祠。现在的吴氏宗祠没有供奉祖先牌位，也没有举办什么活动，只是年底的时候，族里的人会在吴氏宗祠里开会。吴氏族人认为这样显得“没有什么人气”，他们认为“祖上那么有名，现在宗祠却这样冷清”，心里会感到不好受，一部分族人希望把宗祠修得更好，但苦于经费有限。

图 2-3　吴氏宗祠（光德堂）

与吴二支系宗祠较为冷清的情况相比，另一支吴氏即漳州云霄县白塔村支系的宗族构建活动则更为活跃，该支系很早就修建了宗祠，名为“敬德堂”。如前所述，因为该支系祖上出过大学士，赐授有“大学士”牌匾，因此悬钟所城当地人一般称云霄支系吴氏宗祠为“大学士宗祠”。目前该宗祠位于悬钟古城东门村 357 号。祠堂最初修建年代已不可考，但可以推断大体应在清代。由于近代云霄一派许多族人纷纷“下南洋”，所以现在海外族人也较多。近代以来，海外华侨对于中国东南沿海地区的宗族建设活动产生了重要影响。从闽粤一带远涉重洋、迁移到海外谋生的华侨，在浓厚的儒家尊祖敬宗文化观念支配下，对故土宗族怀有深厚的情感。他们在当地站稳脚跟后，一般会与原乡宗亲保持互动。他们不仅在侨居地建立宗亲会或其他同姓团体，而且大部分有财力者还会定期通过水客寄回侨资，支持本宗族修建祠堂、祖先墓地及修纂族谱、兴办族学等宗族活动，从而成为推动近现代宗族传承、复兴、发展的重要力量。这一情况，也体现在悬钟所城吴氏案例上。历史上吴氏“敬德堂”的修建，就离不开云霄支系海外华侨的大力支持。据当地老人回忆，“敬德堂”在民国时期作过家族学堂，主要资助就来自侨汇。该学堂曾经“请外地的老先生来教书，请先生的钱是海外寄回来的，那时候家里剩下的只有女人和孩子，男人们都下南洋了。宗祠主要是教家族里的小孩，村里的小孩也可以过来，不收取费用”。[1] 由于与海外宗

① 2019 年 6 月 30 日，田野访谈资料，吴 YG 讲述。

族子弟的关系密切，民国时期宗祠年久失修，也是远居海外的族人寄钱回来修葺，目前吴氏后人中还保留有不少侨居海外族人寄回当地的侨批，其中有一封侨批中就提到邮寄款项修祠的记录“……付去国币贰万元到查收，内抽出肆千予敬德堂，其余壹万陆千元以为家费”。写此信的是吴氏族人中的一位海外华侨，他在早年移居到东南亚的越南等地，经历了越南 20 世纪 40 年代日军入侵、抗击法国殖民统治等一系列的社会动荡。直到 1946 年 3 月，当越南局势终于较为平稳时，才得以寄信到悬钟所城。

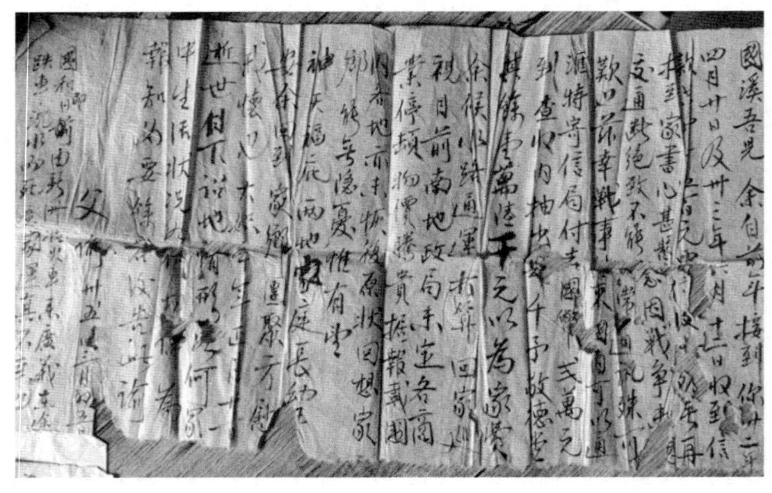

图 2-4　吴氏族人寄回的侨批

“敬德堂”几经修缮，虽然其祭祀功能已弱化，但在吴氏族人心中仍是分散在海外各地后代的祖先的栖居空间。家族支系中有丧事一般会在宗祠举行，宗祠目前由族人吴 QW

守护。20 世纪六七十年代，宗祠曾经被村集体用作米厂、仓库、小学，20 世纪 80 年代以后，随着中国东南地区宗族活动复兴，该宗祠也重新回归吴氏宗族，恢复了原先的祖先祭祀功能。

图 2-5　吴氏宗祠（敬德堂）

至于吴氏泉州八角井支系，也在所城中修建有宗祠。目前该支系有家户 90 余户，其宗祠名为“追远堂”，是目前悬钟古城吴氏宗族中唯一仍然供奉祖先的宗祠。与吴二祠和敬德堂相比，“追远堂”宗祠建筑要大一些，面积达 600 平方米。根据田野访谈，该支系族人在清代就已建祠，由于一些历史原因，20 世纪五六十年代也曾被用作学校、食堂。“追远堂”几经修缮，在族人记忆中，每年农历三月十五（清明节）是支系祖公的诞生日。此外，端午、除夕，族人都要会聚到“追远堂”举行大型祭祖仪式，迁居台湾地区的族人也会返乡，积极参与祭祖仪式。

图 2-6　吴氏宗祠（追远堂）

“追远堂”的修缮扩建，与本支系中早年移居到台湾的族亲有关。从访谈中得知，该支系此前有族人在近代移居到台湾地区，20 世纪 80 年代，随着两岸关系的改善，族人吴 JX 有一位久居台湾的叔叔吴 HZ 曾带着两个女儿吴 XY、吴 SN 回到悬钟古城寻亲。看到破旧不堪的宗祠，吴 HZ 回台湾后，号召在台族人开展了一场重建祖祠的捐款活动。而古城中的吴氏族人也不希望自己的宗祠一直处于荒废状态。1989 年，一场拯救宗祠的族人募捐活动开始了，短短几个月的时间，修缮所需款项基本到位。族人寻找最好的瓦工、木工、水泥工，计划用一年的时间将宗祠修缮一新。修缮后的宗祠，其空间格局与结构基本没有大的变动，门窗也保留下来。年长的族人尽量回忆原始宗祠的模式，能保留的旧部件，也都做了充分利用。经过一年时间，吴氏宗祠基本修缮完毕。吴 JX 回忆宗祠修缮时的情况说："平日里为了生活，族人之间都是各自忙碌，重修宗祠这件事，对我们宗族的影响很大，那段时间，大家有钱出钱，有力出力，族人早出捕鱼，一回到家，都自觉地赶往宗祠，大家同心协力，都希望早日完工，把老祖宗都接进来供奉。"① 吴氏宗祠追远堂的右侧墙壁上，嵌有一块修建宗祠的乐捐碑，上面记载了 1989～1990 年捐资修建宗祠的主要捐赠人及修祠董事会成员名录。

通过修缮追远堂，吴氏泉州八角井支系将分散在各地的这一支系吴氏族人重新紧密联系在了一起，而且推动了宗族祭祖活动的恢复。

追远堂新祠落成后，该支系族人中的精英人物就开始谋划祭祖活动。族人吴 JX 目前负责看管宗祠，他也是恢复祭祖的关键人物，据他说："1991 年，那时候我们这个支系的吴姓有差不多 50 户左右，追远堂修建完毕后，我们便召开了家族会议，当时本支系每家都派人参加了家族会议，主要商议后续的管理、祭祀等相关问题，我们还派人去诏安县城找一个较出名的'先生'择期做仪式，我们要将祖先请到'追远堂'。那时

① 2019 年 6 月 30 日，田野访谈资料，吴 JX 讲述。

图 2-7　修建吴氏宗祠“追远堂”乐捐碑

候我 54 岁，经过大家的一致商议，推选我作为宗祠的守护人，刚开始都是义务做这些事，最近十几年，随着家族家户的扩大，我们这一支系现在有 90 多户人家了，每年因为要在宗祠里举行很多活动，在大家的倡议之下，大家一起出资购买了一套祭祀用具，有桌子、凳子、锅碗等用具。我们本支系的人如果哪家有喜事、丧事都是可以免费借用这些餐具的，但是同村寨人需要用时，就得租用。我们一般按 5 元一张桌子这样出租，因此我们宗祠每年年底都会开一个家族会，统计相关收入与支出。有了这笔收入后，家族每个月会从中抽 200 元给我，作为看护宗祠的工资。事实上对我来说，几十年来，不管有没有祭祀活动，我习惯了每天来宗祠转转，求的是内心的安宁吧。”①

宗祠修缮之前，这一支系的吴氏子孙每年清明节，都会组织起来，前往诏安县城祭拜他们的“上祖”。宗祠修建后，族人就将诏安城中的“上祖”接到追远堂。因此目前宗祠的右侧房间，敬供的就是从诏安县城白礁请过来的“上祖”。“上祖”被供奉于一张精致的长形桌之上，其后是一块干净的大红布，上方是一块带着彩色流苏的大红布，上面绣着“金玉满堂”字样、有龙凤及骑马童子等画像。“上祖”的左右摆放着各类水果食物以及写有“有求必应”“外科”“儿科”“问事”的四个大小不一的签筒，每个签筒里均装满竹签。

图 2-8　追远堂供奉“上祖”像

---

① 2019 年 6 月 30 日，田野访谈资料，吴 QW 讲述。

图 2-9　追远堂的“上祖”签筒

为什么在“上祖”的神像前摆放着求医的签筒呢？这是因为根据家族传说，吴氏“上祖”的身份是一位悬壶济世的名医，至今吴 JX 还记得家族流传的祖先行医传说：“听说我们的‘上祖’是远近闻名的医生，他在宋朝的时候给宋太后诊过病，现在我们的后人还有去白礁寻亲的，2018 年的时候，我们这里还派了八个男性过去寻亲，我们的族谱跟那边是完全一样的。把‘太祖’请到宗祠，他能保护族人平安健康。中堂里的祖先，我们在有祭祀活动的时候才烧香烧纸，但是‘上祖’这边每天晚上我都要来给上香，每个月的初一、十五，我都要做饭菜供奉‘上祖’，从未间断。”①

在吴 JX 的看护之下，追远堂成了悬钟古城三座吴氏宗祠中唯一一座有祭祀香火的宗祠，其他两座宗祠虽已完成修缮，但到目前为止，一座用于家族支系族人的丧事，另一座一直处于闲置状态。追远堂每年会举行三次大型祭祀活动。因为临海，家户里的男性成员每天都会早出晚归出海捕鱼以维持家庭生计，因此，家族男性较少参与祖先的祭拜仪式，祭祖活动主要是由各家户的妇女组织完成。

这三次重要祭祀活动中，其一是祖公生日祭。按照泉州八角井吴氏族人的说法，每年的农历三月十五，是本支系吴姓祖公的生日，族人会做上新鲜的饭菜来追远堂祭祀祖公。这一天也被悬钟古城的民众称作“古清明”，每年的这个时节，吴 JX 都会和家人一起，将做好的饭菜带往宗祠祖先像前进行祭供，然后再到祖先的坟墓举行祭拜仪式。“古清明”的主要供品是“青果”，用艾草和糯米饭制作而成。其二是端午祭。每年端午节，族人也会到宗祠祭祀祖先。与很多地方不同的是，悬钟古城的民众在端午没有吃粽子的习俗，他们用于祭祀祖先的食物是一种被称为“矶粿”的地方食物。“矶粿”的形状，由家庭主妇们随意捏造，有像兔子的，有像月牙的，也有像石榴的。这类食物的出现，与吴氏族人世代从事海洋生计有关。根据当地族人的说法，“端午我们祭祀祖先，跟其他祭祀一样，

① 2019 年 6 月 30 日，田野访谈资料，吴 JX 讲述。根据吴氏家族传说，此处吴氏家族的“上祖”，显然指的是在闽台区域拥有广泛影响的保生大帝——吴本。

族人会准备一些家常菜来宗祠祭拜，与以往不同的是，端午的祭祖必须要有‘矶粿’，‘矶粿’是我们沿海人最喜欢吃的一种食物，渔民出海的时候，都会带上这种食物，因为加了硼砂，‘矶粿’不仅保质期长，而且特别赖饿，还不怕水。我们的祖先多以出海捕鱼为生，因此，端午祭祖的时候一定要在宗祠里祭供‘矶粿’，也是希望他们能像活着的时候一样享用到这些食物吧”。其三是除夕祭。每年农历的最后一天，本支系家家户户都会前往宗祠祭祀祖先，其用意是为祖先送年饭，时间一般为下午3点至6点。祭祀祖先的年饭均为家常饭菜，年夜饭会做得相对丰盛一些。在族人眼中，“宗祠每年的大型祭祀活动基本就是祖公生日祭、端午祭和除夕祭这三种，但实际上平日的宗祠也很热闹，比如说本族哪家添丁，到满月的时候，他们会到宗祠里给祖先烧香纸，一来感谢祖先的庇佑，让家族血脉得以延续，二来也是希望祖先能保佑孩子健康成长。如果哪家遇到不如意的事儿，或梦见祖先之类的，他们也会做些饭菜来供奉祖先”。①

每一次祭祖活动结束后，参与活动的女性会将供奉祖先后的食物集中在一起，开展一次共餐。这些祭祀活动为族人提供了交流的场所和机会，共同参与祭祀和分享食物，也推动了族人间的情感联系。在吴JX看来，本支系能从1991年的50多户增长到现在90余户，离不开祖先的庇佑，因此宗祠对他们来说，是一个神圣而庄严的地方，由于长年看护宗祠，82岁

① 2019年6月30日，田野访谈资料，吴JX讲述。

的吴 JX 对宗祠有着极深的情感。就如他所说“从家通往宗祠的小路，我闭着眼也能走过去”。他每日都要给“上祖”上香，陪“上祖”唠嗑。依据吴氏宗祠的规定，吴 JX 是不能将宗祠的守护权传给他的儿子的，宗祠下一届守护人需要通过家族会集体商议、选举产生，只有族人中做事公平公正，有一定权威的长辈才能担当此责。

除了吴氏外，林氏、柳氏等宗族也均有自己的宗祠。目前悬钟所城的林氏，主要以林惟福第三子“舍人公”支系为主，当地称为“家庙林支系”或者诏安“家庙林”。该支系是以多支联宗共祭的林姓群体，以开诏始祖林惟福的第三子舍人支系为核心，附以永春林、漳浦港头林等几个林姓支系联宗共祭。这种情况，显然与上述林姓在悬钟所城的复杂历史有关，明代中期，林姓因为被诬告与海盗吴平勾结，族人担心受到牵连，纷纷外逃，由此散布到如今悬钟所东门、南门、小悬钟、下河、诏安县城东门外、郭厝寮、尖山垅、胶塘尾、四都、五都等地。而家族这一段散落的历史，也促成了其后悬钟所城林姓形成一种多个林姓支系联宗共祭的宗族组织形式。

即使是比较小的柳氏，也重视建构宗族活动。如今柳氏族人聚居于东门村，有 20 余户近百人，在东门村虽然不算大的家族，但族人之间的联系极为紧密。柳氏族人一般将本族的祠堂称为“祖屋”，祖屋目前也是柳氏宗族的一个重要公共空间，族中如果有什么事务，长辈会叫上晚辈，一起聚到祖屋协商。柳氏家族的祖屋外有一道半米高的围墙，围着一个宽敞的外院，穿过外院映入眼帘的就是柳氏祖屋的正门，门楣上大书

“乃眷”二字。据柳氏后人说，祖屋在20世纪50~60年代的时候曾经用灰浆漆刷过，门楹上的字当时也被盖住了，写了其他的标语。在2016年重新粉刷修葺的时候，工匠将墙面刮开又重新看见了这两个字，虽然已经没有族人知道这两个字是谁写的，是什么意思，但族人们认为这应该是先祖遗留，所以商议以后决定将这两个字留下来，重新填漆，红色为底，金粉填涂，使得行楷书写的“乃眷”二字看起来更为雍容饱满。“乃眷”应出自《诗经·大雅·皇矣》：“乃眷西顾，此维与宅。”其中显然暗含柳氏先祖得到上天关怀，在此开基建业之意。这两字之下的门柱上有两行篆刻，右边为“千子”，左边为“万孙”。大门的左侧写了红底黑字的两个行楷大字“宗功”，以绿色回纹勾边；右侧为“祖德”。仔细看来，柳氏祖屋门楣和门上的上述题字，实际都有祖先在本处开基的含义，也寓意族中子孙繁衍，源远流长。

据柳氏后人回忆，祖屋一直保持了原有的样子，1949年后曾经历了三次修葺，一次是20世纪五六十年代粉刷过外墙；一次在80年代将祠堂左右两侧的两层楼房的第二层阁楼加高一米左右，便于居住；第三次就是2016年将整体外墙与祖祠重新粉刷了一次。原本祖宅外墙左右对称的两个窗楣上还分别有“云蒸”“霞腾”四个字，但在50年代粉刷时被石灰遮盖了，最近的一次翻新也没能修复。

柳氏祖屋内进正屋门楣上题写着四个大字：“景星庆云。”在这间房屋的正中供奉着祖先的牌位。如前所述，悬钟古城中几个大姓都建起了本族祠堂，但柳氏祖屋与上述其他宗族不同，并非独立建祠，而是与住宅相连，其主要原因可能是柳氏在所城中族人较少，未能形成专门的宗祠。祖屋的神龛为2016年重建，神龛由柱、额、斗拱、门扇等构成，为牌楼式的木作造型，上面绘有精美的彩画，妆金添彩，有松鹤、梅花、兰草、竹等纹样，两侧有对联“孝悌传家绳祖武，诗书继世贻孙谋”。据访谈中遇到的一位柳氏后人说，每年农历二月初二是柳氏宗族齐聚祖屋祭祖的日子：“每到农历的二月初二，那一天称为‘春期’，东门村柳姓的族人会一起祭拜先祖，由于男人要出海，‘春期’的仪式都是柳家的女人组织、主持和参与的，由每家年老的女性长辈吩咐媳妇准备好香蜡纸烛、水果、鸡鸭鱼肉，做好一些菜，挑到祖屋祭拜。平日里在各家祖宗的祭日的时候，则由各家前来祖祠参拜祭祀，各家的祭祀全家都会参与，而不仅仅是家中的女性了。”①

在祖屋的左侧下方嵌有一块“柳氏祖屋重修碑记”碑刻，其文字如下：“马来西亚炎升、坤升、炎铧、国华、国喜，共出资壹万伍仟元；东门义松、义东、秀坤、秀江、友江、有礼、瑞喜、瑞宗、瑞池、明德、财发、财山、瑞文、国城、瑞坤、瑞全、美松，每户出资壹仟元；二零一六年六月二〇日完工。”这块碑刻也揭示出悬钟所城所处的中国东南滨海地区与东南亚海域之间的紧密关系。据族中传说，近代时期，东门村柳姓家族有一支族人渡海移居马来西亚。而当地住户严LH也

① 2019年6月29日，田野访谈资料，柳RH口述。

讲述了其家族祖先移居东南亚的故事："我丈夫柳 LW 的祖辈曾经有一个兄弟跑北船到了马来西亚，听说在那边开荒也挣了很多钱，他一个人生了 6 个儿子，8 个女儿，所以在马来西亚那一支的人现在很多，繁衍到 30 多户人家了，人丁很兴旺。我们一直也都有书信往来，那边还会寄一些东西过来，像我这个老房子里二楼放着一个皮箱，就是马来西亚的一个祖奶奶寄回来的，放了很多年，仍然很完好。前些年我们柳氏商量着重修一下祠堂，他们那一支也寄了钱回来。"① 闽粤一带曲折的海岸线形成了众多的深水良港和岛屿，为海上交通的发展创造了良好的条件，也让当地人形成移居到海外的传统。据吴 YJ 说："悬钟城很早就有人出海贸易为生，老辈人说柳家现在还能看到最早的道光年间的老祖坟是一个老祖奶奶的，她的丈夫就是跑北船到了海外一直没有回来了。"② 可见和悬钟所其他宗族一样，柳氏家族也有海外经商的传统，而且其宗族建设也与移居海外的族人有密切的关系。

除了修建祖屋，近年来，在柳氏宗族精英的组织下，该家族也开展了一系列其他重塑宗族组织的活动，其中一项主要内容就是梳理闽南柳氏宗族的历史，编订一部柳氏通谱。由于该族旧谱散失，柳氏族人只能通过细心汇集本家族的各类线索来完成族谱的编纂工作。在经过广泛动员漳浦、云霄、诏安、东山四邑族人的力量之后，2014 年，漳州柳氏终于编撰了一部

① 2019 年 6 月 29 日，田野访谈资料，严 LH 讲述。

② 2019 年 6 月 30 日，田野访谈资料，吴 YJ 讲述。

族谱，弥补了闽南柳氏长期缺少族谱的遗憾。这一修谱工作，也是一次追寻悬钟所城的柳氏移居历史及重新整合柳氏宗族的行动，上述四地的柳氏族人，通过追溯祖先谱系而被塑造为具有共同祖先来源的宗族。而有意思的是，通过梳理本族聚落在闽南的迁徙历史，柳氏族人发现，目前漳州一带的柳姓聚居地，除了位于云霄的乌石、火田这两个族人最早迁出的村落，其余诏安赤石湾村、悬钟东门村、东山县探石村、漳浦县北江村等地的柳氏聚落，无一例外都坐落在浮头湾、东山湾、诏安湾等海洋地带，由此揭示出柳氏宗族与明清以来滨海卫所建置及军户地方化的过程有紧密的联系，这些柳氏聚落大部分是明清时期周围地区被抽调担任闽南滨海卫所官兵的后人。

柳氏宗族的这种重建宗族组织的努力，揭示了东南沿海一带卫所城寨型社会所推动的宗族实践历史过程，其与悬钟所城其他姓氏的再造宗族活动，都是同时期东南滨海地区宗族化运动的一个缩影。而悬钟所城各族在明清以后发起的宗族建构活动，与所城这类滨海城寨型社会结构有密切关系。科大卫、刘志伟等人曾经探讨明清时期华南宗族的发展历史，认为其形成是明代以后国家政治与经济发展的体现，是宋明理学的地方社会实践结果。[①] 滨海卫所的宗族建构尽管也体现出这一情况，但也形成了一些有别于华南其他区域的类型化特征。类似悬钟所这样的沿海卫所，其宗族组织的发展，与卫所制度解体密切

① ［英］科大卫、刘志伟：《宗族与地方社会的国家认同——明清华南地区宗族发展的意识形态基础》《历史研究》2000 年第 3 期，第 4~14 页。

相关。如悬钟所各姓建设宗族活动，大多出现在清代初年，而同一时期东南沿海卫所也出现了普遍性的宗族建构运动。对于沿海卫所这类移民型社会而言，随着明清之际卫所制度解体，原有社会结构发生了根本的转变，从原本严密控制的军事城寨，转化为地方聚落。此时期，原有卫所各姓中的精英人士，纷纷出面加强宗族组织建设，其结果不仅有助于本姓氏在日趋紧张的所城社会资源竞争中处于有利位置，而且通过建祠、修谱、祭祖这些日常仪式实践，新的宗族社会象征秩序也得以在滨海地区确立起来。一方面，通过建立宗祠的方式，为不同渠道进入所城的人群，提供了一种将个人与家族、地方社会联系在一起，达成入籍过程的条件，并进一步增进了宗族共同体及地方认同；另一方面，通过宗族组织建设，弥补了原本卫所转化为地方聚落过程中出现的权力真空，为滨海地区社会秩序提供了一种新型的维护力量。

总之，正如一些学者所指出的，华南一带出现的宗族，是一种地域社会应对国家制度的机制。明清之际悬钟所城的人群正是通过建构宗族的方式，来填补所城在制度变革后留下的权力真空。吴、林、柳等所城中原有的军户家族，为了增进家族凝聚力，借助祖先崇拜的力量，开展了一系列的敬宗收族与家族组织的建构活动。而随着明末清初滨海卫所转为地方聚落，其他地方的移民也得以陆续迁入，这些军户不可避免地与移居而来的新移民产生融合。军户家族在当地生根发展之后，无论是从事社会经济活动及参与地方公共文化事业，抑或通婚范围，都反映出这些军户家族与地方社会产生了不可分割的密切联系，从而形成了独特的滨海卫所城寨社会结构现象。

三　蔡千户求签：所城的神圣世界

有人就有生活，悬钟所城是一个小社会，尽管在明代一段时间里作为军事单位，社会生活受到卫所军事制度的影响而略显单调，随着卫所在明末清初时期逐渐转为地方行政单元，所城也就慢慢成为闽南滨海地区的一个普通的聚落了。悬钟所城人的神圣世界，也经历了同样的变化。所城内信仰空间的构造，既是卫所制度地方化的产物，也是滨海城寨社会结构重组的重要组成部分。

七圣母庙

《终须梦》小说第一回中，有这样一段话提到了悬钟所城的宗教生活：

> 时逢阳春佳节，城中有一千户，姓蔡，名斌彦。其妻许氏，与康员外系表兄妹，自幼常从员外读书，性极温柔贤淑，其诗虽未十分佳制，然体段亦谙练有素矣。一时，蔡斌彦扳约数位知己，驾言出游芳草，实闻钟山天后娘娘，其神甚灵，有求必应，要往问签信，求止男女。[①]

① 弥坚堂主人编《终须梦》，第 7~8 页。

按照小说描述，文中提到当地有一座钟山天后宫，是本地人进行日常宗教活动的地方。很显然，小说中提到的天后宫，就是位于悬钟所城的七圣母庙，如今也是当地奉祀妈祖信仰为主的社区神庙中心。

七圣母庙坐落于古城东门内侧果老山麓，面积约 150 平方米。妈祖信仰是宋代中国东南沿海一带海洋人群中兴起的主要海神崇拜。对于妈祖为何会成为南方沿海地区的“标准化”神祇，华琛认为是国家干预的结果。从 12 世纪以后，历代王朝统治阶层通过不断给妈祖加封的方式，使得妈祖由一个 10 世纪福建沿海的小神，成为受到普遍认可的具有显赫封号的女神。而妈祖信仰的普遍化，其背后也揭示出国家对中国南方沿海地区统治的逐步加强。[①] 尽管华琛的观点并不完全能够说明妈祖信仰在中国沿海地区的兴盛原因，如近年来不少学者针对其“标准化”观点，进行了新的探讨，但他所提到的国家教化与海疆秩序因素，确实与妈祖信仰在中国东南沿海的流行密切相关。洪武五年（1372），明太祖朱元璋赐封妈祖为“昭孝纯正孚济感应圣妃”。永乐七年（1409），明成祖朱棣加封妈祖为“护国庇民妙灵昭应弘仁普济天妃”。明初王朝不断赐封妈祖，显然是希望借助宗教力量实施对海疆地区的教化与治理，从而稳定沿海社会秩序。此时期，恰好也是明朝在中国东南滨海地区建设海防卫所的时间，因此妈祖信仰在国家制度的

① ［美］韦思谛编《中国大众宗教》，陈仲丹译，南京：江苏人民出版社，2006，第 58~59 页。

支持下，成为东南沿海一带卫所社会普遍流行的信仰。我们注意到，明代中国东南滨海地区兴建的几乎所有海防卫所，其神圣空间都少不了妈祖宫庙。官民每年定期祭祀，悬钟所城也是如此。

正因为妈祖信仰的上述背景，可想而知，悬钟所城中香火最盛的宫庙必定是天后宫。悬钟所城的天后宫却有一个特殊的名称——七圣母庙。关于七圣母庙及宫庙的来历，当地流传着不少传说。

第一种说法是，根据康熙《诏安县志》的记载，悬钟城曾经建有十座天后宫，其中位于城南的“灵应宫”排第七，亦称“七圣母庙”，相传最为灵验。明代倭寇攻入悬钟城，城中庙宇几乎被毁，只有灵应宫因为倭寇梦中见到天妃显圣，心中畏惧，得以幸免。①

第二种说法则来自悬钟城《圣母庙重修碑记》，该碑记提供了七圣母庙来源的另一个版本。根据该碑文，明代洪武年间，就在江夏侯周德兴修悬钟城后不久，所城官兵为了求得妈祖庇佑，于古城修建了七座妈祖庙，其后因受倭寇、海盗侵扰，妈祖金身受损，信众就将其余六座妈祖庙的神像统一移到东门村妈祖庙，这便是七圣母庙的由来。

尽管无法确切考证上述两种说法究竟哪一种是七圣母庙真正的来历，却揭示了妈祖信仰在悬钟所城这类滨海卫所中广泛流传的情况。现实也是如此，除了七圣母庙，目前悬钟所城还

① （康熙）《诏安县志》卷4《建置志》，第109页。

保留有另一座妈祖庙，即位于城内西南侧濒海胜澳地方的胜澳天妃宫，该宫庙面积不大，为1986年重修。这座天后宫最初是明代崇祯十年（1637），由驻扎在胜澳的把总汪汇之捐资兴建。[①] 根据当地方志的记载，胜澳是当地扼守海湾的一个关键要塞，“在卸石湾之海口，相去里余有水源一处，无论发汛、收汛，兵船俱扎于此；可泊东北风船五六十只。内通诏安，外通大海及前浯屿、礅屿云霄等处”。[②] 明清时期，每逢汛期到来，悬钟城戍守官兵都要在这座天后宫前演练。一座规模不大的千户所城，历经数百年之后，仍然保留有两座妈祖宫庙，由此也深刻体现了妈祖信仰与滨海卫所的密切关系。

传统时代，天后宫显然是所城的重要信仰空间，在《终须梦》小说中，天后宫经常是所城人祈福的场所，如上文提到千户蔡斌彦，因为其妻怀孕，不知是男是女，就到天后宫来向天后娘娘问卜。他路上遇到其妻表兄康振业，刚好后者也因其子怀有身孕，同样要到天后宫拜神，于是一同前往：

> 二人参拜毕，蔡斌彦让员外先求。员外求得二十八宿亢金签，蔡斌彦求得张月签，随即拜辞天后，归在路中，彼此相语。员外道：“签已求了，但此神机，谁能解得？”斌彦道：“吾友姓郑，名锦园者，颇有偏窍，善会决断吉凶，前年亦经考了府案批首。”[③]

---

① （康熙）《诏安县志》卷4《建置志》，第109~110页。

② （康熙）《诏安县志》卷7《武备志》，第156页。

③ 弥坚堂主人编《终须梦》，第9页。

随后两人一起回到家中，请同来的郑锦园解签，认为康家生男，蔡家生女，于是就指腹为婚，约定结为亲家。

从小说描绘的情形来看，当时悬钟所城中妈祖信仰十分盛行，妇女生产也要到天后宫问卜。小说中提到妈祖庙为“天后宫”，也可以推断这段故事发生的年代应该在清代雍乾以后。当地碑刻记载，悬钟城的妈祖庙曾于清乾隆、道光年间两度重修，20 世纪六七十年代，妈祖庙惨遭纵火，庙内神像、碑刻等均损毁，两块刻有“天上圣母”和“海国扬休”明代牌匾因高悬于宫庙房梁而幸免于难。在悬钟城民众的记忆中，尽管妈祖庙曾在特殊年代被毁，十余年间当地人都处于无庙奉祀的状况，但因为当地民众深受妈祖信仰影响，每逢出海，各家户均于家中私自祭祀妈祖。

1982 年，所城村民集资重新修复了七圣母庙，如今成为东门村村民主要的祭拜场所。新修的妈祖庙肃穆庄严、气势恢宏，宫庙大殿门前置一对明代石抱鼓，门楣刻“钟海耀光”鎏金大字，两侧书有“恩风远出江天外，坤德长垂泽国中”的对联，庙内除供奉七圣母像，还安放水仙王、城隍、五谷帝等保佑出海平安和丰产的地方神灵。以讨海养殖为主要生计的悬钟民众，男人们于凌晨出海，女人们便会带上水果一类的供品前往妈祖庙祈求福佑，妈祖庙常年香火不断。除日常祭祀，每年农历三月二十三日妈祖诞辰日，妈祖庙便会迎来一年中最热闹的一天，在那一天，男人们禁海或提早归海，女人们精心准备饭菜，请来戏班，举办隆重的祭祀活动，热闹非凡。若遇歉收或不顺的年岁，民众便会在妈祖诞辰日开展巡游仪式，村民将妈祖神像抬出庙宇，绕境巡游，所到之处，村民皆焚香放炮、跪拜迎接，整个村子鼓乐齐鸣、人流如织。每逢鼠、龙、猴这三个年岁，便要在冬至日开展为期三天的“打醮”祭祀仪式，祭祀仪式一般包括杀猪献祭、与祖共餐、公演潮戏等。作为滨海社会的守护神，妈祖信仰早已和所城村民的生活融为一体，七圣母庙也成为悬钟所城不可缺少的一个神圣场所。

有意思的是，如今的妈祖庙大门上还张贴着一张用毛笔书写的“山西夫子”四个大字的红纸，体现出当地妈祖信仰和关帝信仰的融合。恰如有学者调查所言，在漳州地区，主祀不同神明的宫庙之间常常会结为对应的关系，这种关系往往具有不可变更的固定性和传统性，[①] 也折射出当地居民对于悬钟所城的另一处重要信仰空间——关帝庙的特殊情感。

南关帝

除了妈祖信仰，如今悬钟所城内另一个主要的祭祀空间就是关帝庙。关帝虽然不属于传统意义上的海神系统神灵，但在所城这类军事色彩浓厚的聚落，也是一种标准化的重要信仰。几乎所有明清时期兴建的中国东南沿海卫所城寨中，都建有关帝庙。

根据地方文史资料的记载，悬钟所城的关帝庙始建于明代

① 许哲娜：《信俗、日常生活与社会空间——以漳州市区妈祖信俗的田野调查为例》，《民俗研究》2012 年第 5 期。

洪武十一年（1378），当地称为帝君庙。[①] 有意思的是，我们知道，悬钟所城的修建时间是明代洪武二十年到二十一年（1387~1388），那么，悬钟所城的关帝庙是不是早于悬钟所就已经建好了呢？据地方志书记载：

> 关帝庙，一在西关内，县治西，明嘉靖间知县龚有成梦有护城之功得应，故立。一在悬钟所，明崇祯间石桥头居民另建于本街，即旧饷馆为之。[②]

按照方志的说法，诏安当地的关帝庙除了城中西关一座建于明代嘉靖年间，悬钟所的关帝庙则是明代崇祯年间石桥头居民另行修建。上述庙宇修建时间的不同记载，反映了关帝庙在当地出现的复杂情况。一般而言，类似悬钟所城这样的东南沿海卫所，其宫庙体系会随着卫所性质的转变而发生变化，在明代卫所制度严格化的时期，所城中所兴建的神圣空间，往往因为遵循严格的规定，呈现出军事化特性，类似旗纛庙、城隍庙等，作为国家祭祀与军事制度的组成部分，自然是构成卫所城寨神圣空间的核心宫庙。此外，上述妈祖宫及关帝庙，也可视为国家“正祀”的对象，被列为明代滨海卫所城寨中的标准化神祇而建庙供奉。由于悬钟所城所在的梅岭港在明代以前就已经是一个海外贸易大港，洪武初年

① 南门村关帝庙文管组：《悬钟城帝君庙》，《诏安文史资料》第 21 期，2001 年，第 48 页。

② （康熙）《诏安县志》卷 4《建置志》，第 106 页。

当地兴建有关帝庙，也在情理之中。同样，洪武二十年当地修建悬钟所城，关帝庙也完全有可能作为所城中的“标准化”宫庙，在所城中出现。

目前悬钟所城的关帝庙位于西门果老山麓，背山面海，坐东朝西，当地人指出，原先建于明代洪武十一年的关帝庙则位于现庙址东北角 80 米处。明隆庆四年（1570），原庙宇被搬迁到现址，搬迁后的关帝庙曾于清同治元年（1862）、民国 31 年（1942）两度修缮，现存清同治元年维修石碑。之后，关帝庙多年失修，四周墙垣坍塌，1980 年由县内民众和海外华侨捐资复修。①

悬钟所关帝庙坐东朝西，总占地面积 1380 平方米。主体为单落廊院式，由门楼、拜亭、正殿等组成。正殿为单檐悬山式，面阔 3 间，进深 3 柱，抬梁式木构架。正门外侧刻“浩气参天”，内侧刻“学精麟径”。关帝庙正殿祀关帝，旁设佛祖厅祀观音。悬钟城祀观音已有数百年历史，庙前碑文《建佛祖厅记》载：“明建悬钟城南门外，自古有石塔顶佛祖，然清代已废土狼藉……此地是吾村历代渔民交易海鲜之肆。民国年间恭请圣像到关帝庙大门左厢，受善男女朝夕奉拜。”每逢三月十九、六月十九、九月十九，民众便会前往祭祀观音。我们知道，随着明末清初以降沿海卫所转化为地方聚落，卫所的神圣空间也相应发生变化，为了适应当地居民的社会生活，其宫

① 南门村关帝庙文管组：《悬钟城帝君庙》，政协诏安县文史委编《诏安文史资料》第 21 期，2001 年，第 48 页。

图 2-10　南门村关帝庙

庙体系也日趋多元化，一些地方重要神祇，也会随着移民迁入而被带入所城，作为族群融合的信仰象征。从关帝与观音被置于同一庙宇供奉可见，悬钟所民众的宗教呈现出一种多元融合的状况，这也是中国东南沿海地区许多民间宫庙所具有的共同特征。

按照当地人的说法，悬钟所的关帝庙有一个别称是“南关帝庙”。这是因为当地相传，悬钟城的关帝神像与邻近东山岛著名的铜陵关帝庙的神像是用同一段樟木雕刻而成，所以当地人一般把东山的关帝庙称为北关帝，而把悬钟城的关帝庙称为南关帝。之所以会形成南、北关帝庙的说法，是因为东山旧称铜山，明代洪武二十年（1387），在悬钟所建千户所城的同时，当地也兴建了一座千户所城，称为“铜山所城”，铜山区域长期归诏安县管辖，两个千户所之间也是互为掎角，成为拱卫闽粤海防的要塞。两座所城之间的紧密关系，也反映在神庙体系上。坐落于东山岛的铜陵关帝庙是目前闽南地区最有影响力的关帝庙之一，闽台地区许多关帝庙从这里分香而出，如台湾地区上百座关帝庙都视东山关帝庙为祖庙。正因为东山关帝庙有重大的影响力，悬钟所的关帝神像与东山关帝神像同出一脉，因此，当地人认为本地关帝庙的香火旺盛，离不开这一共同神缘。南、北关帝庙网络背后，也折射出诏安湾地区悬钟所、铜山所在明清卫所海防体系上的紧密关系。

悬钟所关帝庙是目前诏安香火最为旺盛的宫庙之一，在诏安湾一带影响很大。明末清初随着悬钟所城转为地方社区，原有的关帝信仰也被延续下来。当地流传着不少关于所城关帝的民间传说。其一，明代嘉靖年间，一股倭寇乘坐 23 艘贼船来犯，他们在悬钟城外大肆掠夺烧杀，渔民们扶老携幼，纷纷逃入城里，躲在关帝庙内。当时驻扎在悬钟所的汛兵不足百人，寡不敌众，只得关闭城门等待援兵。倭寇在城外烧杀一阵后，就麇集在石城下，准备攻城。城内居民惊恐万分，只有烧香磕头，请求帝君保佑。倭寇架起十几架云梯，开始攻城。守城的军民力不能支，陷入险境。忽然看见果老山上旌旗招展，战鼓惊天，似有千军万马。城头上出现一员威风凛凛的将领，紫面长髯，丹凤眼，卧蚕眉，头裹青巾，身着绿袍，在女墙雉堞上飞奔，挥舞手中大刀，把一架架云梯砍断，倭寇纷纷掉落城

图 2-11　清代所摄东山关帝庙

下，非死即伤，身后几百乌衣兵，张弓搭箭，矢石如雨，把倭寇杀退。不一会儿，戚继光也率军从铜山所赶到，正好截断倭寇下海退路，慌乱中倭寇赶紧丢下抢劫的女人和金银财宝，准备登船逃跑，不料这时从关帝庙中飞出千百只神鸦，口衔火种，飞到贼船上，将 23 艘倭寇贼船烧得一干二净，倭寇就这样被全歼。正当悬钟所人欢呼胜利时，那个身材高大的绿袍大将和他率领的乌衣军不见了，大家才恍然大悟，是关帝君显灵杀退倭寇。[①] 其二，当地常将关帝庙前的海滩称为“贼澳”，

① 诏安县政协文化文史和学习委员会、中共诏安县委党史和地方志研究室编《诏安民间文学 · 民间故事》，第 160 页。

图 2-12　清代所摄铜山所城

据说明清时海贼、海盗经常从贼澳悄悄登陆突袭悬钟城。某个夜晚刘香海盗集团乘机前来掳掠，城内家户没有意识到危险即将到来。当海寇快靠近城墙时，突然看见整座城墙满是灯火、刀枪。刘香等人见势不妙，以为城内人员早有防备，只得落荒而逃。后来他四处打听为何城墙会有灯火、刀枪，问到的人都说城内人员事先并没有得到任何消息，刘香这才恍然大悟，原来是关帝显圣，一气之下，偷偷跑到关帝神像之前，在其额头钉上一颗钉子，以期能镇住关帝法力。其三，据说 1949 年以前，由于土地、滩涂资源有限，当地村落之间经常发生械斗。有一次南门村与邻近的洪洲村、含英村因争夺资源而发生冲突。某天夜晚两村准备围攻南门村，当两村村民快靠近南门村城墙的时候，突然见到城墙上闪过一片红光，来犯者受到惊吓，只能仓皇撤退。事后南门村人才知晓原来是关帝显灵出来保护整座古城平安。

上述传说反映了当地居民对于关帝神力的崇拜，体现了关帝在悬钟所城这类城寨型社会民众心目中有抗敌防寇等超自然法力。与此同时，其能力也被扩展到海上，成为保佑当地商船出海与渔民出海平安归来的一种信仰力量。例如，明清时期，闽南一带商船出洋贸易，船上除了妈祖、舟神，普遍供奉关帝，张燮《东西洋考》在舟师“祭祀”一节就记载“协天大帝者，汉前将军汉寿亭侯关壮缪也……以上三神凡舶中来往，俱昼夜香火不绝”。[①] 从田野调查可知，悬钟所城中居民也几乎家家户户都敬奉关帝，渔民一般将周仓、关平护卫关公读《春秋》的画像镶在相框里，并挂在主屋墙上，每天下午打鱼归来都会进香祭拜。

晏公庙

悬钟所城的宫庙体系，与所城所处的滨海环境息息相关，而且其信仰也与海洋卫所性质紧密联系。例如，除了上述城隍庙、旗纛庙、天后宫、关帝庙，悬钟所也建有一座晏公庙。按照康熙朝《诏安县志》的记载：“晏公庙，在悬钟，祀晏公神。元至正间，公为文锦局堂长。嫉恶如仇，人多惮之。死后英灵不没。明洪武间，以助战功得封灵应侯。旧址在北

① 张燮著，谢方点校《东西洋考》，第185~186页。

图 2-13 悬钟所城渔民家中供奉的关帝像

门外，后祀于城北门内。”[①] 戴冠等人所编辑上述有关晏公生平历史，显然转引自元末明初《三教源流搜神大全》一书有关“晏公爷爷”的事迹记载。[②] 晏公作为来自江西地方的著名水神，元末明初就已存在，后受封为“平浪侯”“平水侯王”等，成为江河湖海水神之一。晏公信仰在中国东南滨海卫所中流传很广，浙江、福建、广东等滨海卫所城中大多建有晏公庙。

① （康熙）《诏安县志》卷 4《建置志》，第 107 页。

② 佚名：《绘图三教源流搜神大全（外二种）》（不分卷），上海：上海古籍出版社，1990，第 344 页。

表 2-1　明代东南滨海卫所部分晏公祠庙一览

庙名	始建年代	地点	出处
晏公庙		浙江海宁卫 浙江嘉兴海盐	(乾隆)《海宁州志》
晏公庙		浙江定海卫 浙江定海县	(嘉靖)《定海县志》
晏公庙		浙江三江所 浙江绍兴	(乾隆)《绍兴府志》卷 36
晏公庙	明成化以前	昌国卫西 浙江宁波	(成化)《宁波郡志》卷 5
晏公殿、晏公祠		临山卫下辖 5 所共有晏公祠 50 处 浙江余姚临山镇	(嘉靖)《临山卫志》卷 2、卷 4
晏公殿		龙山所城 浙江慈溪	(光绪)《慈溪县志》
晏公庙		松门卫 浙江台州温岭松门	(民国)《台州府志》卷 54
晏公庙(西街)	永乐十二年冬	蒲岐所 浙江乐清	(光绪)《蒲岐所志》
晏公庙(东街)	正德二年	蒲岐所 浙江乐清	(光绪)《蒲岐所志》
晏公庙 (水门头)	万历三年	蒲岐所 浙江乐清	(光绪)《蒲岐所志》
晏公庙， 有东西两座		蒲壮所 浙江苍南	现存 当地人称老爷宫、晏公殿
晏公庙	明天顺以前	平海卫 福建莆田	(弘治)《八闽通志》

续表

庙名	始建年代	地点	出处
晏公庙		福州卫 福州后曹巷	(乾隆)《福州府志》
晏公庙		悬钟所 福建诏安	(康熙)《漳州府志》
晏公庙		崇武所 福建泉州	(崇祯)《崇武所城志》
平浪侯祠 晏公庙	明代	永宁卫 福建泉州石狮	现存
晏公祠		南澳岛	(乾隆)《南澳志》
晏公庙	明嘉靖以前	蓬洲所 汕头金平区鮀江街道蓬洲村	(嘉庆)《澄海县志》卷15 (雍正)《揭阳县志》
晏公庙		大鹏所城 广东深圳	(嘉庆)《新安县志》
晏公庙		南海卫 东莞县西北江口三里	(民国)《东莞县志》
晏公庙		神电卫 广东电白县浮山洞霞坡	(道光)《重修电白县志》

滨海城寨社会的道德系统

与大多数东南地区的卫所一样，妈祖、关帝、晏公是这类滨海城寨型社会最受居民崇拜的几种主要神灵，由此也可揭示出滨海城寨社会巫术系统的一些特点。巫术一直是中国宗教体系乃至中国文明形成的一个组成部分，韦伯甚至认为帝制时期的中国完全是“一个巫术的乐园”。[①] 所谓巫术，指的是当一种力量被类推式地比附为像人一样具有灵魂，就如自然主义式的“精灵之力”，即可能强制其为人服务。[②] 悬钟所城对于妈祖、关帝、晏公等神灵的崇拜现象，可以说是一种巫术的地方实践。那么，如何看待所城中的这种滨海神圣体系构建呢？

很显然，妈祖、关帝、晏公信仰在悬钟所城的盛行，与卫所的海洋及军事传统有关。兴起于福建湄洲岛的妈祖信仰本质上是一种海神信仰，其传播活动与水上世界的生计、贸易活动齐头并进，进而遍及绝大部分的亚洲海域。类似悬钟所城这类沿海卫所，无论作为军事单位，还是其后转变为地方聚落，都处于海洋人文环境，当地人依海为生，因此，妈祖也就容易成为普遍信仰的对象。晏公信仰也与此相类似。作为来自内陆江西的水神，尽管其起源地与东南滨海地区相距较远，但从明代初年开始，随着晏公被列入国家正祀，逐渐被视为能护佑江河湖海的代表性水上神灵。

关帝信仰的流行，则可视为滨海卫所对军事防卫型社会文化传统的延续。我们注意到，在明清以来的沿海卫所中，普遍存在关帝信仰，这与所城具有的城寨社会结构及普遍流行亚血

① ［德］马克斯·韦伯：《中国的宗教：儒教与道教》，康乐、简惠美译，桂林：广西师范大学出版社，2010，第 269 页。

② ［德］马克斯·韦伯：《宗教社会学·宗教与世界》，康乐、简惠美译，桂林：广西师范大学出版社，2011，第 33 页。

缘组织有关。前已述及，东山关帝庙的兴盛，与铜山千户所的建立密切相关。根据明正德十一年（1516）的《鼎建铜城关王庙记》记载："洪武二十年（1387），城铜山，以防倭寇，刻像祀之，以护官兵。"这也说明，所城这类军事防御型空间设置关帝庙，是将其视为一种制度化的信仰。《镇海卫志》还记载："镇海、六鳌、铜山各有庙。"[①] 据此可知，除了铜山所，明初镇海卫下辖的其他几处所城都建有关帝庙。

关帝庙在悬钟所这类军事单位中出现，也与滨海卫所宗族势力较弱的社会结构特点有关。在闽粤沿海一带，一般社区宫庙背后都离不开强大的宗族力量支撑，例如宁德、福州、莆田、泉州、漳州、潮州等东南地区，宗族与宗教组织之间的关系十分密切。强大的宗族组织，通过修建祠堂与宫庙，构造起以"祖先-社区神"为结构特征的神庙系统，从而维系当地社区的秩序。但滨海卫所的社会结构则有所区别，因为最初卫所是由军户组成的杂姓聚落，形成了"百家姓，万人烟"的特殊族群景观，因此，宗族力量并不明显。在缺少祖先崇拜作为维系群体认同的核心力量时，类似关帝这类具有典型的依附性色彩的神明也会被当作一种凝聚人心的文化要素，成为推动卫所社会构建亚血缘群体组织的一种力量。例如，根据康熙年间地方志的记载，当时围绕悬钟城等地关帝庙，诏安当地就出现了一种名为"关帝会"的组织：

① （乾隆）《镇海卫志》，《方域志》下，清乾隆十七年修清代抄本，第41页。

> 时豪少年下至仆人等，有借关帝神名结为会者，会各百十为群。有事则相帮财力，背公私党，几为乱阶。[①]

悬钟所城中出现上述关帝会组织，应该与明末清初军户制度解体及宗族力量薄弱有关，如宋怡明就指出，清代诏安当地有军籍无宗者，常常共奉关帝为祖。这也说明，关帝在所城扮演了另一种社会整合的功能。这一特征，也出现在同为九龙江流域的扶摇村、镇安寨地方。

镇安寨坐落在漳州扶摇村瑶山山顶，相传，南宋末年，北方战乱，有一位士人举族南迁，在此建寨居住，由于山上地形酷似龙舟，因此最初取名龙舟寨。寨平面呈船形，周长 268 米，面积达 4850 平方米。山寨设三门，正门朝南，门高约 2 米、宽约 1 米，门额镌“镇安寨”三字。寨内有一座关帝庙，与山下扶摇关帝庙相互呼应。后者是漳州九龙江流域香火十分旺盛的一座关帝庙。

关于扶摇、镇安寨关帝庙的来历，当地流传着多种说法。其一说的是，明朝中叶，因为是移民社会，当地人为了异姓结拜的需求，就前往铜陵（又称铜山，今东山）关帝庙请了帝君神像来供奉，将龙舟寨改为镇安寨，并在镇安寨建了一座关帝庙。其二是明朝时扶摇有一个村民挑着陶器到铜山去卖，结识了当地的一个姑娘，后来姑娘嫁到扶摇，嫁妆中带来了关帝神像，因而便把

① （康熙）《诏安县志》卷 4《建置志》，第 106 页。

关帝香火带到扶摇，后来村民便在这里建了关帝庙。[①] 其三则与关帝会有关。明代中期，随着政府开放海禁，推动了扶摇一带陶瓷的生产与贸易。当时铜山商人经常到瑶山收购陶瓷，在频繁的商贸交往中，受当时闽南一带异姓结拜习俗的影响，瑶山商人与铜山商人也纷纷通过结拜的方式，建立起亚血缘关系。由于大家都熟知“桃园三结义”故事，因此结拜异姓兄弟时，交换的拜把帖上都要写上“桃园一契，成千古美谈”字句。这些亚血缘群体一般少则几人，多则成百上千，形成一个个异性团体，俗称“神明会”，由于大家都尊崇集忠、义、仁、勇于一身的关公，便将其作为奉祀神明，因此，为了在异姓兄弟结拜时做证，铜山关帝像就这样被请到瑶山立庙供奉。[②]

由上可见，地处滨海地带的诏安湾地区，在悬钟所城建立之后，其神庙体系也相应地出现了新的变化，作为高度制度化的产物，悬钟所城最初的神庙系统严格遵循军事化规制，但也体现了海洋性的特点。尤其是类似关帝这样的神明，成为凝聚卫所人群认同的信仰力量。这一点，在明清时期诏安湾滨海地区似乎普遍存在，例如，康熙年间戴冠就指出，“今日沿海之民……坊里之间，祀神结会者动数十计。数十方一人忿恚，一会哄起”。[③] 而随着军户制度解体及所城的地域化，其神庙祭祀体系在延续以往传统的同时，也相应地发生了一些变化，一

① 林南中：《走访扶摇村》，《闽南日报》2021 年 6 月 8 日，第 10 版。

② 陈馨：《探寻郭坑扶摇关帝庙》，《闽南日报》2016 年 5 月 10 日，第 10 版。

③ （康熙）《诏安县志》卷 7《武备志》，第 151 页。

些移民带来的神灵，也逐渐被地方社会接受。这也给予了国家及其代理人通过民间信仰来整合地方社会的一个机会。

小结　城寨社会

14 世纪，东亚海域经历了一场变局。尤其是此前与东南沿海保持海洋贸易的日本诸岛，出现了政治崩溃和社会不安的局面，此后，随着西方人进入亚洲海域，由此也给明朝带来了严峻的海洋压力。沿海卫所制度的推行，创造出东南滨海所城链条，甚至催生了中国东南地区跨岛域的城寨型社会形成。类似悬钟所城这一海防卫所的出现，其实是海上丝绸之路东南沿线的常见景观。这些海防城寨建筑，引发了当地社会结构的一些新变化，不仅带来了移民和不同的文化，而且创造了一种新的文化景观。这些海防所城在当地海洋社会的发展过程中，扮演了特殊的角色，是传统时代国家治理海岸带的一种方式。

随着世界海洋贸易网的变动以及厦门港等更大港口的兴起，闽南一带原本以梅岭、月港为中心的海洋贸易网络逐渐转移到厦门这样的近代口岸城市，而悬钟所城原来地处闽粤海湾交界处的优势也逐渐消退，悬钟城逐步从高度军事化的卫所，演变成为地方聚落。类似悬钟城这样的卫所聚落，广泛分布在东南沿海，成为具有典型海洋性特点的滨海城寨型社会。悬钟所这一城寨型社会的形成，形象地反映了明清时期海防制度对于东南地方社会的影响，而所城在经历了 600 余年的岁月之后，也已成为当地社会文化不可分割的一部分。

第三章　望洋台：海疆胜迹

从明代中期开始，随着海洋对当地的影响越来越大，诏安湾出现了一个摩崖石刻兴盛的时代，在梅岭港、悬钟所城等滨海地方，一批摩崖石刻被创造出来。明朝精英和当地人之间通过石刻这一活动，建构了一种地方海洋景观，成为后人用来追忆海上丝绸之路的景观遗产。如今，类似望洋台这样的石刻碑记，与航标塔、城堡、宫庙及其他建筑物一样，已经成为诏安湾标识海上丝绸之路历史的纪念碑性符号。这些摩崖石刻，不仅让我们触摸到海洋与帝国的细部，与此同时，也在当地建构了一种纪念碑时间。

一　刻画海洋：蔡潮的石刻活动

对于诏安湾而言，蔡潮（1467～1549）不是一个普通的人物，他可能是16世纪对当地海洋社会产生了最大影响的帝国官员之一。而蔡潮在他的人生经历中，也一定忘不了诏安湾。

因为在这里，他留下了自己一生中最大的一件海洋摩崖作品，这就是悬钟城边巨石上的望洋台题刻。

望洋：凝视海洋

作为文人，蔡潮似乎很喜欢题刻，以至于如今人们在闽浙一带能找到的他的题刻就有十余方之多。而诏安湾则是蔡氏石刻最集中的地方。其中，望洋台是最引人注目的一块摩崖石刻。清代所修撰的《漳州府志》在记载地方古迹时，对本区内的所有称为“台”的古迹进行了梳理，特意援引了诏安人戴冠所描绘的位于诏安湾悬钟所边的望洋台景象：

> 望洋台，在诏安悬钟所城南，叠石凌霄，俯瞰大海，高七十余丈，四望无际，明嘉靖间蔡分守潮镌其上，曰望洋台。①

望洋台这一巨大的海洋石刻，经历了500多年之后，仍然屹立在悬钟城门外，正对着东海和南海的交界处。这一摩崖石刻如今也成为诏安湾的标志性海洋遗产景观。在嘉靖五年蔡潮完成他的这一巨幅作品200年后，戴冠仍然被其深深吸引，将其命名为“钟门巨浪”，列为诏安的二十四景之一。

蔡潮对于海洋并不陌生，他来自同样靠海的浙江临海。这个位于东海边的沿海县城，和诏安有相似的地理环境，背山面

---

① （光绪）《漳州府志》卷40，清光绪三年刻本，第14页。

图 3-1　望洋台石刻

海，海域面积超过陆地面积，也是中国东南海上丝绸之路贸易圈的一部分。由于位于闽浙滨海区域，明代临海频繁遭受倭寇与海盗袭扰。洪武二十年（1387）九月，与悬钟所一样，当地也兴建了一座海防卫所——桃渚千户所，成为浙江台州府的重要海防基地。正统四年（1439），倭寇大举入侵临海，攻破桃渚城，烧杀抢掠，城池几乎被毁，随后，明廷派遣官员重新督造新城，于 1443 年建造了一座高二丈一尺，周长二百七十步的石城，这就是新的桃渚城。对于故乡的倭患与筑城，幼年时期的蔡潮应该不会陌生，而且，他也有可能从家人口中听到过不少海寇袭扰当地的惨烈故事。

尽管祖籍浙江，但蔡潮长期跟随在福建任职的父亲生活。蔡潮的父亲蔡贻庵曾任福建苍峡巡检司大使。苍峡位于福建省南平市延平区樟湖镇香山村，现在已沉入闽江中游的大型水电工程——水口水库库底。据史料记载，苍峡古镇是南平南部及古田县一带的政治、经济、文化中心，唐宋以来设有堡寨，元、明两代政府在苍峡置巡检司。管辖周边铺和塘哨。八岁时，蔡潮随父亲来到苍峡，他在这里度过了童年的一段愉悦时光。

蔡潮的仕途起点并非东南滨海地区，而是西南边疆民族地区。明弘治十八年（1505），蔡潮中进士，授翰林院庶吉士。正德二年（1507）迁兵科给事中。正德六年（1511）任湖广按察佥事，提督学政。正德十年（1515）任贵州右参议。蔡潮在军事上颇具才干，他曾率军平息清平县的苗民起义，并长期在西南边疆任官，直到嘉靖元年（1522），移任福建右参政，筹措督运军粮，由此开始了他经略东南海疆的历程。[①] 嘉靖五年（1526），蔡潮升任福建布政司右参政兼巡海道，分巡沿海州县。明代在浙江、福建、广东、山东等沿海地区设立巡海道，主要是为了防御沿海海盗、倭寇的侵犯。巡海道有“经略海防、简练水陆官兵、处备粮饷”之责，同时也有权督察地方，举劾文武官吏、条陈军民利弊，如遇到贼寇犯境，“大责督兵剿之，小责捕而诛之”。除了主管海防事务，巡海道在福建、广东等地，还带管市舶，兼理夷务，负责外贸和外交事宜，因此是一个相当重要的身份。蔡潮巡视海防，对于诏安湾是一件大事。当时诏安尚未置县，蔡潮巡视南诏、悬钟两个千户所时，把原置于良峰山麓的教场移置于南诏城西，即后来的西校场，并建了一座演武亭。

我们可以想象，当蔡潮到了悬钟所城，他一定会像今天的

① （崇祯）《闽书》卷 47《文莅志》，明崇祯刻本，第 6 页。

游人一样登上所城门外的这块巨石，眺望东海和南海交汇的景致。极目所见，茫茫大海，浪花飞溅，胸襟为之开阔，才觉世界之大，个人之渺小。或许因为这块巨石给他的震撼太大，他最终选定这块巨石，写下“望洋台”三个大字，并召集刻工，将其刻在上面，并留下了自己的名字。

他或许没有想到，这块巨大石刻，日后会成为当地的一个标志性景观点，作为闽南一带的海洋名胜，被地方文献屡屡提及，如明代万历年间编撰的《漳州府志》，就在《建置志》中特别提到“望洋台，在玄钟所，分守蔡潮书石”。[①] 当然，作为本地人，戴冠对望洋台题刻的印象最深，他在编辑康熙朝《诏安县志》时，也对这一景观赞叹不已，并将其收录在县志资料中。[②] 他的这一表述，后来也成为地方志与其他政书记载望洋台的通行版本。

“八景”的出现

蔡潮不仅对梅岭半岛闽粤交界海洋的壮阔印象深刻，而且在视察悬钟所城的时候，也为果老山与悬钟所城的景观所打动。在嘉靖五年（1526）这一次巡视过程中，他根据自己的实地考察，在悬钟所城及附近海域，选定了八处有代表性的地点，将其命名为悬钟八景。由于此次巡视的目的是海防，所以悬钟所是他视察的重点，他也在这里留下了一系列题刻。这八

① （万历）《漳州府志》卷33，明万历元年刻本，第6页。

② （康熙）《诏安县志》卷3《方舆志》，第63页。

景分别为东湖战舰、西塞鸣笳、倚石望洋、登楼望日、苍涯烽堠、蔀屋弦歌、晚渡扬帆、晴沙曝网。在每一景之下，蔡潮分别撰写了一首七律[①]来描摹悬钟所城景致：

东湖战舰

飞樯跃楫摇旌麾，鼓鼙声里驱风雷。
盘旋翕焱浪花舞，蛟嘶龙吼山欲摧。
将军素蕴平蛮策，胸中万变谁能测？
腥膻洗尽凯歌雄，浪静波恬海天碧。

西塞鸣笳

雉堞西头控沙碛，防秋远借貔貅力。
清笳引动玉关情，风露高寒江月白。
客子闻之愁不禁，凄凉况复闺中心。
风外泠泠如唱和，捣衣夜半谁家砧。

倚石望洋

极目茫茫天作维，浪花拍浪鸣春雷。
藐汉鲲鹏起云翼，轻鸿婕鹄惊飞回。
顿遣尘襟开遏塞，到此真应笑河伯。
便欲垂竿连六鳌，未辨丝纶空叹息。

① 见（康熙）《诏安县志》卷12《艺文志》，第373~374页。

登楼望日

昔年三宿衡山阁，恨杀浮云长作恶。
揽衣夜半候东隅，黯黯遥空露微嫮。
观风昨上悬山城，火轮初瀹春波明。
祥光瑞景当自识，尧仁舜知谁能名。

苍涯烽堠

海滨孤嶂青入云，坤灵立界华裔分。
万里秋毫归望眼，鲸波何处容妖氛。
天子清明古无比，不用越裳遥献雉。
边兵饱食一事无，年年弄网沧溟水。

蔀屋弦歌

天王德化敷寰土，无数衣冠起戎伍。
灯火书声杂管弦，海国山城似邹鲁。
安得笔毫如长虹，绘图献上明章宫。
东巡何敢厌荒僻，遐陬正好观民风。

晚渡扬帆

半郊草色明斜阳，涉头唤渡人影长。
近海江波足风力，歌帆蘸水飞桅樯。
落霞归鸟如相迓，眼中一片真图画。
古来平地有风波，浪跃龙门莫深讶。

晴沙曝网

海涂潮落沙如雪，鱼虾到岸舟初歇。
柴门老幼笑语喧，晒网晴沙补残缺。
不愁鱼枯海水干，且偿私债还输官。
高楼一饮万钱掷，平生岂识风波难。

像在望洋台刻石一样，蔡潮也招来石工，将他所选定的“悬钟八景诗”刻石纪念。这些石刻目前仍然位于悬钟城东门外湖野山麓班刀石附近。占石面积约 16 平方米，端楷，小题字 8 厘米见方，诗文字 4 厘米见方。很显然，蔡潮为悬钟所题刻的八景诗，体现的是他作为明朝官员对于悬钟城及其附近海域景观的观察与书写。这也说明，他对悬钟所城及其所处的海上孔道在明朝战略上的重要地位深有体会。

图 3-2　悬钟八景石刻

（吴友江摄）

在传统时代，八景的命名，其实并不鲜见。各地都有类似的行为。一般将北宋时期的宋迪创作《潇湘八景图》作为“八景”这一景观创造活动的起源，随后，将“八景”与地方的景观联系在一起的做法，逐渐流行。北宋沈括说：“度支员外郎宋迪工画，尤善为平远山水，其得意者有平沙雁落、远浦帆归、山市晴岚、江天暮雪、洞庭秋月、潇湘夜雨、烟寺晚钟、渔村落照，谓之八景，好事者多传之。”[①] 随后，围绕八景的艺术形式日趋多样。八景成为一种文化传统，也是一种空间分类系统。在传统时代，一个地方景观的选定，同时也代表着一种社会建构。从自然景观成为地方名胜，需要经过人类的命名与歌咏。蔡潮对八景的选定或制定，在某种意义上说，也是针对诏安湾海洋景观的一种塑造活动。我们先来看悬钟八景中的地点。《东湖战舰》中的东湖，是悬钟城边上的东山。“东崻者曰东山又曰湖仔山，上有墩台，分守蔡公潮镌大石而咏八景，有诗详艺文。”[②] 《西塞鸣笳》中的西塞，应该是指悬钟所。《倚石望洋》的“石”，则是指望洋台。“登楼望日”则是从悬钟所城敌楼远眺。蔡潮此次的主要目的是巡视海防，他在黎明时分登上所城的敌楼，看着一轮红日从东方升起；同时，他听到了悬钟所城外烽火寨的号角声，并有感于这些普通将士的人生，与海疆联系在一起，他也被所城书院中传出的琅琅读书声及来往穿梭在海湾中的帆船打动，从而感慨不已。

---

① （宋）沈括：《梦溪笔谈》卷17，《书画》，清嘉庆十年刻本，第4页。

② （康熙）《诏安县志》卷3《方舆志》，第51页。

其实，当蔡潮来诏安湾巡视的时候，这一片海域已经不再平静。如前所述，明代中期，葡萄牙人已经循着航路来到东南海面，蔡潮也意识到了这种新的危险，所以他视察烽火台，指出要警惕华夷之分，希望海洋能够稳固和平。对于当地人来说，海洋贸易是一种生计方式。当蔡潮看到宫口港边，帆船进出海面的繁盛情景时，他也由此体会到海洋对于当地人的重要性。他观察到当地一些渔民在近海下网打鱼，讨海的渔民早起晚归，不过是为了糊口，而豪门贵族豪掷万钱，不过是一顿饭。如果不到海边来，怎么体会底层百姓的不易呢？

蔡潮的"悬钟八景诗"对当地海洋景观构造产生了久远的影响。当蔡潮把"八景诗"选择刻石，也意味着在当地制造了一系列风景，使八景成为悬钟城的标志性景观，为人们所熟悉，甚至成为清代通俗小说所借用的故事场景。我们在前文中提到的清初弥坚堂主人编纂描写悬钟所军户生活的章回小说《终须梦》中，其第一回开头有这样一段话：

> 其地尾南闽而首东粤，山热之后聚止，水泽之所绕旋，钟灵吐异，触目成趣，号"海滨邹鲁"。尝有六景为记：
>
> 西塞鸣笳，河右望涕，蔀屋弦歌，
>
> 晴沙晒网，晚渡扬帆，登台候日。[①]

---

① 弥坚堂主人编《终须梦》，黄岩柏校点《中国古代珍稀本小说（4）》，第7页。

上面这一段话中包含着好几处和悬钟所城有关的信息。尤其是其中所提到的六景。这六景与蔡潮在悬钟所留下的八景题刻中的六景几乎完全一致。除了“东湖战舰”“苍涯烽堠”两景没有列入，“西塞鸣笳”“蔀屋弦歌”“晴沙晒网”“晚渡扬帆”四景与蔡潮所提完全一样，而“登台候日”与蔡潮题刻中的“登楼望日”相近，也许因为“倚石望洋”中指的望洋台太过明显，所以作者巧妙地将其改为“河右望涕”。

除了望洋台石刻和悬钟八景石刻，蔡潮在诏安湾的石刻活动还有不少。例如，他在位于悬钟城西门头现民兵哨所边，留下了一方“君恩似海”石刻，高约 4 米，宽约 1.4 米，题词字每字约 0.9 米见方，楷书，直写。右上款为“嘉靖五年春”，右下款为“临海蔡潮题”。另外，根据地方文献记载，蔡潮还在胜澳天妃宫附近题刻“守在四裔”的擘窠大字，此方石刻现已查找不到，但戴冠将这一石刻记载到《诏安县志》中：“胜澳，城西南面对南澳，水通柘林等处，其上为南山墩，其平处为天妃庙，上有大石，镌‘守在四裔’四大字。”[①]同样，蔡潮也在与悬钟所城有密切关系的铜山所城留下了“与造物游”巨型石刻。

可以说，蔡潮八景的命名，是用符号化的方式，为当地的海洋空间确定了一种新的景观分类系统。他在为当地留下海洋胜迹的同时，也在地方植入纪念碑性的意义。在蔡潮之后，不少同时代的精英，也在诏安湾进行了类似的景观生产活动。

---

① （康熙）《诏安县志》卷 3《方舆志》，第 51 页。

图 3-3　蔡潮“君恩似海”石刻

二　制造景观：“摩崖”与海防网络

明代隆庆、万历年间，在中国东南滨海的诏安地区，出现了海洋文化史上颇为壮阔的一幕，同时代明王朝杰出的一批海防将领，几乎不约而同地在当地著名的千户所城——悬钟所内的一座名叫果老的小山上刻石，从而制造了当地最集中的一批海洋石刻景观，也由此成为后来人们用以标识诏安湾海洋活动的一处风景。可以说，果老山石刻群，是一种海疆胜迹的文化表述，同时也表明一个地方丰富的海洋石刻遗产的产生，其背后往往隐含着当地一段活跃的海洋历史。

果老山与滨海石刻群

悬钟城内有一座小山，和其他名山相比，这座小山显得微不足道，然而在明代东南海防史及人文景观史上，这座小山却有不可忽视的特殊性。山的名字很有意思，当地人一般称其为果老山。据说其来源还真的和八仙故事有关，根据康熙朝《诏安县志》的记载："果老山，居城中，怪石巉嵯，八峰环拱，一名古老，俗曰'八仙朝古老'。……其八峰曰凌云，曰绿屏，曰龟阴，曰玉阳，曰璞玉，曰鼎耳，曰璧石，曰玉柱。"[①] 清初杜臻巡视闽粤海洋时，也注意到这座山："诏安东南二十里，有果老山，在城中。四面八山，连环相向。其南有宫前澳，一名胜澳，即游兵营汛所驻也。"[②] 果老山的名称，应该与闽粤交界地带八仙神话的广泛流传有关，如梅岭半岛邻近的南澳岛上，也有一座果老山，位于"城西南十二里，上产九节茶、素心兰"。[③]

果老山之所以引人关注，除了地处闽粤险要地带以及海上风景秀丽外，最重要的是山上的岩石群中遍布着一批古代摩崖题刻。也许因为其数量众多，旧时人们已经频繁提到这一地方的石刻群，例如，清代本地方志的编纂者普遍注意到果老山的石刻遗产。早在康熙年间，戴冠等人编纂《诏安县志》，就提

① （康熙）《诏安县志》卷3《方舆志》，第51页。

② 杜臻：《粤闽巡视纪略》，"闽卷上"，清康熙三十八年刻本，第18页。

③ （同治）《广东图说·南澳厅》，清同治刻本，第3页。

到了前朝留下的这批石刻，“姑苏蒋基镌其石曰‘青莲耸秀’，温陵邓钟镌曰‘海国开文’，俞咨荣镌曰‘山城出色’，尹瑾镌曰‘水绕悬城’”。[①] 果老山上有石刻的历史，也被记入清代以来的漳州地方志，如光绪《漳州府志》引康熙朝志书记载：“诏安之东南为原悬钟所，其高峰突起，海上重重盘错如菡萏之露晴波，与南澳大尖相拱揖，南则汪洋一望无际矣，其城内曰果老山，一名古老，四面八山，连环相向，俗云八仙朝古老，宦游者多有题味。”[②]

据统计，果老山区域保存下来的明代石刻共有 29 处。总体来看，该石刻形成的时间以明朝嘉靖、隆庆、万历年间为主。为了便于研究，我们将其中有代表性的一批果老山明代摩崖石刻情况制成表 3-1。

表 3-1　悬钟所果老山明代石刻一览

年代	人物	职衔	籍贯	题刻内容
隆庆四年（1570）	张元勋	南澳副总兵	浙江天台	闽之南实为要害，往遭寇虐，殆无宁日。予视师海上，不逾年而氛祲全销，遂成荡平之绩。即新署居之，暇则登是山而纵览。碧天无际，巨浸汪洋，奇呈秀发，气象万千，具在目中矣。功以时而树，兴以景而豪，其诸先劳后逸者乎！后之事于斯者，当思所以先劳而后逸之。隆庆庚午春三月，天台山人东瀛张元勋书

① （康熙）《诏安县志》卷 3《方舆志》，第 51 页。

② （光绪）《漳州府志》卷 4，清光绪三年刻本，第 21 页。

续表

年代	人物	职衔	籍贯	题刻内容
隆庆四年（1570）	罗拱辰 张元勋	漳州海防同知	广西马平	上半部分文曰：题捍海三雄镇（谓南之悬钟、北之烽火、南澳之新镇成也）其一：两关当地险，一胜自天成。此日收全概，千年享太平。其二：千年雄镇一时开，收拾风波入座飒。罗景结成包括尽，鲸鲵安得逐潮来。隆庆四年仲秋既望，广西马平西泉罗拱辰书 下半部分张元勋和诗曰：奉和西泉罗老先生题捍海三雄镇元倡。其一：鼎足重关势，星罗仰受成。华夷严界限，海宇见清平。其二：东南巨镇是谁开？万里风烟向此飒。天与苍生留倚重，却教海上驾山来。隆庆四年仲秋既望，浙江天台东瀛张元勋书
万历二年（1574）	张元勋	广东总兵、都督同知	浙江天台	见旧种松林记：万历二年夏，予以镇守广东总兵都督同知，奉旨督剿海寇，会师于闽，重至玄钟，见旧种松树五百株长茂成林，偶有存棠之感。使后之人无忘爱护，则此松可以阅千岁如一日矣，因刻石记之。天台东瀛张元勋书
万历二年（1574）	呼良朋	隆庆六年任南路参将	福建福清	曲磴缘崖转，天空四座遥。何当随大雅，一笑薄层霄。雨入荒郊润，风回酷暑销。斜阳幸无事，拉坐落江潮。右陪尹莞翁登望海峰，同韵。龙江益斋呼良朋

续表

年代	人物	职衔	籍贯	题刻内容
万历二年(1574)	尹瑾	漳州府推官	广东东莞	登望海峰：峻岭斜穿径，凭高入望遥。山城雄跨海，石堞迥凌霄。霁日鲸波静，晴风蜃气销。水光天一色，渔棹送江潮。万历二年仲夏朔日，南粤莞石尹瑾书
万历六年(1578)	朱一松	臬藩副参	安徽宁国	余与以吾晏公、文洲夏公登山观海，因画南镇务，于平石台赋此，以纪共事之意云：春入玄关第一重，凭栏眺望最高峰。天光低接烟波外，山影遥浮云浪中。渔唱起时芳草绿，客杯倾处晚霞红。年来海晏鲸鲵净，锁钥南城有寇公。万历六年孟春上元日，宁国云岳朱一松书
万历六年(1578)	晏继芳	南澳副总兵	福建福宁	余因侍云岳朱公、文洲夏公经画南镇务奉和前韵：海上山春翠雾重，叨陪鸣王标奇峰。一襟风日尘坌外，万里川原指顾中，飞鸟远随帆影度，好花偏近醉颜红。雄关谁画金汤计，骏烈迮令仰二公。万历戊寅岁上元日，丹霞以吾晏继芳书
万历八年(1580)	梅应魁	南路参将	江苏南京	登望海峰和前韵：跬步层峦上，烟波望处遥。归帆悬落日，飞鹭入青霞。气爽妖氛净，心闲俗虑销。自今观海水，不复问江潮。万历八年十月，秣陵剑峰梅应魁题

续表

年代	人物	职衔	籍贯	题刻内容
万历八年(1580)	梅应魁	南路参将	江苏南京	凌云,剑峰书
万历九年(1581)	于嵩	南澳副总兵	浙江杭州	地险壮嵬峨,行穿翠霭过。潮平千岸阔,云出万山多。剑舞吞牛斗,旌飞剪薜萝。年来经几讯,瀚海息鲸波。闽粤副总兵、武林肖泉于嵩书
万历十年(1582)	李趋	南路参将	浙江松门卫	余昔从兄天衢分镇闽南,闻玄钟有奇石,大观矣。今余步武伯兄登兹山,见诸峰凌霄,即海天万里,胥在目睫中,慨然有清平岛夷之志。第任未周星,辄膺简调,明日行矣,逐书以纪其事云。万历十年仲冬,天台三衢李趋书
万历十三年(1585)	刘大勋	南澳副总兵	安徽六安	登古老峰纪誓师一律:古老峰前水国遥,登临四顾瘴烟消。黄龙万舳全吞海,紫电弧光回薄宵。明庶风回花拂袖,高春日映岸平潮。一尊永酹天光静,遮莫熙恬答圣朝。万历乙酉仲春望,副总兵淮南茶溪刘大勋书
万历十四年(1586)	刘大勋	南澳副总兵	安徽六安	登望海峰和侯、于二公韵:仙迹钟玄境,舆图重澳关。投醪谐士气,献策慰君颜。溟渤通澄澈,风帆任往还。况逢尧舜世,铜柱拟天山。阅武正春和,三经胜概过。清阴谁谓少,俗虑自消多。望阙频瞻斗,怀萱久梦萝。南来仗神武,东海已无波。万历丙戌春,六安茶溪刘大勋书

续表

年代	人物	职衔	籍贯	题刻内容
万历十七年（1589）	蒋基	南路参将	江苏苏州	建牙置甫自当年，古老山高帐幕连。插汉峰峰皆玉岛，凝霞片片是青莲。沧溟极目风烟静，吉圃披襟啸傲偏。逸胜因堪同碣石，勒铭还欲拟燕然。万历己丑冬日，吴郡宜山蒋基书
万历十七年（1589）	蒋基	南路参将	江苏苏州	青莲耸秀，万历己丑冬日姑苏蒋基书
万历十八年（1590）	俞咨荣		福建晋江	山城出色，万历庚寅俞咨荣书。
明天启、崇祯年间	陈廷对	南澳副总兵	福建福州	独步寻芳迹，厜㕒万石巉。山城邻风水，地阜接龙岩。日晒晴沙网，风扬晚渡帆。清音时入耳，鼓吹杂松杉。三山陈廷对 万峰名果老，环耸会群仙。乱石斜穿径，层峦直接天。云封疑玉璞，露洒讶青莲。镌石留题处，忻逢燧息烟。三山陈廷对
	玄津子		浙江宁波	山名果老是何缘，别似人间一洞天。端拱笔峰文叠叠，斜环旗澈漫潺潺。十年游釜苍茫碧，七载征筹慷慨肩。自来无暇舒心眺，遽尔兴思愧勒然。四明玄津子题

海防网络与摩崖景观

从表 3-1 可以看出，悬钟城果老山所保存的摩崖石刻主要以明代隆庆、万历年间为主。那么，此时期果老山为何会留下这批明代石刻呢？创作石刻的人究竟是谁？他们为何会在这一段时间集中来到果老山，并在山中摩崖题刻呢？通过表 3-1 中的刻石者身份可以看出，他们是一群具有高度同质性的人物，其身份大多是明代中期负责闽粤一带海防的将领，不少人还是东南海洋历史上名动一时的关键人物。这些石刻文本大部分内容也与海洋有关。由此我们可以推断，上述这群人在果老山的石刻活动，是明朝经略东南海疆历史的一个组成部分。

明代嘉靖、隆庆、万历年间，是东南海疆不平静的一段非常时期。我们知道，此时期海患频发，倭寇、海盗频繁袭扰东南沿海，地处闽粤交界地带的诏安梅岭地方，更是深受其害。从明代中叶开始，一直到清代中期，活跃在闽粤洋面的海盗集团几乎都袭扰过诏安湾与梅岭港一带，尤其是明代嘉靖末年，当地还出现了类似吴平这样的海盗首领。以吴平为首的这一闽粤海盗联盟，长期盘踞在诏安梅岭。这些海盗团伙，与倭寇有千丝万缕的联系，经常劫掠东南滨海地带，由此也对诏安湾悬钟所一带的海疆安全构成了巨大的威胁。由此不难理解为何果老山石刻文本一个最主要的主题是海疆安全。这一点，从表 3-1 中所列明代隆庆四年（1570）张元勋所题的“登望海峰有感”石刻内容不难看出：

闽之南实为要害，往遭寇虐，殆无宁日。予视师海上，不逾年而氛祲全销，遂成荡平之绩。即新署居之，暇则登是山而纵览。碧天无际，巨浸汪洋，奇呈秀发，气象万千，具在目中矣。功以时而树，兴以景而豪，其诸先劳后逸者乎！后之事于斯者，当思所以先劳而后逸之。

张元勋在果老山一共留下了三方石刻，除了上述“登望海峰有感”，另一方石刻也是创作于明代隆庆四年，系他与一位名叫罗拱辰的人的唱和诗。该石刻字幅高 1.5 米、宽 2.4 米，楷书。上半部分文曰：“题捍海三雄镇（谓南之悬钟、北之烽火、南澳之新镇戍也）其一：两关当地险，一胜自天成。此日收全概，千年享太平。其二：千年雄镇一时开，收拾风波入座飒；罗景结成包括尽，鲸鲵安得逐潮来。隆庆四年仲秋既望，广西马平西泉罗拱辰书。”下半部分则为张元勋和诗，其文曰：“奉和西泉罗老先生题捍海三雄镇元倡。其一：鼎足重关势，星罗仰受成。华夷严界限，海宇见清平。其二：东南巨镇是谁开？万里风烟向此飒。天与苍生留倚重，却教海上驾山来。隆庆四年仲秋既望，浙江天台东瀛张元勋书。”

那么，这位明代隆庆、万历年间在闽粤交界地带的悬钟所果老山上创作了数方石刻的张元勋是谁呢？张元勋（1533～1590），字世臣，号东瀛，浙江台州府太平县（今浙江温岭）人。他文武兼修，是明代中期重要的海防将领，长期负责南澳防卫，甚至被称为“南澳总兵第一人”。[①] 据《明史》记载，

① 柯世伦：《谁是南澳总兵第一人》，柯世伦主编《南澳文史》第 4 辑，广东省南澳县政协文史委员会编印，2000，第 39 页。

张元勋出身军户，他曾经投入戚继光麾下抗倭，并且多次率兵征剿东南一带的海盗团伙：

> 嗣世职为海门卫新河所百户，为人沈毅有谋。时值倭警，隶参将戚继光麾下。平乡邑贼，有功进千户。从破横屿诸贼，累进署都指挥佥事，充福建游击将军。隆庆初，破倭福安，改南路参将。从总兵官李锡大破海寇曾一本，进副总兵。五年春，擢署都督佥事，代郭成为总兵官，镇守广东。……帝为宜捷，告郊庙，进元勋署都督同知，世荫百户。……潮州贼诸良宝，贼魁林道乾党也。虽就抚而拥众自如，无何袭杀官军数十人，又掠六百余人泛舟入海，正茂闻，令元勋督诸将讨之，副将李诚立先破贼党何腾辉巢，良宝遂西遁，俄率其党寇阳江，见知县陈嘉谟兵盛，焚掠村落而去。他贼误以为官军也，迎战，焚其舟十一艘，溺死者无算。贼乃再犯阳江，为官军所败，遂遁出海。诸将追之，多所斩获，乃还据潮故巢。良宝故习兵，能与下同甘苦，得其心，为尽死力。所居在高山巅，深沟固垒，不出战。而官军列营田中，田多淤泥，不利驰逐。李诚立尝伏兵挑战，山上用巨炮击之，随出兵迎敌，官军败。贼乘势崩之，诚立走，坠马伤足，士卒死者二百人，尽掠辎重而去。贼既得志，分兵四出掠食，官军夺其二十舟。贼败走巢，诸将四面围之，贼掘坑堑固守。元勋以牛车载草土，积与贼垒平，而用诸火器力攻之，贼始溃，斩首千一百余级，还被掠子女二百人，时万历二年三月也。

捷闻，进元勋世荫一秩。时山海诸寇略尽，遗孽魏朝义等四巢亦就元勋降。寻与胡宗仁共平良宝党林凤，自是惠、潮二郡寇警遂息。其冬倭陷铜鼓石、双鱼城，元勋追至儒峒，大破之，俘斩八百余级，进秩为真。五年，从总督凌云翼大征罗旁贼，斩首至一万六千余级，进都督改荫锦衣，明年以疾致仕，卒于家。元勋起小校，值时多故，大小百十余战，未尝挫衄，晚年战功益著，威名震于岭南，与广西李锡并称一时良将云。①

从张元勋的上述传记可知，1570~1574年，他受命跟随另一位明代名将李锡进剿闽粤一带曾一本等海寇，大破之，因为军功，"进副总兵"。此处"副总兵"，即为南澳副总兵。南澳是毗邻梅岭悬钟所的一个海岛，长期以来，这里因为水深港阔，加上地处滨海边陲，成为海上走私贸易的理想场所，"番舶、海寇之舟，多泊于此"，明清之际东南众多海盗集团都曾以这里为据点，四处劫掠。这也是张元勋石刻中提到的"闽之南实为要害，往遭寇虐，殆无宁日"。为了加强明代闽粤一带的海防，明代隆庆二年（1568），明廷在这里设置了南澳副总兵，张元勋也就是在这一时期担任南澳的军事长官，负责剿灭当地海寇。他所撰的上述石刻文中也提到了这一段历史："予视师海上，不逾年而氛祲全销，遂成荡平之绩。"由于剿

① 万斯同撰《明史》卷320，"张元勋"，清抄本；张廷玉撰《明史》卷277，长春：吉林人民出版社，1995，第3749~3750页。

除海寇有功，隆庆五年（1571）春，他得以擢署都督佥事，代郭成担任广东总兵官，留镇广东，负责防卫闽粤交界重要海域的安全。此后，他在悬钟城建了新官署，公务之余，登果老山，眺望海天一色，撰写了上述题刻。

从果老山上引石刻史料来看，张元勋曾经在隆庆四年（1570）与一位名叫罗拱辰的人登临果老山，并以诗文唱和。果老山上的第二方张元勋石刻即他与罗拱辰的唱和诗。罗拱辰生卒年不详，他是明代广西柳州马平县人，嘉靖年间举人，任吴川县教谕，升浙江松阳县知县。他也是明代一位杰出的抗倭官员，嘉靖三十二年（1553）四月，倭寇攻破绍兴临山卫，乘势西犯。时任松阳知县的罗拱辰率兵民抵御。五月，倭寇进攻乍浦所，罗拱辰率兵民来援。当时不少官员望风而逃，而罗拱辰积极抗御，深得民心，也受到朝廷的赞赏，升任浙江按察司佥事。嘉靖三十五年（1556）夏，倭寇大举进攻上海，罗拱辰奉命驰援，后任海防同知，擢盐运同知。罗拱辰著有《战守二议》，探讨如何固城防守、击御倭寇的具体方法与计策，涉及严城守、公赏罚、精教练、治兵器等内容，后辑入胡宪宗编纂的《筹海图编》中。其政绩散见于《国榷》《嘉靖东南平倭通录》《吴淞甲乙寇变志》《嘉靖倭乱备抄》《皇明驭倭录》《沪城备考》《上海县志》《松江府志》等书中。[①]

罗、张二人同为负责东南海防的官员，此次他们来到果老

① 柳州市地方志编纂委员会编《柳州市志》第 7 卷，桂林：广西人民出版社，2003，第 246 页。

山，应也是受命负责征剿海寇。罗拱辰的题刻中有一句“此日收全概，千年享太平”。该句暗示了一个关键的时间点，隆庆四年（1570），纵横闽粤洋面的大海盗林道乾等人接受了朝廷安抚，或许罗拱辰石刻文中指的就是这一历史事件。对于明朝廷而言，平息这一海盗集团，也意味着东南海疆获得短暂的稳定局面，所以罗、张二人十分高兴，登临果老山，赋诗纪念这一历史时刻。而下半部分张元勋唱和诗中也表达了同样的庆幸海疆暂平的心情，其石刻文中一句“华夷严界限，海宇见清平”值得细究，此处“华夷严界限”，揭示出闽粤交界南澳、梅岭港一带，明代时期已经是“番舶”频繁寄泊之处，葡萄牙人、日本人出没于此，和当地海上走私集团在该海域相互勾连，由此也给明朝东南海疆安全造成了极大的隐患，作为身负保守海疆安全之责的张元勋、罗拱辰二人，自然也感受到这份沉甸甸的压力。所以两人在登上果老山，欣赏梅岭港万顷碧波的景观之余，也赋诗唱和，并令人将唱和诗刻在果老山的岩石上。而借助石刻这一文化方式，他们对海疆的关怀，也被赋予了一种公共性。

张元勋对果老山怀有深厚的情感，继隆庆四年题刻之后，明万历二年（1574）他故地重游，又在果老山上题“见旧种松林记”。该石刻字幅高 1.18 米、宽 1.55 米，楷书。其文曰：

> 万历二年夏，予以镇守广东总兵都督同知，奉旨督剿海寇，会师于闽，重至玄钟，见旧种松树五百株长茂成林，偶有存棠之感。使后之人无忘爱护，则此松可以阅千

岁如一日矣，因刻石记之。天台东瀛张元勋书。

此时他已经升任广东总兵，在获得此前短暂的安宁之后，闽粤一带的海盗集团又重新下海为寇，张元勋督领广东水师进剿，他和福建水师在闽南会师，重新来到悬钟所，登上果老山，看到之前所种植的500株松树已经绿树成荫，十分欣慰，于是再次刻石纪念此事。

我们发现，在张元勋、罗拱辰之后，从明代万历二年到天启年间，至少有12位海防将领陆续在果老山留下各类石刻，其中，尤以万历年间为最多。这或许与此时期明廷继续加强闽粤海防策略有关，同时也体现了诏安梅岭与南澳之间所存在的紧密海防网络关系。我们不难看出，此时期在果老山刻石的呼良朋、晏继芳、梅应魁、李趋、刘大勋、蒋基、陈廷对等人，几乎都担任南路参将或南澳副总兵之衔。这也揭示出南澳岛与诏安湾的密切关系。

在上述明代万历年间的果老山石刻中，官衔为南路参将的有四位，即呼良朋、梅应魁、李趋、蒋基。南路参将是明代一个重要的海防官职。据《漳州府志》“南路参将建置”条记载：

漳州原无参将，嘉靖二十八年，浙直军门朱题请福建添设参将一员，然未有专管。至三十五年，福建军门王改设水陆参将二员，然未有信地。至三十八年，军门刘题请福建分南北中三路，添设参将三员，漳州为南路。自诏安

> 广东界起至晋江县祥芝巡检司止，在于漳州驻扎。[①]

由上可知，因为漳州一直没有参将一职，明嘉靖二十八年（1549），巡抚朱纨拟设，未果。到嘉靖三十五年（1556），巡抚王杼改设水、陆参将两员。嘉靖三十八年（1559），巡抚刘焘题请福建分为南、北、中三路，各设三员参将，以漳州为南路参将，并水陆为一，辖铜山、浯屿等处；自祥芝以至大城皆为汛地，控漳而兼制泉。万历间，复置澎湖、南澳游。该南路参将隶属福建指挥使司，主要负责闽粤沿海地区的巡察与防守。呼良朋、梅应魁、李趋、蒋基等人即是明代中期担任过南路参将的明朝将官。此前，张元勋也在隆庆二年担任过该职。其中，呼良朋，字如兰，号益斋，福建福清人，以镇东卫千户从戚继光御倭，战海上，数立大功，累迁广西总兵，佩征蛮将军印，平昭州等处起事。呼良朋是明代中期东南沿海抗倭的一位主要将领，他在戚继光军中效命，时人评价其“屡于海上奏奇捷，升指挥同知。发大炮沉巨寇曾一本船，转战大捷，升本省参将。巨寇林凤据彭湖，出没为滨海患，良朋先登深入。升广东副总兵。本省都督佥事，筑镇东兵营，今赖之”。[②] 隆庆六年（1572），呼良朋担任南路参将，后来又升任广东副总兵，悬钟城所在的诏安湾是他下辖的海防范围，所以他也常往来此处，尤其是万

① （万历）《漳州府志》卷 3，明万历元年刻本，第 57 页。

② （康熙）《福清县志》卷 7，清康熙十一年刻本，第 1~2 页。

历二年（1574），他陪同尹谨同登果老山，由此也留下了登望海峰石刻。梅应魁，出身孝陵卫指挥，他于万历七年（1579）任南路参将，次年巡视悬钟所，登果老山赋诗，并题“凌云”二字，从而留下两方石刻。

与南路参将同样重要的另一个官职是上面提到的南澳副总兵。我们知道，隆庆二年（1568），明朝已经设置了南澳副总兵，首任即为张元勋。[①] 果老山明代石刻群中，除了张元勋，另有四位时任官职为南澳副总兵的海防将领。如晏继芳，他是福建福宁卫人，万历四年（1576）任南澳副总兵，他在修建南澳城方面，发挥了重要的作用。据乾隆《南澳志》载，晏继芳由漳州卫千户历阳电琼崖两路参将，万历四年升南澳副总兵官，时前任白韩纪建城，“甫兴，工民大疫，白旋以病去。继芳至，祷于神曰：城且筑并建庙以迎神庥。于是城与庙众役齐举。辟草莱，招流亡，四民安堵”。[②] 根据晏继芳石刻内文，万历六年（1578），他“因侍云岳朱公、文洲夏公经画南镇务，奉和前韵”，也就是说，他的石刻诗文是为了“奉和”一同登山的两位官员“云岳朱公、文洲夏公”。此位“云岳朱公”，应为时任漳州同知的朱一松，他是宁国府人，进士，万历二年任，后升佥事。[③] 朱一松也在果老山留有一方石刻，该石刻高1.18米，宽0.9米，其文为：“余与以吾晏公、文洲夏公登山观海，因画南镇务，于平石台赋此，以纪共事之意云：

① 柯世伦主编《南澳文史》第4辑，第39页。

② （乾隆）《南澳志》卷4，清乾隆四十八年刻本，第19页。

③ （康熙）《漳州府志》卷9，清康熙五十四年刻本，第42页。

春入玄关第一重，凭栏眺望最高峰。天光低接烟波外，山影遥浮云浪中。渔唱起时芳草绿，客杯倾处晚霞红。年来海晏鲸鲵净，锁钥南城有寇公。万历六年孟春上元日，宁国云岳朱一松书。”文中提到的“以吾晏公”即为晏继芳，至于“文洲夏公”，目前尚未确认身份。从晏继芳的石刻文记载可知，他因为随朱一松等人巡视南澳一带海疆防务，登临果老山，赋诗一首，以作唱和，并令刻工勒石。石刻文中“雄关谁画金汤计”一句，清晰地表明了其对悬钟所“捍海三雄镇”在拱卫明代海疆作用的期许。除了悬钟所果老山此方石刻，晏继芳还在与南澳岛相对的柘林镇区东北风吹岭古道上留下了一方“闽广达观”石刻。该石刻上款为“万历丁丑之吉”，下款为“闽粤副总兵晏继芳书”。由此可见，此方石刻是他在万历五年（1577）登临风吹岭古道所留。除了晏继芳，刘大勋也是一位在果老山留下摩崖题刻的南澳副总兵，他出自江南六安卫指挥所，万历十二年任南澳副总兵。果老山留有两方刘大勋的石刻，时间分别为万历十三年（1585）、十四年（1586），前一方石刻题为“登古老峰纪誓师一律”，石刻高1.57米，宽1.30米，草书。后一方石刻题为“登望海峰和侯、于二公韵”，石刻高1.55米，宽0.95米，楷书。这两方石刻也与海防主题密切相关，如“登望海峰和侯、于二公韵”中最后一句“南来仗神武，东海已无波”，道出了刘大勋等海防将领希望通过加强海防力量，稳定明朝海疆秩序的愿望。陈廷对也是在果老山留下石刻文书的南澳副总兵。他是福建福州人，“万历己未科会试状元，善草书，以受番舶贿下狱”。[①] 陈廷对于崇祯二年（1629）起担任南澳副总兵，他在果老山留下的两方石刻是其所作“果老山”诗，每方高1.3米，宽0.65米。诗中描绘了梅岭港一带“日晒晴沙网，风扬晚渡帆”的港湾景观，同时也表达了“镌石留题处，忻逢燧息烟”的祈愿。

明代万历年间，以“南澳副总兵”“南路参将”为首的海防将领镇守在诏安湾一带，在稳定明朝廷的海上秩序，确保隆庆年间开禁之后，梅岭港、南澳岛及漳州、潮州一带的海洋贸易发展方面，起到了积极的作用。很显然，这批海防将领在果老山所留下的海防石刻遗产与此时期的海疆治理息息相关，是海防精英试图通过建构风景的方式，达到重塑王朝海洋空间的一种文化表述。

三　风景与海疆：重塑海洋空间

可以说，蔡潮刻石及果老山明代海防石刻群的出现，既是一种将地方风景化的过程，同时也让我们看到了一个社会事实，即诏安湾的海洋景观生产，与明朝的海防制度密切联系。明代中叶，随着诏安湾一带海洋活动日渐兴盛，海上贸易频繁，也给当地海疆安全带来了潜在的危机。明朝为了加强闽粤交界海洋的防控，从制度层面对这一滨海地带进行了新的建设，而这批海防摩崖石刻的形成，正是历史上闽粤交界地带诏

① （乾隆）《南澳志》卷4，清乾隆四十八年刻本，第3页。

安湾经历国家海疆治理过程中蓬勃的海洋社会生活史的生动见证。

明代开始，随着悬钟所的建设，诏安湾经历了一个社会结构的转变过程。正如我们在本书第一章谈到的，明代，诏安湾一带的海洋贸易活动日益频繁，而蔡潮等人的题刻背后，隐藏着明廷对这一片海域治理的强化，随之而来的，则是海疆逐渐被纳入王朝国家的一个重要组成部分。从明代以来，如何将海洋更有效地纳入国家管理，是一个重大问题。类似蔡潮这样的精英，希望采取的一个措施就是儒家化海洋。很长一段时间，海洋被视为王朝国家蛮荒的边疆，是有待文明化的地区，与内陆不同，海洋被视为不稳定的社会，是一种亟待纳入“大一统”的边陲空间。而蔡潮及悬钟所城果老山石刻的题刻与景观制造，其实是一种将海洋归置到王朝国家空间的文化活动。

如前所述，蔡潮在诏安湾留下了一批集中的摩崖石刻，无论是数量上，还是对当地景观影响而言，他无疑是同时代在这片海域留下最多石刻的官员。由此可以验证，作为巡海道的蔡潮对这片海域的重视。而他的海洋镌刻活动，也表明这片海域很早就被纳入王朝国家海疆治理视野。

那么，怎么理解蔡潮的这种刻画海洋的行为呢？也许我们很容易认为，蔡潮在诏安摩崖题刻的行为，与其作为一个文人的题名活动有关。古代文人喜好山水题名，刻石也是一种文学创作。作为文人出身的官员，蔡潮当然希望通过摩崖题刻的方式，将自己对于当地海洋景观的认知永久铭记下来。然而，我们不要忘了，除了文人，蔡潮还有另一个身份，即，他是作为大明王朝官僚，并带着巡视海洋的使命来到诏安湾的。所以，他的题刻，不能简单视为只是个人的文学行为，其背后显然带有更深刻的历史背景与政治意义，呈现的是明王朝国家海疆政策在滨海地方的实践。

“儒化”海疆

在嘉靖初年的诏安湾，海洋已经不平静。随着海寇频发及西方人的到来，当地面临诸多压力。因此，经略海洋成为蔡潮这一巡海道官员的重要任务。蔡潮将海洋视为边疆之地，这一点，从其在悬钟城开展的一系列改造事件可以看出来。作为一个儒家精英，他在巡视海疆的过程中，也不忘自己的道德使命。在他看来，类似诏安湾这样的地方，文风还需培植，因此他不遗余力在当地建书院，推广儒学教育。例如，在明代悬钟所，除了题刻，他还建了一座书院，即东瀛书院：

> 东瀛书院，在玄钟所，旧为佛刹，嘉靖五年参政蔡潮改建，塑朱文公像于中，以北溪、勉斋二先生配。[①]

蔡潮将悬钟所城内的佛寺改为书院，同时，也重塑了朱熹像，以祭祀朱熹，因此，后世也将这座书院称为“朱公祠”，并隆重地举行祭祀仪式：“春秋二祭，每岁县给银六两，其四

① （万历）《漳州府志》卷33，明万历元年刻本，第5页。

两，系本县南门月城铺税。其二两，系卸石湾主家朱瀛等出办，俱就县征领。”[①] 我们知道，朱熹是儒学的代表人物之一。明太祖朱元璋平定天下之后，制定了“文治太平”的治国方略，从府到州再到县，在全国各地层层建立儒学教育体系。除此之外，在边疆地区的都司、卫所也大兴儒学，以此来教育军中子弟，提高其文化素养。由此可见，蔡潮巡阅海疆，除了重视海防建设，同时也是一次推广儒学的举措。他将悬钟城中原有的佛堂改建为东瀛书院，并非一次孤立的行动，而是精心计划的海疆治理策略。

蔡潮是朱子学的积极倡导者，他曾经在闽北地区重建朱子祠，如建阳当地方志就记载“南州阙里坊，宋咸德九年立，永乐十一年主簿陈政重建。嘉靖乙酉大参蔡潮改今名”。[②] 他也重建了南平的九龙书院：

> 九龙书院，在南平县东南长安北里中，有礼殿以奉先圣四配十哲像，有祠堂祀杨时、罗从彦、李侗、朱熹四先生。按院始建无考，相传其地盖四先生旧讲道之所也。国朝宣德中，殿堂倾圮，圣贤像迁祀本县儒学门额，故址犹存，嘉靖四年参政蔡潮重建。[③]

而他巡视福建沿海卫所时，所过之处，也修建了一系列的

① （康熙）《诏安县志》卷 5《祀典志》，第 128 页。
② （嘉靖）《建阳县志》卷 4《治署志》，明嘉靖刻本，第 8 页。
③ （嘉靖）《延平府志》卷 1《学校志》，明嘉靖刻本，第 14 页。

书院，推广朱子学。如他在东山地方修建了南溟书院："铜山朱文公祠，即南溟书院，在铜山城内瞭高山上，明嘉靖间海道蔡潮从生员游鸿冲等议建。"①

蔡潮在海疆地区大量兴建儒家教育机构，反映的是明代以来国家对海疆的控御进一步加强。我们知道，官办儒学是国家意志的象征，是依靠国家力量统一人们的思想意识与价值观的一种方式。儒家价值观的融入，也是国家权力通过教育的方式渗透到地方社会的体现，其不仅可以促进地方文教事业的发展，而且有利于增强国家的权威，强化大一统形象，同时可以推进国家在滨海地区的凝聚力，维护海疆的稳定。这一点，通过明代万历年间当地一次重修悬钟所朱子祠事件，也可以更好地揭示出国家与海洋治理之间的关系。

海市税与朱子祠

万历二十三年（1595），距离蔡潮在铜山、悬钟城边建造两座朱熹祠庙又过了近70年。铜山的朱子祠似乎给当地带来了好运气，该岛接连在科举上获得佳绩，朱子祠香火也越发兴盛。与之相对，悬钟城的朱子祠则已经被废弃几十年了。这种情况，让时任知县夏宏再也看不下去了，一天，他巡阅卸石湾，看到港口商船齐聚，一派兴盛热闹的样子，心里有了一个主意。他下令抽取一部分当地海船交易税，作为朱子祠的祭祀

① （光绪）《漳浦县志》卷10《祀典志》，民国25年铅印本，第6页。

费用。由当地著名的士子沈铁帮忙，重新恢复了悬钟城的朱子祠祭祀，此举博得当地读书人的一片叫好声。

但不久之后，当地的大族又盯上了卸石湾海市，交易税很快被巧取豪夺了，朱子祠的祭祀活动，也因无钱没法持续下去。到了万历三十五年（1607），浙江嵊县人郑化麟担任知县，沈铁等人将这一情况反映给郑令，他下令将交易税交还给朱子祠。但不久又被官家子所侵吞。万历四十年（1612），广东博罗人车登云来任知县，沈铁和当地的读书人联合起来，写了一封信给官府，要求归还祠税，以确保朱子祠能够维持香火。和前任相比，车登云处事更为坚决，他召集了当地大族子弟训话，强调朱熹对漳州滨海一带文风的贡献，责问众人怎么忍心看着其祠庙失去香火，并说如果有人继续侵吞祠费的话，就要被绳之以法。官家子弟被感化了，就将所有侵吞的交易税都还给朱子祠。车县令命令当地读书人每年挑选一人收取祠税，作为祭祀之用。每年积余部分，用在祠庙的翻修与置备祭器上。如此一来，不仅朱子祠与香火祭祀得以延续，而且刺激了当地的读书风气，原本偏僻的卸石湾，也成为家诗书户弦颂的地方了。沈铁为此郑重其事地撰写了碑文，立了一块石碑。这就是“夏、车两侯合创悬钟文祠祀典碑记”，该碑刻详细记载了这段历史：

在昔朱文公先生过化漳邦，凡海澨山陬，均濡化雨，靡不畏垒尸祝者。铜山、悬钟二所，虽起在海滨乎，而济济衿佩，右于上国。嘉靖丙戌，参藩霞山蔡公捐资，檄二所创祠塑像以祀，俾青衿朝夕瞻仰，庶几羡墙见也。铜士起家青紫，崇祀俎豆，而邑士待兴缺祀已数十年矣。

岁丙申，诏邑侯铭乾夏公抵邑，阅鉫石弯海埠一带，商船泊凑，立主家交引贸易，就于境内岁抽数金，为文祠祀费，不佞从臾其间力公典，诸青衿沾沾渥惠焉。无何一宦蓦掠之，又无何一宦奄据之。祠之春秋荐祀，几不给也。曾诉之前邑侯郑公，业令归之祠中，而豪宦子霸夺如前。会邑侯从龙车公抵任，诸青衿具牍以请，不佞从臾益力。公谓：文公教洽海隅，宦家子诵法久矣，忍夺其祀乎。果尔，怙终自有三尺在。宦家子翻然惕悟，尽归埠税于文祠中。公命青衿岁择一人收税镪，永充祭需，积有余羡，祠宇之修，祭器之具，咸取资焉。是鉫石湾懋迁之地，蔚然紫阳文物区矣。

嗟！嗟！报本反始，人道常经，崇惠报功，国典攸系。文公传注，大有功于吾道，守漳遗化，尤有惠于漳人不浅者。蔡公建祠，为邑士山斗；夏侯首创湾税，以秩祀于先，殆为豪宦攘夺，兹借车侯恢复之。无非为邑士崇祀地也。诸青衿悲世情叵测，大典或湮，爰勒贞珉，以垂永久，属不佞记之。不佞曾忆宣圣司寇于鲁，未几而齐人归郓、欢、龟阴田，其俄顷功化，诚足多矣。而麟经著作，细书必详，盖虑后远也。兹埠税，一琐利耳，乃诸士借以荐名，禋辑祠舍，具永赖之。

夏、车二公倡复殊勋，均不可泯亡绝灭，而督水寨守戎刘、查二公，署所篆千戎粥宇周君，协理千戎丹廷吴君，旭东李君辈，咸谓是举也，崇先儒，惠后学，抑豪强，报功德，四善俱备。其勋绩当与钟山、沧海并垂不朽矣。谁为变易？用书之，以贻后人，世守勿替者。

蔡公名潮，浙之临海人。嘉靖初以名进士任闽省分守左参政。夏侯名宏，广之海阳人。车侯名登云，广之博罗人，俱以粤进士知诏邑。①

为何一座朱子祠的兴废，对于诏安湾这么重要？这是因为朱子祠的出现，代表了儒学在滨海地区的发展，也反映了王朝国家试图以儒学来教化海洋人群、加强对滨海地带的控御。因此，可以说，蔡潮和明代诏安湾的海防官员在当地的风景题咏，除了作为文人题壁的雅好，还有更深的意义。这群国家精英的一系列海洋题刻背后揭示的一个事实是，从 16 世纪开始，诏安湾地区海洋活动日益兴盛，而王朝国家对海洋管理与海疆安全的守护也逐步深入化。

小结　景观、场所与纪念碑性

很显然，从这些石刻文本可以推断，上述这群人在悬钟所、果老山的石刻活动，是明王朝在面对早期全球化带给中国海域压力过程中，经略东南海疆历史的一个组成部分。蔡潮、张元勋等人的一系列海洋景观的刻画创造，同时也是一种文化

① （康熙）《诏安县志》卷 11《人物志》，第 338～339 页。

表述过程，具有巫鸿所谓纪念碑性（monumentality）的意义。一般而言，富有权威性的个人，其命名术会对一个地方的社会记忆形成产生重大作用。人文地理学家段义孚曾指出："地平线上的山峰是高度可见的，它是一个标记，是一个能够被指出来并且能够被记录下来的公共地方……这样看来，科学家似乎拥有某种力量，即仅仅通过指认某处水体而非另一处水体，他们就通过自己的权威性创造了一个地方。"[①] 按照段义孚的说法，纪念碑、圣地、神圣化的场所等，这些可见的符号或者标记，都能够提高人们的认同感，也鼓舞了对地方的警觉与忠贞。望洋台及果老山海防石刻遗产的出现，是地方海洋知识实践的一种景观化，同时也是一个蕴含着丰富社会行动的场所（locales）。克里斯托弗·蒂利（Christopher Tilley）在有关场所与社会行动的研究中指出，场所从某种意义上说，是一种语境（context），通过行动者的互动，场所被创造、复制和改变。正如吉登斯（Giddens）所言，场所是社会生产和再生产的媒介。而通过命名场所和事物，它们被纳入社会话语，并作为个人和群体历史行为的记忆工具。没有名字，文化上重要的场所将不存在，只会作为一个原始的空白，一个自然环境。从根本上看，正是名称创造了景观。[②] 望洋台本身只是一块矗立在海边的普通巨石，经由蔡潮命名，成为对国家海疆的标记。同

---

① ［美］段义孚：《空间与地方：经验的视角》，王志标译，北京：中国人民大学出版社，2017，第 134 页。

② Christopher Tilley, A *Phenomenology of Landscape*: *Places*, *Paths and Monuments*, Oxford, UK, 1994, pp. 15-28.

样，果老山原本也只是矗立在悬钟所中不起眼的一座海边小山，但经由张元勋等海防精英的不断登临与题刻，成为国家治理术的一部分。这批海洋石刻，与悬钟城一样，最终成为当地海洋历史的共同记忆。此后数百年，这种记忆以石刻的方式被储存下来，成为今天悬钟古城乃至诏安湾参与海上丝绸之路历史的一段珍贵记忆。

对于类似望洋台、果老山明代海防石刻等海疆胜迹而言，其不仅承担着构造传统中国海洋景观的功能与意义，而且更重要的是，它们也成为一种社会生产出来的特殊空间，就如地理学家爱德华·索亚（Edward Soja）所提到的城市节点性（nodality）一样，具有将不同的活动联系在一起的功能。发生在梅岭半岛的这些海疆胜迹制造活动，往往也会成为一种唤起当代海洋遗产记忆、追忆祖先与地方认同的集结点。我在当地进行海洋石刻田野调查的时候，有一次在果老山上遇到一位自称是张元勋后人的老者在拓印三方张元勋留下的石刻。我们知道，拓碑是中国的一种文化传统，这种拓碑行为，近年来在各地很普遍。而张氏后人前来果老山拓碑的故事，其实不仅反映出当代人如何通过海防石刻遗产来追寻其英雄祖先的事迹，同时也让我们重新思考明代诏安湾的海洋景观遗产所具有的文化再生产意义。从某种意义上说，遍布中国东南滨海地带的海洋石刻遗产，其背后都是历史上不同时期海洋制度实践的反映。

总之，一个闽粤交界地带的明代海防卫所，在比较集中的时间段出现了一批涉海官员的刻石活动，这一定不是历史的偶然，其背后显然与明王朝的海洋治理术密切相关。我们可以看到，蔡潮和明代隆庆、万历年间的海防精英，通过这一刻画海洋的方式，在当地创造了一种地方景观和意义空间，使诏安湾的海洋活动，被浓缩成海洋名胜，从而在国家的文化版图中，找到一个地方性的位置。同样的，果老山的明代海洋石刻，也提醒我们必须注意海洋文化遗产的时间性（temporality）问题。蔡潮、张元勋等人的海洋题刻，是一段海洋事件的历史记忆。他们在诏安湾竖立的这些海洋石刻，也具有典型的纪念碑性意义，对于当时的梅岭港、悬钟城及周边地方而言，也许这些摩崖石刻活动，只是他们希望留给后人的一个景观标识，是一种地景的书写方式，[①] 但对于诏安湾的海洋开发来说，其影响则不能低估，因为它建构了事件，植入了王朝官员对于海疆巡视的时间，由此赋予了石刻一种社会生命史。此后，诏安湾的地方历史叙述，都因为与望洋台、果老山海防石刻这样的纪念碑建立起了联系而展现了不同的意义。总之，我们应该从更广阔的视角来审视望洋台及果老山海洋石刻遗产，这批石刻刻画了明朝关于海洋政策与治理术的变化，是一个地方海湾在海上丝绸之路留下的重要印迹。

① 张先清：《地景与书写——一部明代山志的社会生命史》，《地域文化研究》2020 年第 6 期，第 59~67 页。

第四章　祥麟塔：船货社会

清人叶观海在其编修的嘉庆《诏安县志》中，谈到乾嘉年间的海运业及对民风的影响时说，县内“五谷所登不足自给，民间糊口半资外运商舶”，[①] 他甚至谈到因为高度依赖船货贸易，严重影响了当地风俗：

> 航海商贾，视重洋如平地，岁再往还，攘利不赀。输粟买衔，自拟权贵。居室连云，过于官第。岁时宴会，罗山海珍奇。盛筵必仿官式，居恒非绮壳不服。衣冠必曰京式，出必肩舆，行多仆从。纨绔子弟尤而效之，多以布衣徒步为耻。[②]

很显然，对于诏安这样土地资源不足的东南滨海小县而

---

① （民国）《诏安县志》上编，卷2《地理》，民国31年铅印本，第28页所引“叶志”。

② （民国）《诏安县志》上编，卷1《天文》，第8页所引“叶志”。

言，这种社会经济上的相对繁荣，是与当地蓬勃发展的跨区域海洋贸易密切相关的，尤其是以海洋为纽带建立起的南、北船贸易体系，一度为民间积累了大量财富，也在当地形成了一个以海洋贸易为特色的船货社会。在本章中，我们将探索一个地处海上丝绸之路沿线的滨海县域，如何依靠航海发展出独特的海洋贸易型社会，并且如何支撑起一个锚地区域的繁荣，进而引发其区域社会结构发生了一系列的转变。我们可以看到，中国传统时代海上丝绸之路沿线的人群，曾经积极地参与构建跨区域的海洋贸易网络，在发展出繁盛的船货系统的同时，也改变了当地的社会文化。

一　风水与航标

造塔

明万历三十年（1602），时任诏安知县、东莞人黎天祚鉴于本县虽依山面海，山明水秀，却文教未昌，便欲深究其因，找出症结。他精通堪舆之学，遂在公余，四出游勘。经过一番考察后，他发现县域东南地势低洼，尤其是县邑之南的南山大小二峰，俱乏挺拔之势。便策划建塔于其上，以兴文峰。在鸠工建造了石基之后，他接到调令离开，工程遂止。数年后，续任知县、嵊县人郑化麟，在重修龙尾桥（即洋尾桥，又称广南桥）后，又组织民工到南山小峰培土，以为文笔，使其成高锐之势。据说，在南山小峰培土后，当地科第即大有改观。[1]《诏安县志》记载了这件事：

> 小南山，文庙笔山，秀耸奇丽，万历壬寅，知县黎天祚建塔未成。万历丁未，知县郑化麟因塔址用土培之，邑中科第遂有二三同登者[2]。

叶观海《修造南山大峰记》也留下了同样的记载：

> 前明邑侯黎公以邑中文教未昌，欲于大小南山各建塔其上，以助文峰。石基已定，寻以他去，中止，厥后郑侯仅以土堵其小者，大峰则仍置之，然目是科举已稍稍蝉联而起。[3]

到了清代嘉庆年间，相传有位鲍姓官员善观阴阳风水，他进入诏安地界，发现县城东面的渐山，尖俏灵动，喻示诏安的文锋颇为出类拔萃；南面的南山又仿佛是座端庄沉稳的笔架，象征诏安文运昌盛，贤达辈出，欣喜不已。但当他瞭望城东的渐山时，却惊讶地发现山尖竟然呈开衩状，这意味着上佳的风水定将有损，寓示诏安难出权贵，深感遗憾。于是他遍访诏安

---

① 傅崇毅：《祥麟塔》，政协诏安县委员会文史委编《诏安文史资料》，第21期《梅岭镇专辑》，第47页。

② （康熙）《诏安县志》卷3《方舆志》，第49页。

③ 叶观海：《修造南山大峰记》，（民国）《诏安县志》卷16《艺文志》，民国31年铅印本，第31页。

山水，研究结构布局，阴阳贵贱，后决心建塔祈愿，扶助文运，此提议得到了全县有识之士的热烈拥护。①

嘉庆二年（1797）夏季的一天，当地有名的孝廉沈丹青邀请诸绅士到本县明伦堂聚议，倡议建塔（建石塔于腊洲麒麟山）、培龙（填补校场龙脉）、修峰（修高南山大峰）等一系列风水工程，以振兴诏安文运。此后将这些建议禀告诏安知县鞠清美，鞠知县十分支持，并带头捐出俸银，旋即得到诏安民间的热烈响应，共获得3000余番银。教谕包楚魁、训导柯辂等人也表示要参与督造。《诏安县志》记载了柯辂的督造事迹：

> 柯辂，晋江人，嘉庆初授诏安学，到任后以振兴文教为己任。素精堪舆，谓文教之兴，颇关地理，见邑东南空缺，大有损亏，遂捐廉，首倡于大南山取土增高，并封二峰尖，虽炎夏亲督工焉。②

而后，邑庠生林建昌“以修南山大峰为己任”，邑庠生李朝东、上舍王履谦、朱国泰、郑士桥“以结龙脉为己任”，主持明伦堂议的举人沈丹青、举人林梦椿、贡生叶观海等以兴建石塔为己任。翌年（即嘉庆三年，1798），建塔、培龙、修峰三项大工程先后动工，一年之中，三事俱举。③ 石塔历时一年

---

① 徐洁：《巍峨秀丽祥麟塔》，《福建乡土》2018年第2期。

② （民国）《诏安县志》卷10《职官志》，民国31年铅印本，第42页。

③ 傅崇毅：《祥麟塔》，政协诏安县委员会文史委编《诏安文史资料》第21期《梅岭镇专辑》，第44页。

四个月终于建成。因兴工取石时“祥光闪烁者久之”，所以被命名为祥麟塔。

图 4-1 祥麟塔

（钟晓桐摄）

一位本地官宦沈绚所撰写的《建祥麟塔并修峰培龙记》一文，记载了上述再造风水的过程。他也描述了祥麟塔建成之后带来的景观变化，并将主持建塔培龙的地方精英一一列名：

> 塔计七级八角，高八丈八尺，周围如其高之数。虚中玲珑，石磴系纡，登临其间振衣千仞，浏览靡穷，其龙脉蜿蜒而南山突兀而起，皆标异竞新于宝塔之前。语云不一，劳者无永功，将事之初畏难而阻者不乏人，非具卓识有为之才、不挠物烦，锐意兴复，岂能聿观厥成哉。丹青有志，将大有建竖于当世也。即以此卜之矣。与丹青同事者则孝廉林梦椿；贡生叶观海、许时犹、子一冲；生员林

炳臣、沈石勋、沈志清、林建昌、李朝东；监生黄廷举、沈国扬、朱国泰、沈光宪、沈朝良；吏员沈仪；督造郭可庆、李遏、蔡卯，其人均堪不朽，其乐输姓名另有镌碑。[①]

祥麟塔建筑精美，工艺高超，全部以花岗岩规格条石砌建。塔高约 24.5 米，基座周长 24 米，有五步台阶。底层正门匾书有“祥麟塔”三个大字，字体雄浑饱满，厚重端庄，匾两侧小书“嘉庆三年三月谷旦 祥麟塔知诏安县事鞠清美教谕包梦魁训导柯辂”等字样；二层以上，层层错落开设与上层不在同直线的四面圆拱小门，是为东、西、南、北门，远观颇具美感，各门依朝向分别以“朝阳”“挹晖”“迎薰”“拱辰”命名；第四层面海的小门上，镌有“气势凌霄汉，文章大海潮”石刻对联，系举人沈丹青所书。石塔逐层装饰有细条腰檐，作为塔层的分界。腰檐又于塔墙八角处，均修饰有小巧的翘角，别致而优雅，使坚固的石塔显得越发灵巧秀丽。塔内空心，为楼阁式，有螺旋形狭窄石阶迂曲盘登塔顶。[②]

祥麟塔建成后，很快成为当地名胜。近代所编撰的《诏安县志·名胜志》载有诏安二十四景，分别是丹诏金墉、九侯石室、西港夜蟾、南山夕照、岐岫紫烟、钟门巨浪、章朗春云、长湖秋水、良峰古庙、渐岳晴岚、初稽玉泉、西峤海月、钓屿临江、龙桥亘渚、黄塘荷香、赤溪腻涨、真武石井、东舆

① 沈绚：《建祥麟塔并修峰培龙记》，（民国）《诏安县志》卷 16《艺文志》，民国 31 年铅印本，第 40~41 页。

② 徐洁：《巍峨秀丽祥麟塔》，《福建乡土》2018 年第 2 期。

古塔、斗山道观、龙山蓍室、腊屿祥麟、虎冈滴玉、七贤榴洞、九仙山宫。[①] 显然，与戴冠在康熙年间的“十二景”风景命名相比，经过一百多年时间，诏安当地的景观体系也发生了很大的变化。祥麟塔兀立在腊洲之上，十分醒目，很快吸引了当地人前来登高揽胜。从塔内石级登上塔顶，汪洋在望，只见诏安湾波光粼粼，帆影点点，极目四望，狮头屿（又名狮头山岛）等岛屿及悬钟城、鲫石湾、宫口、腊洲、田厝、林厝、霞河、高坑等村庄尽收眼底。隔海遥观，洪洲、含英、仙塘、甲洲等乡村历历在目。内则面对南峰，光辉相映，成耸秀之观。远眺县邑，晴明时，诏安城区、潮汕平原依稀可见，风景如画，该塔遂成为当地的一个标志性景观。

航标塔

在现代导航技术出现之前，海上行船需要依靠多方面的经验与技术，除了罗盘、针路，航行也高度依赖海边的各种标识，而建在滨海高处的石塔，往往就是最为醒目的航标之一。福州的罗星塔、莆田的望海塔、泉州的六胜塔、姑嫂塔、圭峰塔，漳州的石矾塔都是明清时期著名的航标塔，帆船航行在海路上，凭借这些海上石塔，就能准确地判断航行位置与目的地。祥麟塔建好后，也成为指引诏安湾海船出行的标识点。

依照当地人最初建塔目的，祥麟塔是一项风水工程，其功

① （民国）《诏安县志》卷3《名胜志》，民国31年铅印本，第1~2页。

能是作为培植本地文脉的文峰塔。果不其然，塔建成后，本县文运日启，科名逐渐兴盛。然而，由于祥麟塔位于梅岭镇腊洲村，正处于闽粤交界诏安湾航道的制高点，登祥麟塔观海，诏安湾腊洲、蛤洲、沔洲、红洲、卧冈洲、陈洲、蛇洲七个洲屿一览无余，因此，其建成后，功能却并不限于风水，而是成为清代以来诏安湾行船走水最醒目的航标。祥麟塔也从一个风水塔，转换成诏安湾的一处重要海洋遗产点。清代嘉庆年间，当地儒士谢声鹤所撰写的一首诗，十分形象地道出了祥麟塔的这一景观转变：

目断祥麟石塔边，渔庄餐舍七洲连。
红洲遥在寥花岸，不识沔洲看紫烟。[①]

作为一座古塔，历史上祥麟塔历经雷击、地震、台风，年久失修，一度成为危塔，从 20 世纪 80 年代起，当地政府将该塔列为文物保护单位，组织力量多次重修，塔貌得以恢复原状，还增设石栏杆，铺筑石阶路，开辟腊洲公路和塔山道路，同时植树数万株。修整后的祥麟塔及其配套设施，“面貌一新，景色增丽”，成为诏安的一处名胜和旅游景点。[②] 有意思的是，近年来，随着海丝申遗热的兴起，祥麟塔又重新进入当

① 黄钟麟：《腊屿祥麟》，政协诏安县委员会文史委编《诏安文史资料》第 5 辑，1984，第 57 页。

② 傅崇毅：《祥麟塔》，政协诏安县委员会文史委编《诏安文史资料》第 21 期《梅岭镇专辑》，第 48~49 页。

地遗产话语中，被视为一个重要的海丝历史见证。而一座塔的景观功能的多样化演变，蕴含着诏安湾一段船货时代的历史。

二　南船与北船

祥麟塔的修建及其从风水塔成为航标塔的背后，也意味着历史上海洋在诏安湾社会生活中的重要性一直延续到清代以降。如前所述，在明代，诏安湾梅岭港是帆船时代各地商船必经的海上通道。闽南海商也曾驾驶双桅帆船，从这里出发，去往东西洋，并与进入亚洲海域的西方人展开贸易竞争，由此参与构建世界贸易体系。

在诏安湾的海洋世界中，船是一个特殊的符号。历史上诏安湾人靠着走船，积极从事海洋贸易。多年以来，本地人普遍用船来指代商帮，当地流传着南船与北船的说法。其中，南船指的是往广东一带，也就是传统的东西洋航路的大商船。18世纪以前，是诏安“南船”的兴盛时代。

通番大船

对于生活在16、17世纪的诏安湾人来说，什么是最好的投资呢？很显然，造大船无疑是其中一个选择。在地方历史中，诏安湾人是一群熟悉造船的海洋人群。而且，他们所造的船，有时是朝廷所禁止的能够适应远洋的“通番大船”。造船的地方，通常是不易被发现的外岛；造好后，船就被驾回内湾停泊，或者由船主雇船老大到外洋贸易，或者卖给那些敢于冒险的“下海之人”。明代的文献就提到包括诏安湾在内的闽南滨海一带的人“谂知违禁通番大船之详，其船皆造于外岛而泊于内澳，或开驾以通番，或转售于贼党，而嵩屿、渐尾、长屿、海沧、石马、许林、白石等湾，乃海贼之渊薮也”。[①]

其实，诏安当地很早就依靠船只经营海上贸易。和闽南其他滨海地区一样，梅岭港、悬钟所一带就是一个造船中心，如明代时，悬钟所就以造船闻名。嘉靖年间朱纨与福建官府为了加强海防，以“量给官银，尽与承买”的方式，将当地船户所造大海船征收为官用，其中悬钟所被征用的就有十艘：

> 又奉本院批据漳州府呈买玄钟等澳船户吴加盛、林国备、吴国忠、许仁、柯孔恩、任居道、韩厚明、陈子爱、林良材、庄宗显等大船十只缘由。[②]

此外，悬钟所也曾经专造海船运米，多达数百艘：

> 八闽多山少田，又无水港，民本艰食，自非肩挑步担，逾山度岭，则虽斗石之储，亦不可得。福兴漳泉四郡，皆滨于海，海船运米，可以仰给。在南则资于广，而惠潮之米为多。在北则资于浙，而温州之米为多。玄钟所专造运船，贩米至福行粜，利常三倍，每至辄几十艘或百

① （明）胡宗宪：《筹海图编》卷4，明嘉靖四十一年刻本，第16页。

② （明）陈子龙辑《明经世文编》卷206，“朱中丞甓余集”，明崇祯刻本，第2页。

艘或二三百艘，福民便之。广、浙之人亦大利焉。[1]

在诏安的海洋世界中，早期海外贸易对象是传统的东西洋，也就是日本、中国台湾岛、菲律宾马尼拉等东南亚海域以及马六甲等印度洋区域。诏安湾人一般将这些行走东南亚的船称为南船。南船活跃在中国台湾海峡、日本与东南亚一带，明代一篇文献中记载了闽南商船经常往返于东西洋之间，偷偷从事贸易的情况：

> 同安、海澄、龙溪、漳浦、诏安等处奸徒，每年于四五月间，告给文引，驾使鸟船，称往福宁卸除、北港捕鱼及贩鸡笼淡水者，往往私装铅硝等货，潜去倭国，徂秋及冬，或来春方回。亦有借言潮惠广高等处籴买粮食，径从大洋入倭，无贩番之名，有通倭之实，此皆所应严禁，然禁之当有法而绝之。[2]

有关诏安湾人造船往东南亚贸易的情况，也在地方传说中有所反映。当地普遍流传着一类“过番”船的故事。其中有一则《李生荒岛得宝记》，说的是元末诏安四都马厝城中有一位读书人，名叫李文达。该生自幼聪明颖悟，拥有读书过目不忘、下笔文不加点的本领，却屡次科场不顺，到三十而立了，

① 胡宗宪：《筹海图编》卷4，明嘉靖四十一年刻本，第20~21页。

② 陈子龙辑《明经世文编》卷400《敬和堂集》，明崇祯刻本，第5页。

连个秀才都考不上，因此心情十分郁闷，整天失魂落魄似的。好在娘子贤惠，多次劝解他。有一天，在“过番”商船上当船老大的妻舅来家做客，见姐夫科举无望，于是动员李生跟他出洋。当地流传的民间故事记载：

当年诏安的梅岭港海运很发达，商业贸易十分繁荣。他得知姐夫科举不得意，也很同情，就劝姐夫跟他一起过番去谋事。李文达苦笑说：“我不会做生意，也没本钱，跟你过番能干什么？”他的妻舅说：“你是个读书明理的人，到船上给商家们帮忙记记账出出主意，定受欢迎。”他的娘子也劝说他出洋去散散心，开开眼界也好。终于，李文达想开了，就跟妻舅上商船出洋去了。商船先到暹罗湾，在仰光起卸货。他帮助船上各商号记记账，登记货物重量和价码，很受商家的称赞。出洋两个多月，走过南洋的好几处码头，观光了异国风情，心中郁闷确实也消散了。这一回，船要去爪哇国，海中遇到一场大台风，三根桅杆就折断了两根，幸亏船没破损，只被台风刮到一座荒凉的小岛，搁浅在沙滩上，侥幸的是商船上人货都平安。①

随后的故事是叙述李文达如何阴错阳差，在荒岛上散步时

① 沈继宗讲述，王雄铮笔录《李生荒岛得宝记》，诏安县政协文化文史和学习委员会、中共诏安县委党史和地方志研究室编《诏安民间文学·民间故事》，第265页。

捡到一个大海龟壳，他央求水手帮他搬回船上，准备带回去。后来船到爪哇岛，当地胡商乘着驳船上船看货，有一个胡商对船上诏安各商号的绫罗绸缎、茶叶、漆器、瓷器都不屑一顾，只看上了李生捡回来的那只大乌龟壳，提出要以高价购买这只海龟壳。经过一番商议，最后胡商终于以两万现银外加店中所有宝货，从李生手中买得大海龟壳。李生也因此一夜之间成为富豪。买卖成交后，妻舅好奇，询问胡商为何以如此高昂价格购买一只看上去毫无价值的海龟壳，胡商告以事情，是因为该海龟壳是一只千年海龟的壳，千载难逢，壳中藏有 180 颗特大夜明珠，每一颗都价值连城，刚好爪哇国的王子新登基，胡商准备将这个海龟壳与夜明珠献给王室，所获回报丰厚，自然物超所值。①

类似这种“过番”船的民间传说，当地流传甚广。例如，另一则“欧百万的故事”讲的也是悬钟城外一个名叫“地到”小村中，有一处名叫“欧百万”的人留下的大宅子，他发家致富也和“过番”船密切相关。欧百万原来是一位孤苦的牧童，诏安当地有一艘商船，船商做生意常常亏本，有一次梦中遇到老人托梦“生意要做好，要请欧百万”，船商醒来后，记住了这句话。后来，商船停靠在梅岭宫口港，很巧就遇到了欧百万，于是就将其带上船，每次有生意上的事，都询问他再做决定。后来商船置办乌糖等货物，远航到曼谷等地售卖，果然

① 沈继宗讲述，王雄铮笔录《李生荒岛得宝记》，诏安县政协文化文史和学习委员会、中共诏安县委党史和地方志研究室编《诏安民间文学·民间故事》，第 266 页。

大获其利。十余年间的海上贸易，船商依靠欧百万的神助，很快发了大财，成为当地首屈一指的大富商，欧百万也因此得到巨额回报，回家盖起大厝，娶妻生子。①

上述李生荒岛得宝与欧百万发家故事，都是闽粤滨海地区普遍流传的民间传说，其故事背景都与出洋贸易有关，都包含着船商、家乡不得志的底层人、“过番”船、宝货、东南亚海外地方等元素，其中一个隐喻就是造船出洋贸易会带来巨额财富。这些传说背后，清晰地揭示出长期以来诏安湾地方海商、商船与东南亚海上贸易之间的紧密关系。

沈铁与黄明佐：被遗忘的历史行动者

对于闽南家乡造船出洋，参与东西洋贸易的情况，明代诏安籍官员沈铁（1550~1634）也早有洞察，他在一份给福建巡抚南居益的报告中，谈到了自己了解的情况：

> 泉漳二郡商民，贩东西二洋，代农贾之利，比比然也。自红裔肆掠，洋船不通，海禁日严，民生憔悴。一伙豪右奸民，倚借势宦，结纳游总官兵，或假给东粤高州、闽省福州及苏杭买货文引，载货物出外海，径往交趾、日本、吕宋等裔，买卖觅利。中以硝磺、器械，违禁接济更多，不但米粮饮食也。禁愈急而豪右出没愈神，法愈严而

---

① 杨良才讲述，何济武笔录《欧百万的故事》，诏安县政协文化文史和学习委员会、中共诏安县委党史和地方志研究室编《诏安民间文学·民间故事》，第 264 页。

衙役卖放更饱。且恐此辈营生无路，东奔西窜，如李旦、黄明佐之俦，仍走裔乡，代为画策，更可虑矣。①

敢给巡抚上书谈海防大事，说明沈铁并不是一位普通的退休官员。我们知道，沈铁是沈起津的父亲，也是明代诏安有名的官绅。沈铁字继扬，诏安三都人，在诏安当地，人们更熟悉的是他的号沈介庵。沈铁是明万历二年（1574）甲戌科进士。他担任过顺德知县，衡阳、郧阳、九江知府，礼部主事等职。沈铁的在明代历史上以为官清正闻名，据说他常常以海瑞为表率，他和明代著名戏剧家汤显祖有过交往，后者称沈介庵为八闽"孤介之士"，汤显祖写过一首《送沈郧阳》的诗，称赞他"兴文既以郁，勉身能自清"。沈铁的个性和他狂放不羁的儿子沈起津很不一样，他一生中规中矩，怀抱士大夫经天纬地的情怀，心中时刻关心天下大事。沈铁对大航海以后，西方人进入华南海域，由此给明代闽南滨海一带造成的海防局势颇有认识。在退休回诏安家乡居住后，他曾经多次给当时担任福建巡抚的南居益上书，提出驱退入据澎湖、台湾地区荷兰殖民者的建议。沈铁的策略是派人说服"暹罗"岛主，"移檄暹罗，委官宣谕，约为共逐"，借助暹罗（今泰国）的力量，逼迫荷兰人退出台澎海域，具体来说，他的方案是这样的：

为今之计，二三长老恳望祖台，给以公檄，选择武士

① （康熙）《诏安县志》卷12《艺文志》，第310~311页。

> 带谕暹逻岛主，严令红裔速归本土，不许久驻大湾，引诱日本奸倭互市。仍会巡海孙公祖、谢总戎、俞副将、刘游击诸君，斟酌速行。查得澄邑李国辅、林宗兴，同安杨荣爵等，谋略胆气，殊有可观，且谙晓水道，素熟裔情，善译裔语，或委任责成，听自雇船只，自备粮饷礼物，直往暹逻，说其岛主，俾宣谕红裔，召还散归，不许久驻大湾，且得窥探裔情，并李旦等交通情状回报。此上策也。盖暹逻管辖六岛，而红裔数千附籍互市，每岁纳贡于暹逻者，决不敢抗命。①

这个建议很特别，因为沈𫓧的一个依据是荷兰与暹罗存在相互牵制关系。他认为荷兰人曾经向暹罗纳贡，因此，必定接受暹罗节制。从沈𫓧的建议中我们可以推断，他应该是同时代不多的对于当时荷兰东印度公司与暹罗关系有一定了解的人。

其实，1602 年荷兰东印度公司成立后，就加紧了在亚洲的扩张与贸易战活动，1619 年，随着巴达维亚（雅加达）成为货物集散中心和荷兰东印度公司东方殖民地当局所在地，他们一方面积极参与亚洲的贸易，希望从亚洲海域贸易中获利；另一方面，他们也希望能绕过葡萄牙人对中国、日本商品贸易的垄断，直接与中国建立外交与贸易关系。在此之前，1604 年，他们试图通过取道暹罗与明朝建立关系。尽管没有成功，但他们看到了暹罗物产在中日贸易中有利可图，所以希望能够

① （康熙）《诏安县志》卷 12《艺文志》，第 307 页。

与暹罗建立稳定的贸易关系，终于在1608年，获得了当时暹罗国王的许可，在大城府建立起了第一个贸易站，随后又在另一处地方六坤建起了另一处贸易点。暹罗国王也与荷兰统治者和设置在巴达维亚的东印度公司总督互通书信，赠送礼物，双方建立联系。

17、18世纪荷兰东印度公司一直是当时暹罗最主要的西方贸易商，直至1765年，荷兰东印度公司撤出大城府。在100余年内，东印度公司在暹罗购买了大量的锡、鹿皮、生皮、蓝木料、大米和许多其他产品，并转售获利。荷兰人利用他们的舰队优势和与暹罗王室缔结出口独占合同，通过贩卖从暹罗获取的商品，将日本贸易经营得有声有色。实际上，荷兰东印度公司与大城府间交易获利最丰的部分，正是运往日本销售的暹罗商品。

尽管暹罗给予荷兰东印度公司开设贸易站的许可，但对于后者也十分警惕，通过贸易权，暹罗对荷兰东印度公司在东南亚海域的活动有一定的牵制作用。根据西方资料，荷兰人因为希望独占暹罗皮货贸易的巨大利润，急于同暹罗政府签订特殊合同或协议，借此获得对一种及以上商品的独占贸易权。而由于对日贸易中的利益分歧，暹罗与荷兰之间的冲突也是无法避免的，尤其是17世纪50年代末60年代初，暹罗政府内一直存在一些强大的反荷群体。而这一时期东南亚的国际贸易时代正处在巅峰时期，荷兰人显然也不愿得罪暹罗王室，进而在对暹罗贸易上，在与华商、欧洲人以及东南亚的穆斯林商人的竞争中处于不利境地。

有意思的是，对于上述暹罗与荷兰东印度公司之间的关系走向，这一时期远在闽南诏安的沈铁，竟然把握得十分精准，他写给南居益信中所提出的以暹制荷建议，显然并非空穴来风。

根据南居益个人的资料，他担任福建巡抚的时间是 1623 年 7 月至 1625 年 5 月，而他发动驱逐荷兰东印度公司的澎湖之战是在 1624 年 7 月，从沈铁写给南居益的第一封信中有一句："一擒裔首新高文律，再战于料逻古雷间。兵威震动，酋裔胆破，自知澎湖不能守矣。佯退而敛迹大湾。"我们由此可以判断，沈铁致信南居益的时间应在 1624 年 7~8 月澎湖之战中，荷兰东印度公司被驱赶出澎湖海域，占据台湾之后，而沈铁此信的用意是向南居益说明台湾的重要战略地位，用他的话来说，台湾地区是"泉漳咽喉"，是沿海商民捕鱼、贸易往来必经之海路，不能听任荷兰东印度公司占据该地，这将对明朝与东南沿海带来极大的危害。

从沈铁给南居益的建议中我们可以看出，他对于发生在这一时期的荷兰东印度公司与泰国、马尼拉、日本之间的事务有所掌握。有意思的是，他的书信中有这样的一段话："吕宋一岛，酋长亦恨红夷绝他利市，必怨其久驻大湾，为他国梗也。"这里说的是此时期的吕宋即被西班牙殖民者占领的菲律宾群岛的情况。在 16、17 世纪，中国人谈到吕宋时，一般指的就是西班牙人。从沈铁的上述语句来看，他认为荷兰人占据台湾后，会遭到西班牙人的嫉恨。也就是说，沈铁对于荷兰东印度公司与马尼拉西班牙人在亚洲的利益冲突也有所了解。

确实，西班牙和荷兰两个殖民势力从其进入亚洲海域起就展开了激烈的竞争。就在荷兰东印度公司刚刚侵占台湾南部地区不久，西班牙人也在1626年占据了台湾北部地区，试图以基隆港为中心建立其对华贸易据点，希望缩短与明朝东南地区的距离，直接控制中国与东南亚的贸易。对刚刚进入东南亚海域和中国台湾海峡的荷兰东印度公司，西班牙显然是十分敌视的。首先，西班牙是天主教国家，荷兰是新教国家，二者之间在宗教信仰上是死对头，从欧洲一直斗到亚洲。其次，西班牙很早就到了亚洲海域。作为16世纪80年代就已经开辟太平洋航线，进入菲律宾群岛的殖民者，西班牙在马尼拉建立了在亚洲的中心据点，借助闽南与马尼拉航线，建立起了与福建沿海贸易网络，而且通过招徕闽南海商与日本一带进行贸易，获得丰厚利润，马尼拉也成为当时亚洲繁盛的港口城市。而荷兰东印度公司占据巴达维亚后，无疑对西班牙在亚洲的殖民利益构成了直接威胁。无论是从宗教信仰还是经济利益而言，西班牙与咄咄逼人的荷兰东印度公司都存在重重矛盾。西班牙殖民当局自然不愿意看到荷兰东印度公司在中国台湾海峡扩张势力，双方之间在亚洲海面上竞争日趋激烈。1622年以前，荷兰东印度公司的一个策略就是从西班牙人手中夺取亚洲贸易的控制权，他们经常武装劫掠西班牙大帆船，威胁和抢劫闽南海商前往马尼拉贸易的商船，以打击马尼拉的贸易利益，并胁迫闽南海商前往巴达维亚贸易，而且经常向马尼拉派遣监视船。[①] 此

① ［日］村上直次郎原译，郭辉中译，王诗琅、王世庆校订《巴达维亚城日记》第1册，台北：台湾省文献委员会，1989，第30页。

后，双方在 1641～1642 年爆发冲突。西班牙此时已经无法与荷兰东印度公司抗衡了，最终结果是荷兰东印度公司击败了西班牙殖民者，从后者手中夺取了台湾北部地区。

诏安人沈铁很快就清楚地认识到此时期西班牙与荷兰东印度公司之间的实力差距，认为“吕宋恐未必能攻红夷”。确实，17 世纪西班牙在亚洲已经走向衰落，当时由西班牙主宰欧洲的格局已逐渐被打破，荷、英、法、德、意、瑞典等国相继崛起，沈铁很精确地判断出这种实力变化，不由得让人惊讶于他对当时亚洲海上局势的了解程度。而沈铁之所以希望将荷兰人赶出台澎，其目的是杜绝李旦等人勾引日本“奸倭”来澎湖互市的隐患。这反映出他对于当时日本与暹罗之间的贸易情况也有所了解。

由此看出，沈铁对于当时泰国与荷兰东印度公司、与日本的关系，掌握得比较清楚，这一点很有意思。我们知道，沈铁在明万历二年（1574）中进士之后，一直在南方做官，刚开始担任顺德知县，后来升任衡阳、郧阳、九江等地的知府，最后做到了明朝礼部主事，在这一个职位上退休，不到五十岁就回到诏安故乡。从他的人生轨迹来看，他没有出过国。作为一个从未踏出国门的诏安士大夫，沈铁当然不可能是凭借自己一般性的经验推知上述发生在亚洲海域的一系列局势变动信息，那么，他是如何掌握了当时中国南部和东南亚海洋关系动态呢？想来只有一个原因，这就是他充分利用了漳州及诏安湾发达的海商情报网络。

其实，当时有不少来自诏安湾的船商活跃在东南亚海洋贸易网中，其中沈铁提到的黄明佐，就是诏安湾早期出海通商的大海商。

在沈铁给南居益的建议中，他特别提到两个人即李旦和黄明佐。他指出当地一些人，因为禁海断了生计，就会铤而走险，“如李旦、黄明佐之俦，仍走夷乡，代为画策，更可虑矣”。[①] 李旦是17世纪亚洲海洋史上的传奇人物，他是一位闽南海商，长年游走于当时日本、荷兰、西班牙之间，牟取商业暴利。[②] 沈铁似乎很了解李旦，他多次提到此人。而黄明佐这一人物，几乎已被人们遗忘，即使是在他的故乡诏安，知晓其事迹的人也寥寥无几。因为他很少在中国史书上留下个人记录，目前我们也只能在沈铁给南居益的上书中找到他的名字。但在17世纪的亚洲海上世界，提起他的名字或者洋商黄合兴，可说是无人不知，当然，在荷兰和西班牙等西方人的记录里，他更为人所知的名字是“Wansan”。

诏安人黄明佐为何引起沈铁的注意呢？按照沈铁的说法，他是与李旦齐名的大海商，而且是令人担忧的“走夷乡”“代为画策”的人物。此处说的“走夷乡”，指的就是黄明佐活跃在马尼拉商业网络，与西班牙殖民者有密切的贸易往来。他开设的商号是黄合兴。沈铁指控黄明佐和李旦一起为西方人出谋划策，指的是黄明佐在早期曾经为西班牙人、荷兰人在福建沿海活动扮演指路人的角色。按照荷兰东印度公司的资料，在

① （康熙）《诏安县志》，卷12《艺文志》，第310~311页。

② ［日］岩生成一著，许贤瑶译《明末侨寓日本支那人甲必丹李旦考》，《荷兰时代台湾史论文集》，宜兰：佛光人文社会学院，2001。

1604年，荷兰东印度公司船长韦麻郎（Wijbrant Van Warwick）第一次闯入澎湖求市时，曾向一位名叫 Wansaw 的华商请教，指点他哪个地方是和闽南海商交易的最佳地点。据学者研究，这个 Wansaw 就是黄明佐。[①] 此后，在1622~1624年，黄明佐又活跃在荷兰东印度公司和明朝的交涉过程中。

从荷兰人的记录可知，17世纪时期，诏安湾人因为地处海道必经之路，很早就充分利用海洋优势与高超的造船技术，经营海上贸易。这一时期，包括黄明佐在内的漳州诏安大海商，其船行活跃在亚洲海域，与西班牙人、荷兰人开展各种交易活动，这也是诏安湾南船达到鼎盛的时代。

然而，这种极盛状态在明末清初发生了变化。此时期清政府加强了海疆的管控，限制造船与通商。对于驾船出海的船户来说，海洋是无界的，代表了风险与财富。但对于官府而言，驾船出海，往往意味着越轨，因此，随着国家力量日益渗透到海疆，必然会采取措施，对滨海地区船只进行有效管理。在前述秦炯刻石立禁豪族强占滩涂之后近一个世纪，诏安湾再一次出现了一次刻石示禁的事件，这次涉及的对象是当地驾船出海的船户。

船户与示禁碑

在悬钟城的海边，竖立着一块清代的石碑。这样的石碑，

① 翁佳音：《十七世纪的福佬海商》，汤熙勇主编《中国海洋发展史》第七辑（上），台北："中研院"人文社会科学研究中心，1999，第74页。

在滨海地带并不少见，很长一段时间以来，渔民们来来往往，并没有觉得有什么稀奇。渔民们忙着出海讨生活，捕到大量的渔获才是他们更关心的事。类似石碑这样的古物，大家只知道是上辈子留下的老物件，仿佛是久远的历史，在现实的生活中没有什么作用。但这几年随着海洋旅游的兴起及地方文史受到重视，一些当地人开始挖掘寻找本地的海洋历史记忆。老吴就是一个典型的例子。他一边打鱼，一边充当悬钟城的义务导游，也“发现”了不少宝贝。我在当地田野调查时，老吴带着我四处寻碑，这块碑也是他告诉我的。由于年代久远，碑上的文字有些地方不好辨认，幸运的是，当地政府对于文物十分重视，找人给这块碑重新描了红，所以我们还是可以辨认出这块碑文的内容。现将文字转录如下：

钦命福建分巡巡海汀、漳、龙等处地方兵备道加五级记录三次蒋，为恳宪察情，拯救深烈事。据诏安县民何一元、林守六、田居应、何秀之、杨其宗、杨君明、何尔佳、黄猛荣连名赴辕呈称，元等呈控司攒许善等添烙船号苛索一案，蒙准提讯，窃幸蠹恶有儆，海滨穷黎获遂其生矣。讵知蠹权有力，籍宪檄查名目，称欲于原烙之上添烙查字，并称已烙四五百船，无人告发。元等船未添烙，焉有受□，显系规避印烙等情，希详县主转请免提切宪檄饬查。船支重在出洋，元等俱系港字号有底无盖小艇，只在沿边捕采，已与出洋之船在间。况元等各船尽经于前年被索，印烙明白。宪檄是欲饬将印烙各船造报，非欲于已烙之船再加添烙。许善、曾思、傅荣宗等擅再添烙查字，非图需索而何？且元等从前遵烙，并不规避，安有今日而反规避之理？再，远邑贫民，粮无隔宿，日借采捕以活，家口非遭叠剐难堪，谁肯无端匍匐数百里号辕，此中情理允难逃宪镜之外矣。至云四五百船添烙并无告发，殊不知四五百船皆因元等控提之后许善等始肯轻索。而招各船添烙，倒填日子，希为□□把柄，嗟嗟，滨黎本属畏讼，今已提而遭计脱，将来惨毙，谁敢再号？且蠹欺滨愚易箧，今被狡免，则蠹胆念张，元等具控，尔恨，滋害必益深烈，惨曷胜言，千号万恳，伏乞镜查重怜，拯救焚溺，滨海穷黎生生世世求感鸿恩靡既矣，等情，据此，除批示外，合行示禁，为此示仰诏属军民人等知悉，嗣后港字各船沿边捕采，毋许司攒、澳甲、差役借端清边勒索规礼，如敢抗违，把实赴拘究。

乾隆三十九年十二月给发给船户何一元等执照立石

从上述碑文内容可知，这块碑文说的是发生在1774年诏安县的一起事件。当地船户何一元、林守六、田居应、何秀之、杨其宗、杨君明、何尔佳、黄猛荣等人联名到当时主管闽南一带的汀漳龙道衙门呈送状纸，控告许姓司攒、澳甲差役借烙船号的名目，摊派勒索钱财。

这块碑刻的内容涉及明清时期沿海地带海船制度的一段往事，其中，让何一元这些诏安船户头疼的“添烙船号”，是一项船只管理制度。清代对东南一带海疆的管理，采取的是严禁

图 4-2　乾隆三十九年禁止添烙船号苛索示禁碑

出洋的政策。雍正元年（1723），清政府要求东南四省沿海商船和渔船必须用不同颜色的油漆涂饰船头和桅杆，以示区别：

> 雍正元年题准出海商、渔船，自船头起至鹿耳梁头止大桅上截一半，各照省分油饰，江南用青油漆饰白色钩

> 字，浙江用白油漆饰绿色钩字，福建用绿油漆饰红色钩字，广东用红油漆饰青色钩字。船头两披刊刻某省某州县某字某号字样，沿海汛口及巡哨官弁凡遇商渔船，验系照依各本省油饰刊刻字号者，即系民船，当即放行。如无油饰刊刻字号，即系匪船，拘留究讯。①

除了油漆涂船之外，海船的两侧还要刊刻字号，写明某省某州县某字某号船。这是为了方便沿海官兵观察海面情况，发现和捕捉海盗。朝廷先前有令，“取鱼不许越出本省境界”，“禁闽省海洋双桅渔船，不得至粤”，以免“混杂无稽”。船舶打上油饰标记后，越界或无油饰船舶比较容易发现，这也是清政府加强海洋管理的一项措施。

到了雍正九年（1731），官府又在原有油漆刷印字号的基础上，要求在商船与渔船的帆篷上大书所属州县船户的姓名。对于字体和颜色也有相应的规定，一般是“每字大各径尺，蓝布篷用石灰、细面，以桐油调书，篾篷、白布篷用浓墨书黑油，分抹字上，不许模糊缩小”。② 并严格要求沿海各地执行，否则涉及的官员都要受到惩罚。此后，到了乾隆二十三年（1758）时，又“题准山东江南浙江广东各海口，除夹带违禁货物仍照例治罪外，商民人等有欲出洋贸易者，呈明地方官登

---

① 昆冈、刘启瑞等修纂《大清会典事例》卷 114《兵部》，清文渊阁四库全书本，第 396 页；邓廷桢修，陈鸿墀纂《广东海防汇览》卷 16《方略 5》，清道光十八年刻本，第 4 页。

② 邓廷桢修，陈鸿墀纂《广东海防汇览》卷 16《方略 5》，第 4 页。

记姓名，取具保结，给发执照，将船身烙号刊名，令守口官弁察验，准其出入贸易”。[①] 这就是“烙号刊名”船只管理制度的出台。

所谓“烙号刊名”，包含上述两个方面的内容。其一是烙船号。根据规定，每艘船只都要“刊刻某省某州县某字某号字样”。一般油饰部位在船头和大桅杆的上半截。江南（今江苏）用青油漆，白色钩字；浙江用白油漆，绿色钩字；福建用绿油漆，红色钩字；广东用红油漆，青色钩字。青色习惯上常指黑色，所以江南的青油漆和广东的青色钩字，往往是黑色。据说四色的安排有讲究：江南在四省中最靠北，北方属水，用色为黑；浙江用色为属西方的白色；福建用色为属东方的绿色；广东在南，南方属火，用色为赤，即红色。这也是东南滨海民间俗称黑头船、白头船、绿头船、红头船的由来。

如前所述，油饰船舶、烙号刊名是清朝为加强商船、渔船控制而采取的措施。官府认为，通过油饰船舶、烙号刊名，可以加强对沿海船舶的控制，防止海盗混迹其间。但此举也存在一些弊端，例如东南沿海四省船舶数以万计，沿海各省之间贸易十分活跃。远洋贸易船舶跨越省份也不可避免，福建商船到越南、暹罗必须经过广东沿海；广东商船前往日本不能不路过福建、浙江沿海。外省船舶“越界”是常态，官兵检视越界船舶不但执法成本过高，也难获实效。而且，如果海盗将船舶

① 昆冈、刘启瑞等修纂《大清会典则例》卷 24《吏部》，清文渊阁四库全书本，第 462 页。

加以装饰，或者冒充某省某号船舶，或抢夺民船，以为己用，这些也容易混冒，无法一一查实。

很显然，官府烙印船号，主要是为了有效地管理洋船。在本案中，何一元等人之所以反抗，是因为这些船户的船并非出洋海船，而是在岸边讨生活的小船，也就是碑文中说的“有底无盖小艇”，而且，根据何一元的说法，他们所驾驶的都是“港字号有底无盖小艇”，平常只在海边捕鱼。这些“有底无盖小艇”，一般是沿海渔村渔民用来捕鱼的小舢板，与出洋大船确实存在区别，也不属于要“烙号刊名”的对象。

那么，地方上的官差为何敢于从中勒索呢？其实，这是官吏利用政策牟利的一种做法。澳差利用给船只烙号的时机，试图从中渔利的情况，并不少见，早在这之前，也在福清发生过。例如，就在何一元此次申告的两年前，同样是福建滨海县城福清就发生了一起类似的事件，福清县官差杨华、澳差魏发向船户许列辉、陈仲等人勒索钱财，被后者赴衙门举报，为此当地官府特意发布禁令：

> 严禁勒索陋规，以重船政事。乾隆三十七年四月，布政使司钱示谕：照得福清县经承杨华、澳差魏发探知许列辉、陈仲就两照顶名，验烙时勒索饭食钱文，并不禀明改换。及照逾限，复图换照礼钱一千六百文，声言再迟，按季加增。许列辉等赴县请禁。该县批查，澳差魏发延不查复。许列辉同陈仲就上控督宪并本司衙门。批府查拿，究追确情，赃数报参。经福州府胡丞提犯究讯情实，拟议详

复到司。经本司请将经承杨华、澳差魏发议拟枷号两个月，押发各澳游示，满日重责革役。福邑陈令饬记大过一次，以观后效。饭食纸笔陋规，刊示禁革。并饬勒石，以垂永久等由，详奉督宪批：查一切陋规，久奉禁革，乃武弁衙胥视商渔为利薮，毋论置造买顶换照及挂验出入，多方需索，留难阻滞，殊堪痛恨。今福邑差承勒索增加，该县并不即时严究，殊属不合。如详饬记大过二次，以观后效。杨华、魏发先行枷号海口，差押各澳游示，照拟责革具报。该司仍将应行革除之处，逐款剀切刊示，飞速移行文武各衙门一体严禁。并饬勒石以垂永久。余照行。并候抚部院批示缴。又奉抚宪批：仰候督部堂核示缴。合就刊示晓谕。

为此，示仰文武员弁衙胥及行保、澳甲大小商渔船户人等知悉：嗣后务遵后开各款办理。如敢再行多方需索，留难阻滞，或经本司访闻，或因船户告发，官则严参，役必杖毙。凛之！慎之！毋违！特示。

一、商渔船只，报造买卖归籍，方许验烙一次。知县新任及按年期满换照，概不许重复验烙，违即报参。

一、船照一年一换，如有风行不顺，原有余限三月期满，船户照赴换，随到务即换给，不许勒索饭食纸笔丝毫陋规，违即杖毙。

一、船只责成澳甲船总稽查。澳甲、船总，选诚实之人充当。不必多设澳差滋扰，致干参咎。

一、船只出入文武汛口，查明船内如无夹带禁物，随到随即验放，不得多方需索留难。进口船只，如因风行逾限，应听有司官换照办理，亦不许措索阻滞，违即严参究治。[①]

从上述案例可知，司攒、澳甲等差役往往会利用其管理船户的权力，为自己牟利，而官府也希望能加强对海洋与船户的管理，由此可见，清代雍正以后，对船只管理规定是越来越严格，其背后反映出的是滨海地区的海洋贸易退缩情况。诏安湾在17世纪以前是能造通番大船、对外贸易频繁的地区，但此时期走外洋的南船已经越来越少，当地人也逐渐转向近海贸易，船只规模也越来越小。如康熙二十四年（1685），即开海贸易后的第二个年头，靖海侯施琅就曾上奏称："船户刘仕明赶缯船一只，给关票出口往吕宋经纪，其船甚小，所载货无多，附搭人数共一百三十三名……一船如此，余概可知……节次搭载而往，恐内地渐见日稀。"[②] 随着时间的推移，行走外洋的高大南船，也陆续退出了诏安湾，取而代之的是中国沿海内港贸易，诏安湾人也进入北船的时代。

北船的兴起：内港贸易的繁盛

诏安湾人参与东西洋贸易的处境，在17世纪后期开始变得微妙，尤其是西方人控制了东南亚海域之后。16、17世纪，包括诏安湾人在内的闽南海商，面临葡萄牙人、西班牙人、荷兰人

① 《福建省例》下册，《台湾文献史料丛刊第七辑》第142册，台北：台湾大通书局，1987，第614~615页。

② 施琅：《靖海纪事》卷下，清康熙刻本，第31页。

等西方殖民者的竞争。随着南洋一带海外贸易的竞争激烈，以及清政府收紧海洋政策，诏安湾人逐渐改变了海洋贸易策略，在18世纪后期就转而经营近海口岸贸易。尤其是19世纪，随着厦门、上海与江南一带成为口岸货物中心之后，往长江流域的北上航运贸易日渐增多，因此，从清代中期以后，诏安湾出现了北船繁盛的情况，从而对诏安湾的海洋社会产生了重要影响。

诏安北船的兴起，也揭示出18世纪以来海上丝绸之路的一种转变。由于海盗在广东洋面频繁出没，再加上清王朝与英国贸易的紧张，诏安北船较早就活跃在当时福建与长江流域的近海贸易中。乾隆年间，一次发生在漳浦海面的海上抢劫案，可以为我们提供一些反映清代中期诏安北船运输历史的记载：

> 兵部尚书兼都察院右都御史、总督福建浙江等处地方军务兼理粮饷盐课、革职留任又免革任臣觉罗伍拉纳谨题为洋盗横劫等事，该臣看得诏安县船户陈源兴，即谢金，由宁波揽载棉花、白豆，驶至漳浦县横屿外洋，被盗行劫，并被拒伤一案。据署漳浦县知县谈汝霖勘讯通详批缉，详参去后，兹据福建按察使钱受椿准营开送武职疏防各职名，详请核参前来，除饬严缉赃盗，务获究报外，所有武职，疏防职名专防，系福建铜山营右哨头司外委千总郭光宗，兼辖系署铜山营中军守备事水师提标左营右哨千总聂元钟，统辖系铜山营参将陈云衢，分巡亦系署铜山营守备聂元钟，委巡系水师提标右营署把总事该营外委王国庆，右营外委卢得胜，总巡系闽粤南澳镇总兵官马龙，相

应题参，臣谨具题请旨。[①]

从上述资料可见，清代中期，诏安已经有船户往宁波载运棉花、白豆等货物来闽南贩卖。这件案子中的船户陈源兴，就是北船商人。

按照诏安当地人的说法，所谓北船，指的是走浙江宁波、上海一带的近海船运。根据当地学者的研究，清代乾隆、嘉庆年间，诏安岸上村及城关“顺庆堂”“水垂堂”就开始有商户投资建造木帆船，专营浙江、上海航运，由于与传统诏安湾下南洋航路不同，是走北上航线，当地人就称为北船。极盛时期，当地北船达到百艘。其中，岸上村是北船最多的地方，其次才是顺庆堂。[②] 北上的货物，通常是将诏安当地特产红糖、赤糖、贡粉装满帆船北上。最初，北船的终点是江浙、上海，后来，诏安北船的航路越走越远，甚至延伸到了天津港、辽东半岛一带。所以，诏安人又按照帆船去程的远近，分为大北、小北，前者指的是去往渤海湾与东北的船，后者则指去往宁波、上海一带的船。北船运回的一般是棉花、粮食和杂货，如上面陈源兴帆船载运的就是棉花和大豆，此外，还有绍兴黄酒、高粱酒，以及诏安当地制作咸金枣、蜜饯等需要的大龙缸等。

宁波作为长三角的腹地延伸港口，是商船靠泊较多的地方，

---

① 闽浙总督觉罗伍拉纳奏折，乾隆五十九年八月二十七日，清代内阁大库档案，登录号：064478~001。

② 沈应雄：《解放前诏安工商业及货运概况》，政协诏安县委员会文史委编《诏安文史资料》第6辑，1986，第364页。

诏安商人落脚处，主要是位于宁波东门的福建会馆。嘉庆二十三年（1818），随着横行海上的蔡、朱、张、郑等海盗集团被肃清，诏安船商日趋以北方为主要贸易区域，北船海运业进入了黄金时代。诏安北船所去已不仅是“小北”（指宁波、柘浦），更远及“大北”（指天津、旅顺、营口）。清代，诏安北船一般是农历的五六月顺风搭南货北上交易，十一十二月载回程货物返航。北上所运一般以蔗糖为大宗，兼及生油、黄麻等，商船如到小北，运回的多为棉花、布匹、大米；如往大北，则先在天津发卖其货，再到旅顺、营口置办豆类、面粉、玉米、药材等物南下。鸦片战争以后，上海一跃成为中国最大贸易港，也有一部分诏安海商到上海，继续经营其对外海上贸易。①

1853 年 8 月 1 日，小刀会攻占厦门之后，为了筹集粮饷，发布了一道向进出厦门港商船征收港口税的公告，根据这份公告，我们可以发现当时进出厦门港的商船来源及其贸易情况。其中提到“云霄、漳浦、诏安船只在厦出口，由台载糁、油、米回厦，出入口各收二十元”。“云霄、漳浦、诏安船只在厦门出口，由上海、乍浦、温州、台州、汕头仔、樟林载洋货杂货来厦，入口各收二十。”“云霄、漳浦、诏安船只载运南货、盐鱼、鱼脯、红瓜干、小脯来厦，入口各收十元。”② 从这份资料可见，近代诏安船商在厦门港贸易中十分活跃，航路包括往南的广东汕头、樟林一带，运送“南货、盐鱼、鱼脯、红

① 黄家祥：《诏安清代海商》，https：//www.doc88.com/p-113789864620.html。

② 何丙仲辑译《近代西人眼中的鼓浪屿》，厦门：厦门大学出版社，2010，第 24~25 页。

图 4-3 近代所摄宁波福建会馆

瓜干、小脯”等，往北的则走上海、乍浦、宁波、温州、台州一带，运送洋货杂货。与此同时，诏安船也活跃在对台湾岛的贸易中，其船只往往载运糁、油、米回厦。诏安的这种北船，其实经营的是一种近海贸易。而北船的兴起，也说明此时期诏安人已经从其先辈惯常南走的东西洋航线，转变为近海国内商贸市场。

据当地资料，嘉庆（1796~1820）年间，诏安北船海运进入全盛期，当地有船行十余家，帆船近百艘，其中不乏可载重400~500吨的大驳船，如北关谢硕兴、岸上沈振兴等船行，各有十几只、二十只大船。到了道光年间，北船航运仍然保持兴盛，道光年间发生在福州附近东涌洋面的一起船户被劫案件，也可以帮助我们了解诏安北船活跃在当时近海贸易圈的一些情况。

道光十二年（1832）底，代办闽浙总督事福建巡抚魏元烺、福建水师提督陈化成向清廷报告了几起福建海上抢劫案。其中有一起发生在闽安水师营所管辖的东涌洋面。该洋面地处闽安与福鼎交界地带，南面属于闽安管辖，北面属于福鼎管辖。后来据福建按察使派遣专员会同海坛镇标左营游击以及闽安、福鼎各营官员以及霞浦、连江两县地方官员，此外还有船户事主，一群人乘船前往事发地点会勘后发现，失事洋面位于东涌岛东南外洋，按巡洋责任来看，属于闽安左营管辖，调查组也绘制了现场海面图，一并呈送给巡抚衙门。①

通过这次调查，我们得以知道事发经过：六月初五日，诏安船户沈兴泰的商船行驶到当地洋面，遭到海盗的抢劫，由于船上人员的抵抗，这艘船上有事主、舵水沈拖、吴就、吴发、吴活四人被杀。而在这次海上抢劫案发生之前，五月十三日，闽安水师营所辖之鸡笼屿洋面刚刚发生了长乐县船户刘秀利及陈以高被盗行劫一案。这两起事件都发生在闽安水师所管辖的洋面，由此引发了上司的震怒，认为该水师营官兵玩忽职守，而且在事发之后，没有全力将所有海盗缉捕到案，仅抓了柳成家、许赠等几位涉案人员，试图搪塞了事，还在事发之后互相推诿。魏元烺认为，如果闽安水师营认真巡防，就不会

① 闽浙总督事福建巡抚魏元烺奏折，道光十三年三月，清代内阁大库档案，登录号：129362～001。

出现海盗肆意抢劫的恶性事件。所以他决定从严惩处涉案官兵。此后，署闽安协副将事、准补浙江瑞安协副将、福建铜山营参将林松被摘去顶戴，仍留福建省戴罪立功，督缉逃逸的犯罪分子；闽安左营外委林瑞雄、右营把总江北图、额外陈朝安则被革职，留洋协缉，并给出三个月期限，务必要抓获劫犯。同时，责成海坛镇总兵万超督率各部下官兵，认真巡缉。如果能在期限之内将各案盗犯全部抓获，再奏上朝廷，给予复职；如果限期之内还没有抓获，那就降革治罪。

上述案件中受害的船户沈兴泰，是这一时期诏安北船中的一个船商，他的商号叫兴泰号。清代诏安从事海运的船行商号很多，如清代中叶经营航运的仕渡村的沈一、斗门头村的沈严正、林家村的林天球和城关的沈温恭（顺庆堂）、谢捷科（硕兴行）、岸上村的沈振兴等都拥有自己的船队，靠海上贩运而成巨富。据重修悬钟帝祖庙碑文记载，至同治元年（1862），诏安仕江、澳仔头、梅岭、林头、城关尚有船行十多家，大驳帆船百余艘。[①] 当时这些北船海商的主要生意就是承揽、运送货物，往返长三角与闽南一带，进行港口贸易。

从当地学者所撰写的有关诏安商号顺庆堂、硕兴行的历史中，我们也可进一步了解到诏安北船时代的情况。船商顺庆堂开基于清乾隆间，其开基祖沈显（号温恭）原居诏安仕渡村，祖上世代务农。到他这一辈时迁至县城东门内落户。沈显生有四子，或许是生活的压力，抑或是闽南人身体流淌的经商的血

① 黄家祥：《诏安清代海商》，https：//www.doc88.com/p-113789864620.html。

脉，促使他另谋商机。一开始，他带着两个儿子在打银街开店，为人加工金银饰物，兼卖成品金银玉器，逐渐发家。由于仕渡村走北船的人不少，在亲族的影响和帮助下，沈显也投资航运，获得丰厚的回报。于是，他用赚来的钱建起了庞大的顺庆堂家族产业，这就是以东门中街顺庆堂宗祠为主，兼及祠堂周边、东门中街两侧、顶元巷和宪伯第边的公厅、大厝，整个家族房产共达 24 处。又购置了 200 多亩田地，年收租谷达到 400 多担。沈显去世以后，他的四个儿子分家，各自发展，其中长子沈惠和、四子沈克勤带领本支系子侄继承家庭事业，经营北船贸易，其家族商船航行在诏安与沪、杭、甬一带。极盛时期，两兄弟各拥有商船 28 艘和 11 艘，以及糖房、油行、货仓等大量物业。到了民国时期，据传沈氏家族已经拥有田园上千亩和县城中山路 17 间临街商住楼以及东门内承志堂、乐顺堂、怡和堂以及几个公厅等大量房产，成为富甲一方的大船商。①

另一个船商硕兴行的发迹则具有传奇色彩，当地人将其与“鬼挑银来”故事联系起来，据说嘉庆六年（1801）的某一天，本地有名的贡生谢声鹤的夫人柯氏到河港山拾柴草，偶然发现山中遗有“草鞋银”近 200 斤，便分几次挑回家来。当年，谢家捷科、声鹤兄弟就在城内创办了硕兴商行。翌年春，在县城往北 12 千米的西潭乡东溪边，又兴建占地 3600 平方米的硕兴寨，并在寨外不远处溪边建设了码头。清嘉庆十年（1805），购

① 黄家祥：《诏安清代海商》，https：//www.doc88.com/p-113789864620.html。

置了一艘大驳船从事北船运输，由谢捷科主理。谢氏船商通过硕兴寨就地收购加工蔗糖等土特产，然后用小船运到县城，接驳到本家族海船上，往来济南、旅顺一带贸易，随着生意逐步扩大，到同治二年（1863）时，家族商船已发展至 8 艘，成为远近闻名的大船商。[①] 此后，光绪年间，诏安县城东城村的沈建标也组建船队，派人长驻上海、宁波，往来贩货，从而获得巨额利润，跻身诏安湾一带的大船商行列。

走北船能够带来巨额的利润，因此是诏安人的一种热门生意，地方上亦流传有“上船加三，落船加四”的说法，因此一些官绅之家不惜倾资造船，不少中等人户也集股造船。鸦片战争以后，随着汕头、厦门的开埠，西方火轮船投入营运，木帆船运输逐渐衰落，昔时诏安海商的后人也转而购置“电汽船”进行短途运输。位于梅岭半岛的宫口港，在 20 世纪初，仍然是一个重要的港口。1930 年，汕头一家德国人经营的爱礼司肥田粉商号，售卖给诏安当地永春堂、泰裕行一批肥田粉，利用海运，将肥田粉从汕头运送到宫口港。当时德国人仍然可以从宫口港将这批化肥通过小船运送到县城通济桥边，转给设在城内的永春、泰裕商行。可见原来诏安船运之盛。[②]

随着时间的流逝，诏安湾南、北船的历史已经远去，只有造船技艺仍然得以保留下来。

---

① 黄家祥：《诏安清代海商》，https：//www.doc88.com/p-113789864620.html。

② 杨楼：《一次反对不法德商的爱国行动》，政协诏安县委员会文史委编《诏安文史》第 13 期，第 155 页。

三 船货体系

明清时期，诏安湾人通过船与外部世界联系在一起，并以“南船”与“北船”在当地构造了一个船货社会。当地人曾经通过经营海洋贸易，积累了大量财富，而这种船货贸易，反过来也对当地社会结构产生了深远的影响。

番银

一天，我在诏安当地进行田野工作，报道人老吴给我看了一枚外国银圆。在当地人口中，这种钱币一般称为番银。当我仔细看这枚银圆时，颇为震惊，因为我懂西班牙语，所以一眼就看出这是一块 18 世纪的西班牙银圆。我告诉老吴，这块银圆比较珍贵，希望他能保存好。老吴一听这块银圆有来历，来了兴致，就带着我去了村中另一户人家中。这户人家的一位年长妇女进屋拿出了一个小包，打开一看，里面都是各种各样的西班牙银圆。老吴他们告诉我，这些都是近年来当地人在宫口港附近挖到的“宝贝”。这些番银，掩藏在梅岭港的淤泥里，经历了数百年的历史。这几年，随着“海丝”热兴起，地方上对于海上丝绸之路沿线所使用钱币的关注越来越多，钱币的价格也随之攀升，引来了很多文物收藏者的关注。在田野中可以发现，“番银”曾经在诏安当地十分流行，成为日常生活中的一种常见之物。

为什么这一枚西班牙在美洲铸造的银圆会跨越大洋出现诏

安梅岭这样的中国港口地带呢？在解答这个问题前，我们有必要先了解海上丝绸之路上贸易货币的演变。

韦伯曾经对前资本主义时代的商业与交换进行深入研究，他归纳了货币出现的不同形式。在非洲及延伸到亚洲内陆的印度洋地区这类较为稳定的交换地区，曾经流通贝币和琥珀、珍珠、珊瑚、象牙以及动物皮毛等装饰性货币。随着金属货币的出现以及贸易货币化，金银逐渐成为通用货币。① 15世纪以降海上丝绸之路沿线贸易之所以能够进行，其前提条件是金银充当稳定的交易货币。尤其是随着16世纪墨西哥和秘鲁等美洲白银的大量开采，流入欧洲的贵金属大量增加，为欧洲的货币铸造领域确立了更为稳定的关系，也为15、16世纪以来海上丝绸之路交易提供了必需的通用货币，并为明清时期的中国输送了大量的白银。尤其是西班牙人占据菲律宾群岛之后，当时马尼拉成为美洲白银向中国东南地区输入的中心地。而传统时代诏安湾地区的海商，主要的一个贸易网络也在马尼拉。因此，当诏安湾船商从马尼拉返航时，很容易带回大量的番银。例如《东西洋考》中记载，明代漳州征收“加增饷”，就是因为菲律宾群岛一带“地无他产”，西班牙殖民者主要用银钱易货，来此贸易的漳州海船，返航的时候除了番银，几乎很少携带货物。

在这种情况之下，番银也就大量出现在东南沿海地区。其

---

① ［德］马克斯·韦伯著，李慧泉译《世界经济简史》，上海：立信会计出版社，2018。

中，诏安湾也成为番银广泛流通的地区。诏安湾的外国银币甚至与地方习俗交织在一起，重新制造出了许多地方性的独特文化意义。蓝鼎元曾指出，福建一带并没有银矿，因此缺乏白银，民间一般用番银替代：

闽地不生银矿，皆需番钱，日久禁密，无以为继，必将取给于楮币皮钞，以为泉府权宜之用，此其害匪甚微也。[①]

当番银在东南地区广泛流通后，许多船户使用番银来交易和缴税，如乾隆年间，福州、泉州、厦门一带商船，都使用番银结算。乾隆五十三年（1788）六月，福建地方发生了一次巡检江大复"卖放兵糈船只"的事件，根据当时官府调查的情况，江大复的处理办法是：

嘱令书办陈周向各船户说合，按船缴送番银，即给还牌照，准其揽货开去。随有船户林长发等每船或出番银三四圆及二圆不等，交陈周经手，送交该大使家丁王升转缴江大复，共得受番银四百二十二圆。每船又送给王升铜钱三百文，陈周钱二百文，即放船一百二十八号。谈汝霖查知，向取拨船号簿核对，江大复情虚匿不过，看该主簿谈汝霖禀府查办间，复经臣等访闻革究，兹据该司道等审拟

① 蓝鼎元撰《鹿洲初集》卷3，清雍正十年刻鹿洲全集本，第4页。

> 详解，臣随率同提犯究审，各据供认不讳。臣以江大复令巡书陈周说合，希图得银，卖放船至一百二十余号之多。每船决不止缴送番银三四圆及二圆不等，恐尚有不实不尽之处，再三究诘，坚称实止得受番银四百二十二圆，矢口不移。询之各船户人等，亦佥供如一。吊查放过船只号数，均属相符，似无遁饰。①

本案中，江大复向船户索贿了大量的番银。同样，乾隆五十六年（1791）七月，台湾地方也发生了官吏勒索船户的事件，其中林俭与管口家丁富旺等有向船户林日兴等 9 艘船，勒索过“番银二百一十六元”。由此可见，明清时期，番银已经在东南滨海一带广泛流通，成为日常使用的货币。

番银日益深入地方社会生活，甚至成为构造地方习俗结构的组成部分，民间婚丧嫁娶，都离不开番银，由此使得其在诏安湾人的生活中也具有了礼仪体系的象征意义。番银的出现及大规模流通背后，是诏安湾蓬勃的船货贸易系统。由番银所构造的船货贸易，对整个诏安湾社会结构带来了深远的社会影响。当地的宗族、市场乃至社会经济，都因为这种船货贸易而发生了结构性的转型，并在当地培养出了船货社会体系。可以说，海洋带给诏安的不仅是滨海地带的繁荣，而且联动起整个社会网络。

① 《内阁大库档案》，乾隆五十三年六月二十九日，档案号：166198。

船货

中国消费东南亚一带的奢侈品的传统由来已久，在西方人到来之前，在朝贡制度下，象牙、犀牛角、龙涎香、奇南香、檀香、珊瑚、珍珠、玳瑁等东南亚与印度洋的特产，通过海上通道陆续进入中国，成为富裕阶层追捧的方物。15 世纪以来，西方人进入印度洋与太平洋海域，逐渐掌控了这一传统的东西洋区域贸易，他们利用殖民网络，取代了原先的东南亚与印度洋等亚洲商人，与当时中国开展贸易。闽南一带海商，通过船货转运，输送大量海外货物。这些货物，一部分在当地消费，另一部分，则以中转的方式，进一步销售到中国腹地。

15 世纪以来包括诏安海商在内的商人，通过海船传入闽南一带的船货究竟有多少？这一数字难以估计。可以说，当时早期全球体系的货物都曾经在这里流通，无论是美洲还是非洲、印度洋、东南亚一带的货物。这是传统时代最活跃的一个海洋贸易网络。明代仇英所绘《南都繁会图卷》中，就出现了“东西两洋货物齐全”招幡，这也从一个侧面反映出当时船货在大江南北的兴盛状况。

15、16 世纪，无论东西方，都对海上贸易进行征税。如西班牙在马尼拉设立海关，对进港货物进行征税。而诏安所在的闽南地区，早在宋元时期，就设有市舶司。明代初年曾经沿用这种制度，但不久就叫停了。一直到隆庆六年（1572），因为开海禁，漳州地方官员罗青宵开始向海船征收商税。万历三年（1575），巡抚刘尧诲建议向海船征税，充作兵饷。随后出现引税。万历十七年（1589），周寀对东西洋海船限定额数，规定每年 88 艘船，按照这个数量征收引税。后来，因为海外贸易船只增多，引数不够，就增加到 110 引。征税分为水饷、陆饷和加增饷。其中，水饷主要是按照海船的大小来征收，一般是西洋船面宽一丈六尺以上的，征水饷五两，每多一尺加征银五钱。东洋船比较小，水饷额比西洋船减少 3/10。水饷主要由船商支付，因为是按照进出港口的海船大小来征税，因此相对简单。陆饷则按照货物数量多少来征税，由铺商来支付。由于需要统计船上货物的数量，所以情况就复杂得多。官府担心海船和铺商串通，在进港以后藏匿货物，偷逃税额，因此明令禁止船商起开货物，而是要等铺商根据货物清单总数，申报税额，税馆发给号票，铺商交完税后，才能将货物转运到铺商指定地卸载转运。而且，为了防止海船铺商偷漏税，地方官府可以说想尽了办法，每年夏秋季风时节，当海商们从东西洋贸易张帆归来，从进入诏安湾附近的南澳海面起，悬钟、浯屿、铜山、濠门、海门等每处海防巡检司都要报告督饷馆，逐程派遣官船护送，名义上是为了防备沿途海盗抢劫，实际上是监督海船私自隐匿货物。

从这种征税体系，我们可以了解海商经济及船货状况。明代对于进入漳州地区的商船与货物都要进行登记纳税，尤其是陆饷，逐一登记了需要纳税的主要贸易货物，由此也给我们留下了关于当时输入“宝货”的记录。

万历十七年（1589），时任福建提督批准了海防同知叶世德上报的陆饷货物抽税条例，这份条例列举了当时进入漳州海域的货物，主要有：

> 胡椒、象牙、苏木、檀香、奇楠香、犀角、沉香、没药、玳瑁、肉豆蔻、冰片、燕窝、鹤顶、毕拨、黄蜡、鹿皮、子锦、番被、孔雀尾、竹布、嘉文席、番藤席、大风子、阿片、交趾绢、槟榔、水藤、白藤、牛角、牛皮、藤黄、黑铅、番锡、番藤、乌木、紫檀、紫木景、珠母谷、番米、降真、白豆蔻、削碣、孩儿茶、束香、乳香、木香、番金、丁香、鹦鹉螺、毕布、锁服、阿魏、芦荟、马钱、椰子、海菜、没石子、虎豹皮、龟筒、苏合油、安息香、鹿角、番纸、暹罗红砂、棕竹、沙鱼皮、螺蚆、獐皮、獭皮、尖尾螺、番泥皮瓶、丁香枝、明角、马尾、鹿脯、磺土、花草、油麻、黄丝、锦鲂鱼皮、甘蔗鸟、排草、钱铜。①

以上征税的货物，万历十七年和万历四十三年（1615）两份报税条例中几乎一样，说明这些是当时漳州海外贸易中较为稳定的输入中国的大宗货物。另外，一些货物此前没有登记在内，这些货物主要是：

> 哆罗嗹、番镜、番铜鼓、红铜、烂铜、土丝布、粗丝布、西洋布、东京乌布、八丁荞、青花笔筒、青琉璃笔

① 张燮著，谢方点校《东西洋考》，第141~143页。

筒、白琉璃盏、琉璃瓶、莺哥、草席、漆、红花米、犀牛皮、马皮、蛇皮、猿皮、沙鱼翅、翠鸟皮、樟脑、虾米、火炬、棕竹枯、绿豆、黍仔、胖大子、石花。[①]

从上述物品类别中可以看出，明代以来通过东西洋商贸网络建立的这个船货系统，其所流通的货物十分丰富。其中，有几类是传统海上丝绸之路常见的货物。首先是香料。香料是海上丝绸之路的传统输入货物之一，列名上面税单中的香料，既包括檀香、奇楠香、丁香、沉香、束香、乳香、木香、安息香，也包括用作食物调味品的胡椒、肉豆蔻等。这也说明，香料是明清时期中国人使用较多的船货，尤其是富裕阶层。明代是传统中国商品经济高度发达的时代，其他奢侈品类如象牙、犀角、牛角、玳瑁也曾是广受欢迎的船货。明清时期，社会经济发达，受此影响，社会上出现了一股纵乐文化，[②] 中国作为主要的外来物品消费国，对于奢侈品的市场需求达到一个新高度，甚至推动了世界范围内奢侈品的流动。在 18 世纪广州崛起之前，这股推动世界奢侈品流入中国的潮流，显然离不开诏安湾在内的漳州海域这类东南海外贸易中心地的助力。

此外，皮货也是这一船货贸易网络中备受欢迎的货物。15、16 世纪以降，海上丝绸之路的皮货市场，将明清中国与日本、印度洋及东南亚海岛社会的人群联系在一起。明清时

① 张燮著，谢方点校《东西洋考》，第 146 页。

② ［加］卜正民：《纵乐的困惑：明代的商业与文化》，方骏等译，北京：生活·读书·新知三联书店，2004。

期，珍贵毛皮日渐成为当时中国富裕阶层的消费品，因此，皮货也是市场的紧俏货物。明清中国巨大的毛皮需求，也导致其来源不仅限于国内，也包括广阔的海外市场，因此，皮货贸易注定是一种全球贸易。

在当时船商们买卖的野生动物毛皮中，陆上丝绸之路与海上丝绸之路运输的品类似乎存在一定区别，北方以貂和海獭皮为主，而海上丝绸之路则更多的是鹿皮。诏安湾海商就曾经积极投身于南方鹿皮贸易行列中。在16世纪以后，诏安湾的漳州海商活跃在东南亚及中国台湾地区，参与鹿皮贸易。依托雄厚的商业资本支持，他们在与荷兰人和西班牙人的贸易竞争中，往往能够胜出。例如，在1640年以前，荷兰人因为介入时间早，几乎独占了暹罗的鹿皮贸易，荷兰东印度公司商人在此以垄断价格收购鹿皮，然后卖到日本，赚取丰厚的利润。但到1640年，荷兰人这项独占了七年之久的鹿皮贸易生意遇到了强有力的竞争对手。据荷兰东印度公司的资料，这一年暹罗来了一位华商，开始在当地大量收购鹿皮，与荷兰人竞争。根据荷兰东印度公司的资料记载，这位中国商人对皮革不问质量不问价格一律收购，仿佛想买光所有的皮革似的。最初，荷兰东印度公司代表想用高价收购的方法来彼此竞争，但没有成功。因为这个中国商人更因此不还价地收购。此人正是来自漳州的海商，而且很有可能就是前述诏安人黄明佐的公司。

宗族、“舶商”与商行

船行贸易对诏安的影响是十分深远的，康熙年间戴冠就谈到当地出现了一种“舶商”，几乎垄断了全县的市场，甚至“蓑笠渔翁”都“名隶舶商之籍”。[①] 此处“舶商”，指的就是当地从事海上贸易的船商。显而易见，明清时期诏安湾的发展，高度依赖其船货体系。那么，诏安走海的船商内部组织，依靠什么方式来维系？我们知道，闽南船商通常是由宗族力量进行控制，围绕海洋贸易，从贸易、航运到货物装卸、销售等货物流动链条，宗族势力贯穿始终。宗族、商行与船户，共同构成了一个内部紧密联系的社会组织体系。

张燮所著《东西洋考》书中“舟师考”一篇，为我们提供了了解海上丝绸之路时代闽南一带海船社会结构的珍贵资料。根据张燮的记录，当时的海船“每舶舶主为政，诸商人附之，如蚁封卫长，合并徙巢。亚此则财副一人，爰司掌记。又总管一人，统理舟中事，代舶主传呼。其司战具者为直库，上樯桅者为阿班，司碇者有头碇、二碇，司缭者有大缭、二缭，司舵者为舵工，亦二人更代。其司针者名火长，波路壮阔，悉听指挥”。[②]

根据张燮提供的信息，我们可以推断16、17世纪闽南的商船组织。首先，商船的拥有者是舶主，也就是船主，然后以其为主，聚合着一群从事同一海贸生意的本地商人，他们是船货贸易的投资人与获利者，商船上管理层则分为财副、总管。具体负责有直库、阿班、头碇、二碇、大缭、二缭、舵工、火

① （康熙）《诏安县志》卷7《建置志》，第97页。

② 张燮著，谢方点校《东西洋考》，第170~171页。

长等职位。各自分工，保障海船出行。

以上是船商组织的基本结构。当然，实际情况可能要复杂得多。万历四十四年（1616），漳州推官萧基受命署理知府，他看到因为朝廷征收洋税，漳州一带海商不堪重负，海外贸易日渐凋敝，因此向上级提出13条“恤商厘弊”，即优惠海商的措施。其中，他特别提到出海走船贸易时，船商遭受层层盘剥：

> 一曰奸商之害。夫一船商以数百记，皆四方萍聚雾散之宾，而听命于商主，受压于船主，彼操颐指之柄，先从外洋派敛众商，从一科十，从十科百，动称使费，代为打点。①

萧基上述报告，补充了关于当时漳州海船贸易组织的一些珍贵信息。我们可以看到，当时漳州一艘从事海外贸易的商船，除了一般的船上人员，其核心由商主、船主、船商三类人组成。船商负责具体的海外贸易。而船主则负责管理船商，商主则是资本方。商主、船主的出现，反映出明代商业资本对于船货贸易系统的渗入与高度控制，这是海上丝绸之路贸易发展史值得注意的一个动向。

在分析运输业与商业的组织形式时，韦伯对世界上的海洋贸易制度进行了分析，他以古代罗马人与希腊人的船只作为案

① 张燮著，谢方点校《东西洋考》，第136页。

例，罗马人与希腊人的船上有舵手、船长和给桨手以划船节奏的吹长笛者，最底层则是大量的桨手，主要由奴隶担任。至于船只所有者与商人之间的关系，韦伯认为一开始船只所有者就是商人自己，此后出现了一种特殊的海上贸易商阶层，这在希腊城邦的海上贸易很普遍。由于最初海外贸易规模较小，因此商业资本对海洋贸易的控制较为有限，但随着海外贸易的发展及海上贸易承担的极高风险的行业特点，中世纪时期，欧洲延续了古代的海运借款契约制度。该制度规定，如果贷款是针对运往海外的货物而发放，在船只遭到损失时，无论放款人和借款人都不需要偿还，而是采用双方共同承担风险的方式。如此一来，海运借款就使得海上贸易很大程度上被放款人控制，他们会对船只所有者的航行时间、航线和货物销售地点进行控制，从而导致海商对资本家产生了越来越大的依赖。①

从上述16、17世纪漳州一带的海商资料可以看到，当时漳州一带海商组织结构中，出现了商主的身影。在船货贸易权力体系中，最上层是商主、船主，次之是船商或舶主，居于最底层的则是船上的船工。由此可见，16、17世纪闽南当地活跃的商业资本，已经渗入船货贸易中，并对海外贸易进行了有效的控制，商主作为资本家，他们开设有商（船）行，在诏安当地，这些商行一般由实力雄厚的家族出资开办，家族中有船的船主，参与商行的共同经营。他们出资，雇用有丰富海外贸易经验的人担任船商，负责具体的出海贸易。

① ［德］马克斯·韦伯：《世界经济简史》，李慧泉译，第172页。

船商遭受商主和船主的剥削，他们雇用熟悉航海的底层渔民充当船工。在这些人的层层组织下，每一次出海贸易方得以完成。他们组成了传统时代包括诏安湾在内的闽南滨海地区船货贸易体系。

在这种船货贸易体系中，海洋贸易的高风险性与巨额利润，决定了其容易滋生特殊的制度文化。其中，亲属关系、宗教信仰是两类核心内容。当时出海贸易的船商，普遍通过拟亲属方式，来招募船户主要成员。明清时期的闽南海商大家族，通常通过收养养子来作为出海贸易的代理人。一些船主还由家族雇用，成为家中船队的主要成员，由此构建了一种拟亲属网络与海洋贸易相结合的特殊体系。这种拟亲属类型船商系统也对东南亚一带的华人社区产生了影响。例如，早期马六甲华社因为人口不多，华族又很少和土著通婚，由此造成家族之间互相嫁娶，这一错综复杂的姻亲关系，反过来也使华人社群更具凝聚力。从南明到清代，马六甲和闽南一带贸易往来不断，当女儿适婚时，当地华人父母就招揽高素质的闽南船商为婿，而船商人群的流入，也使得华族文化传统得以传承。

除了出海贸易，即使是港口商船产业，也离不开亲属网络的影响。如明清以来诏安湾的码头班，就是一个典型的例子。清代乾隆、嘉庆年间，是诏安大北船贸易走向鼎盛时期，这一时期，随着大北船贸易发展，航运成为地方社会经济发展的一个重要产业。在南诏城东溪通济桥下游有一个仙公庙码头，从北京、天津、上海、宁波一带载着货物返回的大北船，经常停靠在这个码头卸货、装货。仙公庙码头附近，是沈氏家族的聚居地，该码头也由沈家控制。经过家族内部商议，沈氏家族指定族内梅溪五房、梅仙四房和秀水三房五、六支派的家族成员负责船货装卸、搬运工作。[①]一开始，沈氏家族采用一种临时雇工的方式，每当船只靠岸需要装卸货物，就组织家族中从事竹工、小贩、烧壳灰工、木工、清洁工等的成员，由临时工头进行抓阄分配工作，进行合作。采用肩挑背扛，或以 2~4 人用大竹竿扛运的方式，送到城中各商号的店铺内。这些码头工人，依靠家族网络联结而成，随聚随散，没有固定的组织形式，由此使得沈氏家族得以长期控制码头。即使到了民国时期，当地政府成立诏安县总工会，仙公庙码头工人都参加了码头工会，但因为其成员基本上来自沈氏家族，因此实际上仍由沈家控制权力。

除了亲属关系，宗教庙宇也成为船商的一个关系网络。明清时期诏安城与悬钟所城中建有不少宫庙。诏安的各大庙中，其主要的捐献者就来自船商网络。例如，位于诏安东溪东关社区的上帝宫，该庙位于码头，供奉有水德星君神像。水德星君是水神，因此也是诏安船商和渔民普遍供奉的水上保护神。在宫庙内，有一块立于同治己巳年（1869）的《重修东关上帝宫碑记》，碑上记载了太平军攻陷诏安后，上帝宫宫庙被毁，其后列有重修捐献者的名讳，其中列名在上的很多是当地的船

---

① 伍绍明：《抗战前后民间搬运组织及货栈概况》，政协诏安县委员会文史委编《诏安文史资料》第 3 辑，第 121 页。

号，如源舍号、发记号、顺兴号、平吉号、源昌号、新益记、源记号、成美号、合兴号、德兴号、仕家号、和源号、秀林号等。同样，位于诏安西关的武庙，也是城中的一个重要信仰中心。该庙建于明代嘉靖年间，相传嘉靖四十一年（1562），倭寇攻破悬钟所城，向南诏城进发，但遭到城中军民顽强抵抗，就在城池将破之际，关帝化身夜中巡城，吓退倭寇，南诏城幸免于难。知县龚有成以关帝显灵护城有功，因此决定建庙立坊，这就是如今诏安城中西关武庙的来源。武庙建成后，在当地拥有大量信众，成为诏安城中具有广泛影响力的庙宇。前已述及，诏安湾船商普遍供奉关帝，视其为与妈祖一样的海上保护神。而西关武庙的发展，也离不开船商的支持。目前武庙中保存有一通光绪二十七年（1901）《重修武庙各关乐捐芳名》碑记，上面记载了当年捐赠修庙的人名和商号，其中主要捐赠者是沈长记号、沈承发号、忠泰号、沈兴源号等七家商号和船行。

可以说，明清以来，船商一直是诏安当地宗教事务高度依赖的力量，他们出面组织宫庙仪式节庆，捐钱捐物维修各类宫庙。船商之所以热心宫庙活动，其原因是多方面的。首先，诏安船商从事海上贸易活动，本身就是高风险的行当，俗话说，“行船走马三分险”，商船常年在海上航行，经常遭遇风暴、海盗，因此，寄希望庙宇神灵能护佑家族船行平安，生意兴旺。其次，庙宇与宗教信仰本身就是一个彰显家族势力的场域，船商们分属不同的家族势力，通过主导宫庙各类信仰活动，船商也可以从中获取各类资源信息，凝聚家族成员、商行

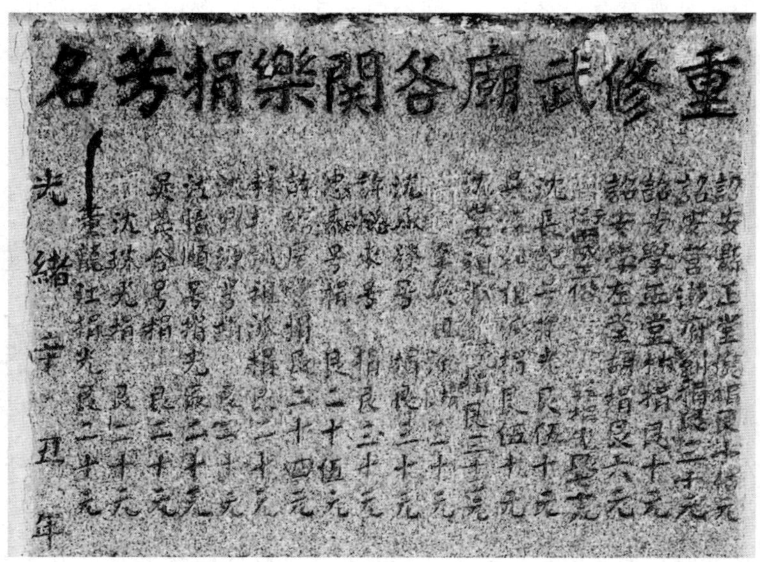

图 4-4　重修武庙各关乐捐芳名碑

成员的身份认同感，提高家族在地方社会中的声望。

总之，基于发达的南、北船海上贸易活动，明清以来诏安湾地方形成了一种特殊的船货系统。这一船货系统，也深刻地影响了地方社会结构。

有岸屿富，没有岸屿厝

凭借航海传统以及便利的海洋条件，明清以来诏安湾人曾经在经营海洋贸易方面风生水起。然而，如果没有发达的水系，船货贸易也很难对腹地山区起到更大的影响，幸运的是，诏安发达的水系将海洋与诏安的腹地联系在一起。

联动诏安滨海与腹地的，是东西溪大动脉。尽管现在的东西溪基本失去了航运功能，在明清时期却是不可或缺的水运通道。尤其是东溪河道，是一条连通海港与城市的内河大枢纽。清代乾隆至道光年间，南北船兴盛时期，不论南船、北船，都是从悬钟所城边的宫口港通过澳仔头溯流而上，在仕渡、岸上一带港内停泊避风。早年间，城关通济桥下，常常可停泊百吨的海船。

依靠东溪的内河航运，沿岸的村落也参与船商们推动的海洋贸易活动，并分享了这一船货体系带来的经济利益。其中，仕渡与岸屿，是典型的两个依靠海洋贸易与内河转运发展起来的村落。自明朝开始，诏安岸屿村就开始建造大船经海洋行走北头（北方）海运与经商，历史上岸屿村依靠海运致富，涌现了不少殷商巨富，他们起大厝、建祠堂，因此，诏安自古流传着“有岸屿富，没有岸屿厝 ”的说法，至今该村还遗留下一座座精美的明清古民居，显示出当年海上贸易带给当地的繁荣与富庶。仕渡村也是一个依靠海运发达起来的村子，其主要居民为沈氏家族，沈家是当地巨族。仕渡村的开发，与诏安湾的海洋贸易发展有密切的联系。在洪武年间，仕渡村还只是一片内海，海水通过宫口港，经由澳仔头，并上涌到这片低浅海域。由于面向大海，四周又空旷，风浪很大，因此，不知从什么时候开始，周边的人在海滩上建起了一座土地庙，按照当地习俗，土地庙可以止风镇煞。海上发大潮时，潮水从土地庙前经过，绕过岸屿、平屿几个村子，一路直达港口村。

海水不仅在这里形成了一片海域，也给这里带来了便利的海运条件，水路可以直达上游的腹地村落。海滩处散布着一些适宜停泊船只的临时渡口，一条狭长的鹅卵石路将海滩与内陆的几个村落连接起来，所以，这里又被称为石路巷。在清雍正朝以前，广东柘林、东界一带的商船，到诏安县城所在地南诏镇通商，大部分停泊在土地庙前，然后换成小船经由东西溪运到城边码头，而货物则经由这条石路起水。通过经营船货，类似仕渡村这样的沿河聚落发了大财。清代中期以后，仕渡村沈氏家族的大北船，穿行在近海贸易中，极盛时期，村中北船达数十艘之多。航运帮助沈姓族人积累了可观的财富，有意思的是，当地人通过船货贸易赚了大钱，除了造船、买船，更多的是把钱投入置办房产与装饰房屋中，而不是去购买土地，成为地主。也就是说，当时船商在海贸中获利，但没有像别的地方一样将钱财转换成土地资产，而是投入房产，将门头修得十分豪华。

这一原因，应该与声望对于海洋贸易型社会的重要性有关。声望是一种资本，宏大富丽的房屋，往往让人对屋主的实力产生信任感，而船货社会，要依靠声望来维系彼此之间的信任。如今的仕渡村，街衢洞达，广厦比肩。穿行在这一排排的高墙大瓦的建筑间，仍能强烈地感受到破败中透出的豪气，这曾是海洋浸染的地方。没有海，也就断了灵脉。

类似诏安湾出现的这种船货社会类型，或许也可以从局部上回应加州学派所提出的问题，即为何工业资本主义无法在中国产生。我们知道，以海洋运输、货物交易为核心的船货社会，能够在一定时间内为滨海地区积累巨额的财富，但由宗族

图 4-6 仕渡村明清民居

势力等控制的船行商业组织，往往无法实现资本的再生产。那些高度依赖宗族的船商，难以摆脱土地的束缚，往往将财富投入田产与宅院，而不是商业生产，也无法建立起强大的商人联盟，由此也缺乏催生新型的工业资本主义的政治与社会经济基础。

小结 舶商与海域

15 世纪随着新航道的开辟，原来分散的全球市场被连接起来，并与“资本主义世界体系”相联系。此时期，包括诏安湾在内的中国海商，通过发达的海洋贸易，构筑了中国东南滨海地区的船货时代，并呈现出不同于以往时期的特点。与宋元时代闽南海商所推动的以印度洋、阿拉伯地区为主的亚洲内部贸易相比，明清时期随着东西大航海的推进及早期世界贸易体系的形成，迎来了全球货物的大流动。诏安湾的“船商”，积极参与构建这一全球贸易圈的过程，并成为其中十分活跃的群体，由此也在当地创造了一个船货贸易体系，并进而对当地的社会结构带来了深远的影响。

尾　声　成为“海丝”遗产

往来梅岭港的番舶，谜一般的海盗联盟头子吴平，活跃在悬钟所城的军户，制造望洋台景观的巡海道蔡潮，对荷、暹关系颇为熟知的沈铁，在祥麟塔目送下走南闯北的“过番”船商……我们应该如何理解这些人物、事件在诏安湾历史舞台上的出现呢？以往的海上丝绸之路历史与遗产研究，大多关注的是国家海洋政策与航线开辟及海丝遗产形成的宏大叙事，然而，正如我们在前言中所指出的，海上丝绸之路，不能仅将其想象成如同道路一般的单一性的行船航道，这一水上世界极其复杂多元，其构成离不开类似诏安湾这样聚合了滨海城镇、港口、人、船、物、航路等多个要素的点状海洋网络。

正因为如此，本书通过诏安湾梅岭港、悬钟城、望洋台、祥麟塔等四个具有代表性的海洋遗产点的社会文化史研究，试图说明，海上丝绸之路遗产，本质上是滨海地区人群与海洋、世界体系发生普遍联系的历史过程。从这一层面而言，遗产具有极强的可塑性。近年来，随着“海丝”遗产热的兴起，当地开展了一系列围绕海上丝绸之路核心区遗产的重组活动，诏安湾曾经有过的蓬勃海洋历史也重新受到关注。

“番人像”与重修“四面佛”塔

我在梅岭港进行海丝遗产田野调查时，有一次跟随当地政府工作人员一同前往查勘一座立于悬钟所城东门村靠海处的石塔。这座石塔是实心塔，整座塔呈六角形状，分三层，高约10米，造型古朴。石塔之下有基台与古城墙连接，底座石础形似莲花座，塔身底层略大，第二层至第三层依次减小。

图尾-1　梅岭东门村“四面佛”塔

与一般石塔不同，这座塔的形状颇为奇特，在古塔的第二层临海面与塔身背面各雕有石佛像一尊。但我第一次田野调查时，发现二层只保存临海那一面的佛像。总体而言，这面佛像保存尚好，其造像形象饱满，类似弥勒佛。

图尾-2　临海面的佛像

但是当地人口中所说的塔身背面那一尊佛像则消失不见了。后来，工作人员指引我到当地一位村干部何先生家中，看到地下放着一块佛像。何先生告诉我，这块佛像就是塔身背后那一块，不知什么时候从塔身上掉落下来，因为担心被人取走，所以他就先拿回家暂时保管起来，等石塔修复的时候再装上去。和石塔临海那一面佛像不同，这块佛像造像就显得更为奇特。也许是因为长年暴露在海风中，佛像受到不同程度的侵蚀，面部形象已经不太清晰，但从总体轮廓上看，这面佛像与我们常见的佛像造型略有不同，其异域特征明显，这应该是一座“番人像”。或许是受到近年来泰国旅游的影响，因为这座佛塔二层呈四面形，又镶有佛像，当地人就将这座佛塔称为“四面佛”塔。经过初步的考证，地方文史专家将这座佛塔的年代暂时判定为明代。

这座佛塔立于梅岭港老港口边上，很显然，其主要功能除了祈福外，也兼具海上航标塔的作用。联想到前文所述，宋元以来，梅岭港一直是闽粤交界处的对外贸易港，是“诸夷贡道”所必经之处，历史上“番舶”经常出没，那么，这个“番人”造像出现在这座佛塔中也就容易理解了。诏安湾区域因为不少人从事外洋贸易，很早就接触到海外世界，例如前述《李生荒岛得宝记》中记载诏安读书人李文达在爪哇岛遇到“胡商”，其形象是“红头发，绿眼珠，满脸胡须”。[①] 西方殖民者、海外商人也曾经在此开展长时期的商贸活动，因此，当地人对来自东南亚海域及欧洲地方的“番人”形象并不陌生，

---

① 沈继忠口述，王雄铮笔录《李生荒岛得宝记》，诏安县政协文化文史和学习委员会、中共诏安县委党史和地方志研究室编《诏安民间文学·民间故事》，第264页。

图尾-3　原塔上的“番人像”

很容易结合佛教及其他宗教信仰的传播，将这种“番人”造像融入当地神圣世界。类似这样的情况并不鲜见，例如，在东南滨海一带，我们经常在宗教庙宇甚至海商宅院中看到这种“番人”造像。在漳州石码杨氏大夫第中，装饰有西洋船长与番婆石雕；在厦门卢厝中也多处出现了西洋人与番婆造像；同样，在宁德福鼎前岐天后宫藻井彩绘中，也保留着类似这样的

“番人”画像与西洋火轮船图像。① 上述地方，都是历史上中国东南海上贸易发达的滨海区域。很显然，悬钟所城东门村佛塔上出现的这块“番人像”，是当年诏安湾兴盛的海上贸易的历史印证。

长久以来，这座“四面佛”塔孤立在东门村城墙边，遭受了不同程度的破坏。近年来，在“海丝”遗产热的推动下，漳州各地开始重视挖掘当地的海上丝绸之路历史，并加大了对海上丝绸之路各类遗迹的保护工作。因此，地方政府对于“四面佛”塔和“番人像”颇为重视，很快就制定了《东门村古塔修缮设计方案》，并引进专业的古建公司进行重修，对这座佛塔的年代及内容更为详细的考证也逐渐展开。

当地重修滨海佛塔的工作，其实是中国海上丝绸之路遗产申遗工程的组成部分。近年来，随着海洋强国战略的提出，历史上的海上丝绸之路及其遗产，也成为社会上广受关注的一个热点话题。对于漳州地区而言，航海与贸易曾经是当地的一个重要历史遗产，因此，地方政府围绕月港这一明清时期著名的海港进行了一系列遗产规划，试图整合漳州地区的代表性海洋遗迹，申报世界文化遗产。对于此次遗产申报，诏安地方当然也不能置身事外。在诏安当地人看来，本地在海上丝绸之路的历史角色应该得到更多的重视，而不是被边缘化。由此，在国家政策与地方政府的支持下，本地也发起了一场抢救、保护海丝遗产的热潮，梅岭港、悬钟所城、望洋台、祥麟塔等一系列

① 张先清：《点头天后宫的西洋彩绘》，《寻根》2015 年第 6 期。

重要遗产点陆续得以重新修复、强化，进而开展各类旅游开发。而上述重修“四面佛”塔的举措，就是这场地方申遗工作的一项内容。此外，当地文史专家和文物学者也对诏安当地的涉海遗迹进行了考证与整理。而随着史迹的挖掘和研究的深入，诏安湾被湮没的一部分海洋史，也得以逐渐展现在世人面前：这里曾经是历史上海上丝绸之路的繁盛之地，与月港一起，构成了 Chincheo 这个西方大航海记忆中的东方海域世界。番舶、船商、舟师、宝货……都曾经是当地显著的多元景观符号。这里涌现了吴朴这样具有世界眼光的航海专家，也走出了黄明佐这一游走在西班牙人、荷兰人和日本人之间，纵横东南亚海域的大海商，将“黄合兴”商号运作成掌控东洋贸易 30 年的大商行。同样，这里也出现了类似沈铁这样借助诏安湾的舶商网络，对荷兰、暹罗、马尼拉等地动态局势洞若观火的官绅。诏安湾的海洋活动，也深受早期全球贸易体系的影响，诏安船商热衷将丝绸、棉布、瓷器、茶叶、漆器家具等售卖到马尼拉、长崎、巴达维亚、马六甲等港口城市甚至更远的地方，经过日本、东南亚“胡商”以及荷兰、西班牙、葡萄牙等西方商人转手，成为全球流通的货物。同时，他们也输入番银、哆罗嗹、番镜、鹿角、西洋纸、暹罗红砂等夷货，转口南京、杭州、北京等地，成为仇英《南都繁会景物图卷》所描绘的明清时期畅销的“东西两洋货物”。可以说，历史上诏安船商曾经参与构建了中国东南滨海地区的船货社会。诏安湾的海洋史，也是潮汐交汇处的全球史。

重组“海丝”遗产

那么，我们应该如何看待梅岭港、悬钟所城、望洋台、祥麟塔这些遗产点的社会文化意义呢？

如今，当年活跃在海上丝绸之路的南、北船，已经湮没在历史烟尘之中，但是，围绕上述梅岭港、悬钟所城、望洋台、祥麟塔等遗产点考察，唤醒了人们关于海洋与家园的记忆。我们知道，遗产是在不同的历史时期创造出来的，随着时间的推移，它被视为真实的，反映了当地和民族的文化、愿望和想象。遗产与身份、记忆和真实性之间的关系是内在的，遗产将地方身份、愿景与当地联系在一起。[①]“家园”是地方的典范，人们借以依附情感、根植记忆。比起任何其他地方，家园更被视为意义中心和观照场域。人文地理学家蒂姆·克雷斯韦尔（Tim Cresswell）将家园视为充当最早世界或最初宇宙的空间，塑造了往后我们对外在各种空间的认识。[②]在“海丝”热的影响下，诏安当地经历了一系列的遗产景观重组过程，而诏安湾人的海洋家园意象也重新得到强化。

在这一遗产实践过程中，我们注意到包括当地居民在内的行动者对家园的地方依恋情感和认同也发挥着至关重要的作

---

① David C. Harvey, “Heritage Pasts and Heritage Presents: Temporality, Meaning and the Scope of Heritage Studies,” in *International Journal of Heritage Studies*, Volume 7, Number 4, 1 December 2001, p. 320.

② Cresswell, T., *Place, A Short Introduction*. Oxford: Blackwell Publishing, 2004, p. 42.

用。地理学家爱德华·雷尔夫（Edward Relph）指出，地方是人们在生活世界中的直接经验对象，是个体与群体获得认同的重要来源，也因此是人类存在的凭据，维系着人们的情感与心灵。[①] 同时也是人类获得自我认同的一个重要依据，是人类感知“在世存有”（being-in-the-world）的一种手段。[②] 同样，段义孚认为人类持久和难以表达的情感是对某个地方的依恋，因为地方是其家园和记忆储藏之地，也是生计的来源，地方成为情感事件的载体与符号。[③]

诏安湾近年来的再造海丝遗产运动，就是海洋历史的重新发明与地方家园记忆、身份认同再生产的过程。通过重组梅岭港、悬钟所城、望洋台、祥麟塔、关帝庙等一系列人文地理景观，诏安湾的时空位置与海上丝绸之路历史重新连接起来，经由共同的文化符号、历史记忆和集体表述，使得本地人关于海洋家园的地方认同与地方依恋情感再度明晰和深化。

可以说，针对诏安湾海洋历史与遗产的考察，提供了一个让我们重新认识海上丝绸之路遗产价值与意义的机会。在当前遗产话语体系中，对于“海丝”沿线地方而言，人们都迫切地想让自己成为“海丝中心”而不被边缘化，围绕各地海洋史迹展开的一系列的讨论和话语体系，也表明不同地区的人们都试图重新构建和组合当地与“海丝”遗产之间的这一身份

---

① Relph E.，*Place and Placelessness*，London：Pion，1976.

② Cresswell，T.，*Place*：*A Short Introduction* p. 29.

③ ［美］段义孚：《恋地情结：对环境感知、态度与价值》，志丞、刘苏译，北京：商务印书馆，2018，第 5~138 页。

认同。然而，我们应该深刻认识到，遗产虽然是一种社会建构，但它也是一部客观历史。因此，重新“打捞”类似诏安湾这样的海域在漫长的历史过程中所发生的水陆之间的故事，不仅可以加深今人对于海洋、人群与遗产之间复杂关系的认识，同时，透过诏安湾的红帆，也可以见证中国东南滨海地带人群的一部别样的全球史。

逝去的帆船时代：一位船师的造船记忆

如前所述，诏安湾曾经是历史上中国东南滨海地区的造船与海贸中心地之一，围绕南、北船，在当地构造了一个活跃几个世纪的船货社会。随着木帆船退出历史舞台，诏安湾的海上贸易也隐入历史。然而，诏安湾地区的造船技艺，却得以保留下来。在田野调查中，我们访问到了当地一位造船工匠何师傅。何师傅是下河村人，从小就跟随大哥、三哥一起讨海。他对木工活富有天赋，后来就会接一些木工活计来做，从20岁起就和他大哥一起在村里造船。跟随何师傅关于其从事造船的口述记忆，我们或许可以重新回溯诏安湾木帆船繁盛时代梯航万里的历史图景：

> 我20岁开始就和我大哥一起造船，后来村中的船都是我们主持建造的，我们带了29个徒弟，造了上百艘的大木船。我大哥叫何XC，我从小没有父亲，实际上我是我大哥带长大的，我把我大哥当作父亲一样，俗话说“长兄如父”，对我来说就是如此。大哥在6年前84岁的

时候也过世了，我还一直很怀念和大哥一起造船的时光。我们造船的时候没有画图的，就在头脑中先思考好船的样子构架，然后再开始建造。建造一条木船的工序非常多，最主要的就是设计、选料、下龙骨、下桅杆、捻缝、帆装等，需要一点一点地做，其中最关键的是龙骨，因为龙骨是一艘船的核心。造船选择的木材也很关键，要能抗风防水，一艘船上也不只用一种木材，而是根据需要来选择，有樟木、杉木等。我们造船用的木料一般是南靖深山，还有来自龙岩、九龙江的木材。好的木料是很贵的，我们有句老话叫“一斤猪肉，一斤木料”，就是说一斤木材像一斤猪肉那么贵，要知道以前的猪肉是很贵的。[①]

在何师傅看来，诏安湾的木帆船主体结构有自身的特点：

一艘大木船主体部分一共有四层，最上面的一层是在甲板之上船舱的顶层，这是驾驶舱，是平时船员驾驶所在的地方，在驾驶舱的前面有四扇透明的窗户，可以用来挡风遮雨，这样也便于船员在驾驶时观看海上的情形。驾驶舱的外侧有一个露台，露台四周有栏杆，夏天的时候船员还可以在露台上休息。驾驶舱和露台之下的第二层是船员睡觉的地方，在里侧的船壁上供奉着妈祖娘娘，船员会在航行之中祭拜祈求妈祖保佑一切顺利。在船舷后方的右侧

① 2019 年 6 月 29~30 日，田野访谈资料，何 S 讲述。

就是厕所。第三层就是甲板，很多关于行船和停泊的操作都主要在这一层上进行。甲板上有两个桅杆和帆，我们诏安航海的船主要都是两桅船，较小的帆叫“头帆”，大的叫“大帆”，桅杆也是较小的叫“头桅”，较大的叫“大桅”，因为比较小的这个桅杆和帆比较靠近船头。在桅杆上安装有特制的滑轮用来升降帆。安装滑轮可以省很多力气，这样可以通过滑轮来改变力的方向，直接拉是拉不动的，但同时也要设计好滑轮与帆之间的角度，滑轮也时常需要用油来保养。帆是船的主要动力，船航行的速度也要靠帆的升降来控制。升降帆主要是用“缭绳”，在船舷的侧端上还有专门系帆“缭绳”的木桩，叫“缭柱”，在确定好帆的高度以后可以将“缭绳”系在“缭柱”上，用来固定“头帆”的高度。“大帆”的“缭绳”则是系在船尾横着的“缭柱”之上。“缭绳”需要打一些特殊的结，才能灵活的控制帆，日常升降帆需要两个专门的船员才能操作。

驾驶帆船需要一定的技术，由于常年造船，何师傅对于帆船的行驶与船体部位了如指掌：

在一艘大船上会有一个“老艄公”，也就是船老大，他会负责指挥整艘船，也是主要的掌舵人。在航行之中，船员主要依靠指南针也就是罗盘，以及观测天象来确定船航行的方向，比如白天主要观测太阳的位置，晚上则主要观测星象的位置，星象之中又主要观测北斗七星，因为北斗七星比较准确，其他的星星没有那么准确。在船尾会有一个船尾灯，挂在后面不会影响视线。

行驶中需要船转方向的时候主要依靠船尾的绞绳来控制在船尾的舵，舵就连接着船尾的艉橹。在船舷的一侧留有一个比较宽可以用于小舢板上下大船的门，大船出海之后还可以将小舢板放到海中，这样的话船员上下打鱼就比较方便，一只小舢板最多可以乘坐 6 个人，比较小一点的可以乘坐 4 个人。第四层就是船底舱，也叫水密隔舱，一般用来存放运输的货物。水密隔舱有七道隔板、六道闸，靠近船尾处的叫“尾闸”；第二个叫“坝壁”；第三个最宽的一道闸就叫“大允闸”，这是整艘船最宽的部分；第四个在“大桅”桅杆的底部，因为行船的动力要靠桅和帆，所以这一道靠近桅杆的闸就叫“驶风闸”；第五个靠近船头部分的叫“头栅闸”；第六个最靠近船头的叫“头闸”。水密隔舱还有一个很关键的作用就是哪怕船底有一两个舱漏水，但因为有隔断，所以整艘船还能浮起来，不会沉。船舱侧面是五道弧形的“允条”，和龙骨、隔板一起组成船体的主要框架，允条有一个非常重要的功能就是防撞击。“允条”中最长的叫“大允”，“大允”之上是“乌龙”，“大允”之下是“二允”，“大允”的下方有排水孔，在海上航行的时候如果有水进入船体的甲板上就可以从排水孔排出。船要停泊的时候需要抛锚，在船头的甲板上有四根柱子，因为这四根木柱排在一起很像梳子的齿，所以我们叫它“梳子牙”，这是为了固定锚所用的柱子，控制锚有一个在船体之中的绞柱，绞绳会通过一根横亘在“梳子牙”之下的横柱，叫作“顶压”，在我们当地闽南话里，“顶”，就是“锚”。通过“顶压”可以微调控制锚，船停靠岸抛好锚后用“木挡”固定好绞柱，这样船身才可以稳定。

帆船是重要的生产贸易、交通运输工具，关乎家族兴衰，对于何师傅来说，造船也是一门讲究神圣性的技艺：

船造好后还会钉上“龙眼”，渔船的“龙眼”窄一点，眼珠往下看，寓意能看到海中的鱼，捕捞顺利；运输船的“龙眼”往前看，寓意看得远，行船顺利。在80年代以前建造渔船“龙眼”的时候，要用一块“龙银”钉在“龙眼”之中。“龙银”的选择是有一定规矩的，日本出的大洋和袁大头都不行，需要用清朝在广西、广东用得比较多的龙纹银圆。在造新船的时候要把“龙银”放在“龙眼”之中，左右两边的“龙眼”各放一枚。在船头会用红色的颜料画上太阳、云和海浪的图案，寓意天亮出海时能顺风顺水，在船尾会用白色的颜料在底部的“三山”板上画上月亮的图案，寓意天黑能平安返程。造船有一些特殊的风俗和仪式。开始造船的时候我们首先要祭拜妈祖，开始造船的日期、下龙骨的日期、立桅杆的日期，还有下水的日期都要请先生挑一个良辰吉日。在船造好之后，还要准备好 12 碗红汤圆进行供奉，供奉的时候还要摆上造船的主要工具，比如墨斗、斧头、尺子等。祭拜的时候还会念“四句”：“好时好日安定金，顺风顺水顺人心，出帆顺风顺人心，希望年年赚万金。”祭拜好之后定做船的人会包好四样礼物送给造船的大师傅，比如烟、茶叶、红包、红布。也会有一些忌讳，女性在造船的时候是不能靠近的，早年间甚至不能上船，也不能帮忙。

图尾-4　船的龙眼

我建造过最大的木船有 20 多米长，龙骨就有十七八米，最大的桅杆也有十八九米长。我和大哥给村中造了一百多艘船，村中的运输船都是我们设计建造的，给村中造的船大概是六七十吨的规模，最大的差不多长20米，宽度在五六米，因为是运输船，所以不能太窄，这样才会平稳。我日常还会负责修理。我们还曾经给其他地方也建造过船只，比如隔壁蜡州村也请我造过船。我也曾经到广东去造过船，一般都是哪里请我们造船，我们就会在当地的海边搭棚建造。每一个地方造的船型都会有一些区别，大小也不同，比如我们诏安的船跟广东的不一样，跟泉州的也不一样，这个也要根据定船人的需要来设计。建造渔船和运输船的船身就需要宽一些，比如和端午节举行龙舟比赛的时候村里让我建造的龙舟就不一样，因为那种龙舟首先要考虑的就是速度。所以船身很窄。而这种渔船和运输船需要在海上航行，所以船身比较宽，受力面大一些，这样才不会在大浪拍击的时候翻船。我也给村里人造过很多近海打鱼用的渔船，这种渔船主要用于近海捕捞，当天去打完鱼就回来。在以前造船是非常辛苦的，因为以前没有电，所以为了赶工，常常是要到夜里完全看不见了之后才能吃晚饭。大概在1985年以后也没有再建造这样的木船，后来慢慢就改成了机器做动力的机帆船和铁皮的船。

当然，对于何师傅来说，造船技艺目前最令人担心的就是如何传承的问题，他也很希望这门手艺能够得到保护，留到下一代：

我的木工的手艺可能几个人也学不完，我自己是没有师傅的，造船的手艺跟随了大哥一些，其他大部分都是无师自通，所谓：“一理通，万理全。”我感觉自己琢磨出了如何去做木工以后，无论是什么东西我都会做了。我比较遗憾的是虽然曾经带过很多徒弟，但到现在我的手艺并没有能完全地传下去，我在23岁的时候成了家，我的媳妇就是本村人，叫何QJ，我和她生了两个儿子四个女儿，我的大儿子出海捕鱼，小儿子在附近养殖。家中真正跟我学过造船手艺的只有招赘的大女婿何YY和一个侄儿何SR，何YY学会了一些造船的手艺和木工的手艺，那一次我脚受伤就是他代替我去修建完剩下的工程。但因为现在也不再需要造木船了，目前只有侄儿还在修渔排。

我已经将近30年没再造过大木船了，年纪慢慢也大了，平日没事的时候我就会做一些小船模。做船模要非常耐心和细心，我的女婿何YY以前跟我学造过大船，但他就造不了船模，因此我造好的船模还送给他家。在造船模的时候自己会先在木板上画一个比例图，根据比例图来建造，这个比例图也是我自己设计的。做一个船模大概需要一个月，家里现在放着十艘船模，我的船模主要是做了留给儿子和女儿作纪念，有时候有一些客人也会来定制船模，如果我有时间的话也会帮他们做，做一艘船模大概6000元。这些船模都是和以前真的大木船的结构是一样的，船上各个零部件都有，但是为了美观，有一些小的细节用料上会有改动。比如桅杆顶的风向标以前是红布制

图尾-5　何师傅制作的船模

作，船模就用小木块和小的铁皮拼制成“风鸡”的形状；比如锚的材质也是不一样的，真的木船用的是铁锚，而船模上我是用木头削制和电线管来拼接的。但是哪怕是做这样观赏用的船模，我也非常认真仔细地去做好。对于做木工而言，工具非常重要，做不同的部分时需要不同的工具，建造房屋的木工活和建造木船的工具都是不一样的。为了做船模一些很精细的部分，我甚至还发明了一些专门用来做船模的小工具。因为我觉得，这门手艺可能要带到棺材里去了，我想能留下一些东西给后人看，让他们知道曾经的船是什么样子的。

在访谈过程中，何师傅还谈到帆对于木帆船来说所具有的特殊意义与重要性，帆作为相当关键的部分，其制作也很讲究：

制作帆的材料是专用的布，在村里还有专门的制作和修理船帆的工厂。在海上航行的大船就需要这样的帆，而比如从县城到村里航行的小木船就没有帆。桅杆顶上有红布制作成凤鸡形状的风向标，叫“风鸡”，可以用来测量风向。

何师傅提到，从前诏安湾的帆船，其帆布都是用薯莨染帆，多次染晒，帆布表面就构成了一层层棕红色的薄膜，当帆船扬帆航行时，远远望去，片片红帆飘扬，甚为壮观。

正是这些航行在海上丝绸之路上的红帆，将何师傅的故乡下何村、梅岭港、诏安湾与更广阔的海洋世界连接在一起。也让我们看到，早在19世纪以前，中国东南滨海地带的海洋人群就已经凭借着高超的造船技术与航海知识，超越各种壁垒与边界，努力将他们的生活与早期全球化融为一体。可以说，不了解闽南海商的红帆，我们就无法拼接出完整的亚洲的海洋史与全球史，也无法理解海上丝绸之路遗产的历史与当代意义。对于许许多多类似诏安湾这样的地方而言，海洋不是边疆，而是家园与舞台。

参考文献

一　古籍、方志与民间资料

《明史》，清乾隆武英殿刻本。

《明实录·太祖实录》，上海：上海古籍书店，1983。

《明实录·英宗实录》，上海：上海古籍书店，1983。

《大清会典则例》，清文渊阁四库全书本。

《皇明通纪集要》，明崇祯刻本。

（弘治）《八闽通志》，明弘治刻本。

（崇祯）《闽书》，明崇祯刻本。

（嘉庆）《大清一统志》，四部丛刊续编景旧抄本。

许鸿磐：《方舆考证》，清济宁潘氏华鉴阁本。

（嘉靖）《建阳县志》，明嘉靖刻本。

（嘉靖）《龙溪县志》，明嘉靖刻本。

（嘉靖）《延平府志》，明嘉靖刻本。

（万历）《福宁州志》，明万历四十四年刻本。

（万历）《漳州府志》，明万历元年刻本。

（崇祯）《海澄县志》，明崇祯六年刻本。

（顺治）《潮州府志》，清顺治刻本。

（康熙）《饶平县志》，清康熙二十六年钞本。

（康熙）《漳浦县志》，1928 年翻印本。

（康熙）《诏安县志》，清同治十三年刻本。

（乾隆）《南澳志》，清乾隆四十八年刻本。

（乾隆）《福建通志》，清文渊阁四库全书本。

（乾隆）《泉州府志》，清光绪八年补刻本。

（乾隆）《镇海卫志》，清乾隆十七年修清代钞本。

（嘉庆）《山阴县志》，1936 年绍兴县修志委员会校刊铅印本。

（同治）《广东图说》，清同治刻本。

（道光）《厦门志》，清道光十九年刊本。

（光绪）《海阳县志》，清光绪二十六年刊本。

（光绪）《漳州府志》，清光绪三年刻本。

（民国）《同安县志》，1929 年铅印本。

（康熙）《诏安县志》，北京：文化发展出版社，2019 年点校本。

（民国）《诏安县志》，1924 年铅印本。

包恢撰《敝帚稿略》，民国宋人集本。

陈盛韶：《问俗录》，北京：书目文献出版社，1983。

陈天资：《东里志》，潮州市地方志办公室，2004。

陈子龙辑《明经世文编》，明崇祯平露堂刻本。

杜臻：《闽粤巡视纪略》，康熙三十八年刻本。

方孔炤：《全边略记》，明崇祯刻本。

顾炎武：《天下郡国利病书》，不分卷稿本。

何乔远：《名山藏》，明崇祯刻本。

胡宗宪：《筹海图编》，清文渊阁四库全书本。

焦竑辑《国朝献征录》，明万历四十四年刻本。

林希元：《林次崖文集》，清乾隆十八年刻本。

凌迪知：《万姓统谱》，清文渊阁四库全书本。

刘克庄：《后村集》，四部丛刊景旧抄本。

戚祚国：《戚少保年谱耆编》，清道光刻本。

沈德符：《万历野获编》，清道光七年姚氏刻同治八年补修本。

王在晋：《海防纂要》，明万历刻本。

徐釚：《南州草堂集》，清康熙三十四年刻本。

俞大猷：《正气堂集》，清道光刻本。

佚名：《秘阁元龟政要》，明钞本。

赵汝适：《诸蕃志》，清学津讨原本。

董谷：《碧里杂存》，北京：中华书局，1985。

弥坚堂主人编《终须梦》，黄岩柏校点《中国古代珍稀本小说》（4），沈阳：春风文艺出版社，1994。

郑晓：《吾学编》，《续修四库全书》第425册，上海：上海古籍出版社，1995。

卢建一点校《明清东南海岛史料选编》，福州：福建人民出版社，2011。

佚名：《绘图三教源流搜神大全（外二种）》（不分卷），上海：上海古籍出版社，1990 。

《丹诏西河梅岭林氏族谱》，清代抄本。

《圭海许氏族谱》，许氏族谱文献资料珍藏室，1981 年复印本。

漳浦·云霄·诏安·东山《柳氏族谱》编纂委员会：《柳氏族谱》，2014 年排印本。

二　著作

［加］卜正民：《纵乐的困惑：明代的商业与文化》，方骏等译，北京：生活·读书·新知三联书店，2004。

陈名实：《闽台古城堡》，厦门：厦门大学出版社，2015。

［日］村上直次郎原译，郭辉中译，王诗琅、王世庆校订《巴达维亚城日记》第一册，台北：台湾省文献委员会，1989。

陈支平：《近五百年来福建的家族社会与文化》，北京：中国人民大学出版社，2011。

［美］大卫·哈维：《资本的空间》，王志弘、王玥民译，台北：群学出版社有限公司，2010。

［美］段义孚：《经验透视中的空间与地方》，潘桂成译，台北：台北编译馆，1998 。

［美］段义孚：《空间与地方：经验的视角》，王志标译，北京：中国人民大学出版社，2017。

[美] 段义孚：《恋地情结：对环境感知、态度与价值》，志丞、刘苏译，北京：商务印书馆，2018。

福建省漳州市委员会编《漳州历史建筑》，福州：海风出版社，2005。

何丙仲：《近代西人眼中的鼓浪屿》，厦门：厦门大学出版社，2010。

[德] 罗德里希·普塔克：《海上丝绸之路》，史敏岳译，北京：中国友谊出版公司，2019。

金国平编译《西方澳门史料选萃（15~16世纪）》，广州：广东人民出版社，2005。

柯世伦主编《南澳文史》第4辑，广东省南澳县政协文史委员会，2000。

李新峰：《明代卫所政区研究》，北京：北京大学出版社，2016。

柳州市地方志编纂委员会编《柳州市志》第7卷，桂林：广西人民出版社，2003。

[德] 马克斯·韦伯：《中国的宗教：儒教与道教》，康乐、简惠美译，桂林：广西师范大学出版社，2010。

[德] 马克斯·韦伯：《世界经济简史》，李慧泉译，上海：立信会计出版社，2018。

田汝康：《17~19世纪中叶中国帆船在东南亚洲》，上海：上海人民出版社，1957。

田汝康：《中国帆船贸易和对外关系史论集》，杭州：浙江人民出版社，1987。

[美] 沃尔夫：《欧洲与没有历史的人民》，赵丙祥等译，上海：上海人民出版社，2006。

[美] 韦思谛编《中国大众宗教》，陈仲丹译，南京：江苏人民出版社，2006。

[荷] 威·伊·班库特：《东印度航海记》，姚楠译，北京：中华书局，1982。

杨彦杰：《闽客交界的诏安》，北京：社会科学文献出版社，2014。

张金奎：《明代卫所军户研究》，北京：线装书局，2005。

张燮著，谢方点校《东西洋考》，北京：中华书局，2000。

政协诏安县委员会文史委编《诏安文史资料》第5辑，1984。

政协诏安县委员会文史委编《诏安文史资料》第17辑，1997。

政协诏安县委员会文史委编《诏安文史资料》第21期《梅岭镇专辑》，2001。

政协诏安县委员会文史委编《诏安文史资料》第22期，2001。

郑绪荣编辑《潮汕历史资料丛编》第16辑，潮汕历史文化研究中心，2007。

张在普、林浩编著《福建古市镇——闽台古乡间商品市场》，福州：福建省地图出版社，2008。

郑振满：《明清福建家族组织与社会变迁》，北京：中国人民大学出版社，2009。

Cresswell，T.，*Place*：*A Short Introduction*. Oxford：Blackwell Publishing，2004.

Relph，E.，*Place and Placelessness*，London：Pion，1976.

Lowenthal，D.，*The Heritage Crusade and the Spoils of History*，Cambridge：Cambridge University Press，1998.

三　论文

程绍刚：《Chincheo 的地理位置新考——Chincheo 即漳州》，《海交史研究》1993 年第 2 期。

黄家祥：《诏安清代海商》，https：//www.doc88.com/p-113789864620.html。

［日］井上彻：《宗族的形成和构造》，《西南民族学院学报》1990 年第 3 期。

［英］科大卫、刘志伟：《宗族与地方社会的国家认同——明清华南地区宗族发展的意识形态基础》《历史研究》2000 年第 3 期。

刘志伟：《祖先谱系的重构及其意义——珠江三角洲一个宗族的个案分析》，《中国社会经济史研究》1992 年第 4 期。

王元林：《〈（安船）酌献科〉与“下南”航线闽境地名及妈祖信仰考释》，《南海学刊》2018 年第 3 期。

翁佳音：《十七世纪的福佬海商》，汤熙勇主编《中国海洋发展史》第七辑（上），台北：“中研院”人文社会科学研究中心，1999。

徐洁：《巍峨秀丽祥麟塔》，《福建乡土》2018年第2期。

许哲娜：《信俗、日常生活与社会空间——以漳州市区妈祖信俗的田野调查为例》，《民俗研究》2012年第5期。

张先清：《生态保育、社区参与与产业开发——台湾文化遗产保护的启示》，《东南学术》2015年第2期。

张先清：《点头天后宫的西洋彩绘》，《寻根》2015年第6期。

张先清：《地景与书写——一部明代山志的社会生命史》，《地域文化研究》2020年第6期。

张先清：《制造海疆胜迹：明代诏安湾的海防石刻遗产与文化表述》，《地域文化研究》2024年第3期。

David C. Harvey, "Heritage Pasts and Heritage Presents: Temporality, Meaning and the Scope of Heritage Studies," in *International Journal of Heritage Studies*, Volume 7, Number 4, 1 December 2001. pp. 319-338.

后　记

本书的写作与出版，离不开诏安县政协的大力支持与帮助。数年前，我因为开展中国海洋文化遗产研究计划的需要，带领团队到闽粤交界地带的诏安县调研，其间拜访了诏安县政协主席陈一森先生，刚好诏安县政协正计划针对当地海上丝绸之路遗产史迹进行保护与研究，双方很快达成合作意向，将这本书的写作列入政协工作内容，并由漳州市政协文史研究员、诏安县政协文化文史和学习委员会的郑毅主任具体负责协调。在此后的数年时间里，我们在诏安进行了深入的田野调查，由此也积累了对闽粤交界地带海域社会文化的初步认识。呈现在读者面前的这本小书，就是其中的一项研究成果。

本书的完成，要感谢很多人。在田野调查与资料收集过程中，诏安县政协原主席陈一森、现任诏安县政协林惠溪主席、陈细勇副主席、郑毅主任给予了很多帮助。他们不仅热心介绍各位报道人，还多次联系当地文史工作者黄乾海、沈武雄参与调查；也感谢梅岭镇党委、政府以及东门村领导为田野调查提供方便；梅岭镇吴友江先生则多次帮忙搜集当地碑刻资料，并提供摄影照片。由于正值疫情期间，调研工作与书稿撰写、出版遇到了不少困难，如果没有上述诏安各级领导与文史专家的热心帮助与耐心包容，本书是无法完成的。本书也得到了杨娇娇、韩馨、胡馨月、李天静、杨丹、李婉婉、舒璋文、罗新丹、林薇、陈宇帆等博士生的帮助。他们协助田野访谈，并参与资料收集与初稿的撰写，付出了许多时间，在此一并致谢。当然，本书全稿撰写与最终完稿，系由本人完成。限于学识，书中疏漏之处在所难免，敬请读者批评指正。

承蒙社会科学文献出版社历史学分社宋荣欣总编辑的好意，本书得以列入“启微”系列。责任编辑石岩老师细心编校书稿，提出许多富有建设性的意见。作为校地合作的一项内容，本书系“诏安海丝文化研究”课题的最终成果，其撰写、出版也得到了诏安县政协的资助。书名取名《红帆》，最初的启发来源于我们在田野调查过程中多次观看福船建造与染帆技艺，尤其对于红色的风帆印象深刻。恰好 2024 年底蔡国强先生在海上丝绸之路的起点之一——泉州举行了一场烟花秀，也以红帆为名。故此，谨以《红帆》纪念历史上中国东南滨海地区人群奔赴海洋的远航壮举。

图书在版编目(CIP)数据

红帆：中国东南诏安湾的港口、船货与海洋遗产 / 张先清著 .-- 北京：社会科学文献出版社，2025.8.
(启微）.-- ISBN 978-7-5228-5729-9

Ⅰ.K295.7

中国国家版本馆 CIP 数据核字第 2025TC5320 号

·启微·

红帆

——中国东南诏安湾的港口、船货与海洋遗产

著　　者 / 张先清

出 版 人 / 冀祥德
责任编辑 / 石　岩
责任印制 / 岳　阳

出　　版 / 社会科学文献出版社 · 历史学分社（010）59367256
　　　　　地址：北京市北三环中路甲 29 号院华龙大厦　邮编：100029
　　　　　网址：www.ssap.com.cn
发　　行 / 社会科学文献出版社（010）59367028
印　　装 / 北京盛通印刷股份有限公司

规　　格 / 开 本：889mm × 1194mm　1/32
　　　　　印 张：10.375　字 数：225 千字
版　　次 / 2025 年 8 月第 1 版　2025 年 8 月第 1 次印刷
书　　号 / ISBN 978-7-5228-5729-9
定　　价 / 98.00 元

读者服务电话：4008918866